克里奥帕特拉传：
一个女王的故事

[德] 艾米尔·路德维希　著

柳　霖　译

江苏凤凰文艺出版社
JIANGSU PHOENIX LITERATURE AND
ART PUBLISHING

图书在版编目 (CIP) 数据

克里奥帕特拉传：一个女王的故事 / (德) 艾米尔·路德维希著；柳霖译 . -- 南京：江苏凤凰文艺出版社 , 2024.5

ISBN 978-7-5594-8463-5

Ⅰ . ①克… Ⅱ . ①艾… ②柳… Ⅲ . ①克利奥帕特拉七世 (Kleopatra Ⅶ 前 69- 前 30)—传记　Ⅳ . ① K834.117=2

中国国家版本馆 CIP 数据核字（2024）第 008981 号

克里奥帕特拉传：一个女王的故事

[德] 艾米尔·路德维希　著　柳霖　译

出 版 人　张在健
责任编辑　张恩东
装帧设计　融蓝文化
责任印制　杨　丹
出版发行　江苏凤凰文艺出版社
　　　　　南京市中央路 165 号，邮编：210009
网　　址　http://www.jswenyi.com
印　　刷　南京新洲印刷有限公司
开　　本　880 毫米 ×1230 毫米　1/32
印　　张　10.625
字　　数　203 千字
版　　次　2024 年 5 月第 1 版
印　　次　2024 年 5 月第 1 次印刷
书　　号　ISBN 978-7-5594-8463-5
定　　价　49.80 元

真正杰出的人必定能摆脱条条框框的道德束缚，最终只受生理、水与火的影响

——歌德

前　言

　　我最后一次见她时，是在尼罗河畔。而她一心只想着北方。于她，埃及虽是故乡却似异乡，地中海虽是异乡却似故乡，连那地中海的风呀，都忍不住为她的故事叹息。

　　我写过很多很多传记，然而，要说最特别的还是这本书。因为在撰写过程中，可引用的材料几乎为零。其他传记里，我可以利用收集到的书信、演讲、回忆录、主人公的原话、来自其敌友的评价等个人资料去展现主人公的品格，而这完全不适用于本书，因为克里奥帕特拉的情书、安东尼和恺撒私下来往的书信，均已不可获求。我们手头所有的，仅仅是安东尼书信里的三个句子。然而幸运的是，除了一段时间的记录是空白的，克里奥帕特拉的一生因为与三位伟人有着密切关系，因而得以被完整地记录下来，以供后人传阅。

　　克里奥帕特拉故去之后，出现了众多记叙其生平的古籍。这些古籍形象地刻画出了女王的性格。目前发现的铜像中，至少有一尊可以证实古籍里的说法。然而给我的创作以最大帮助的，还属希腊史学大家普鲁塔克。通过他的著作，我第一次对女王的生平有了比较透彻的了解。尽管我的种族、生活方式和所受教育，都是地中海式的，但直到现在我都认为希腊文字是剧中杜撰的，而非历史上真实存在过的东西。

现今历史学家们对古人的记录，于我而言都是画蛇添足。然而，费列罗写的罗马史、斯塔尔和韦戈尔写的《克里奥帕特拉传》（1864 和 1927）确实使我受益良多。普鲁塔克的作品和现今的作品相比，虽然古旧却紧扣主题。比如他在书中写到，他祖父的烤肉秘方正是人们在烹饪安东尼头颅时研发出来的。对我而言，这样的叙述真要比两个现代学者讨论苏维托尼乌斯是否获誉过多，阿庇安获誉过少实际得多。

刻画克里奥帕特拉内心的文献并不多，因而我有了更多的余地去展示她的心理和内心独白。1919 年，撰写《歌德传》时，我偶尔会在传记中加入主人公的内心独白，从而开辟了传记的新体裁。在《拿破仑传》中亦是如此。然而在此后的作品中，我却没有采取此种做法。撰写本书时，因为完全没有描写心理活动的文献可以参考，只能使用大量独白。虽然女王的作为可以从大量文献里考证，但对于她的心理活动，即使是普鲁塔克，也只能作出猜测而已。那时究竟发生过多少场战争，有过多少争端，那时的罗马有多少行省，到如今都不再重要。依旧重要的，只有那时那人的心理感受。因为只有感受才是永恒的，也只有通过这些感受，我们才能体会到所谓的伟人其实同我们是一样的。

在撰写本书时，可以参考的史籍均已参阅，且没有任何杜撰成分。同其他著作一样，这本书里并未记载历史人物们想对后世考古者们说的话。在背景介绍部分，我尽可能地忠实于前辈们的著作，书中主角们讲过的那几句话也可找到来源。

因此，本书主要是聚焦于克里奥帕特拉以及其他三位男主人公的心理活动。尽管其他著作对女王的多情多有描写，本书对此却少有涉及。相反地，本书将更多地着墨于女王是怎样的情人、母亲、勇者以及她的王者风范。我希望读者们能够接纳此书，这是我为人类心灵史作出的绵薄贡献。在这件事上，我已经孜孜不倦耕耘三十余年。

——艾米尔·路德维希

1937 年 1 月

目　录　*contents*

Charpter I

第一章　阿佛洛狄特

女人一旦表现出男人的某些特征，就必定取得胜利，因为她可凭借这些能量，来增强她其他方面的优势，变成人们想象中的完美女人。

——歌德

I

在立柱的阴影中，一位小公主倚着窗台，从敞开的窗户中望向远方的海面。她今年十一岁了。小公主双手抱头靠在大理石墙上；双腿蜷起，坐在自己的凉鞋上。她缩在黄色丝质长裙中，微风吹过长裙，凸显出她刚刚发育的乳房。她已经是一个女人了。若在北方，她会被误认为十五岁，但是现在我们位于地中海，宫殿位于亚历山大，地处非洲海岸。

她算不上高挑，但体态异常轻盈。此时如果她想从所在位置跳起来，真的会让那跪在地上的阉人措手不及。等他站起来，行动敏捷、身姿柔软的小公主可能已经跳到门口了。跪在那黑暗角落里的阉人，可能觉得小公主并没有注意到他。然而实际上，她对周遭的一举一动都了如指掌。当她金黄色的眼眸掠过海面上浩浩荡荡驶过灯塔的船队时，她能感受到那窝在角落的阉人的泪眼迷离，能听到他后背和他那丝质罩衫摩擦发出的沙沙声。至于他在想什么，小公主就丝毫不在意了。于她，他只是个不能称之为"人"的奴隶，和其他走兽没有什么差别。亦是在此时，她嗅到了空气中的柏油味，因而断定，昨天把游艇系在船台上的那根湿哒哒的缆绳，此时定是在窗下拱廊里晒着了。

像是一种无声的抱怨，那泪眼迷离的阉人定睛看着公主。他觉得，公主真的很白，不像她那黄皮肤的姐姐贝蕾妮斯，亦不像她那棕皮肤的父王。但是她不会永远都这般白皙；不需要多久，爱情与美酒便会让她满面桃花。她的鼻翼因何颤动呢？她肯定在想如何顺利地将她那姐姐毒死。如果她将此任务交付于我，我定将为她赴汤蹈火。啊，单单是她的声音就足以让人痴迷癫狂。当初还是我父亲杀了她的叔祖，她今日方能成为公主呢。虽然父亲最后被斩首了，但人或早或晚，总有一死。

那阉人就这样痴痴凝望公主许久。

公主一动不动地坐着，手掌半托着头，棕色的卷发垂落了一肩，小脚随意收拢着。等她父王的船队驶过海面时，她就可以摆脱监禁了！但是谁知道呢，也许她的父王早在罗马或海上就叫人给杀了。也许，明天就会有三角帆船驶进港口，上面坐着穿短衫、握短剑、形容俊朗严肃的罗马人，罢免她那魔鬼般的姐姐，以她父亲的名义放她自由。

罗马啊，她想，真的是一切幸与不幸的源头。然而，为何罗马是这个源头呢？每年春天，埃及不都有一半的收成要在海上长途跋涉，最终停靠在意大利的港口吗？埃及花重金买来的那些上好的织物，那些藏着狄俄尼索斯秘密的华美的紫水晶、那些金黄色的琥珀、麝香熏香，还有其他那些高价买进的货物，不是一买来就被送往港口装船再运往罗马吗？罗马又为这些东西支付过什么呢？每过几年她父亲就要从地下室中取出若干金条送到船上，将数千财宝送去罗马。为何他们向埃及买得越多，埃及付给他们的钱就越多？

过去两年，她的父亲一直都在意大利，在庞培的乡间宫殿中，和罗马人讨价还价，让他们替他撑腰，继而让他继续称王。这些永不知足、咄咄逼人的罗马人到底是谁？这位"伟大"的庞培，从硬币上看起来也就是常人罢了。另外一个叫恺撒的，据说长得要好看些，但目前还没有硬币印有他的头像。这些罗马人都是野生野长的商人和战士。而我们都是亚历山大的后裔，是延续了三百年的王族血脉，是神的后代，还是神在人间的代表。难道我们还要祈求他们恩准，才能留在自己的宫殿？公主思忖之间，又见一条巨船驶过码头。这一次，罗马人依旧不会付钱！

忽然之间，公主明白这其中的缘由了。她想起父亲那张肥肥的脸，想起他在首都时做过的那些荒唐事，想起他在街道里与那些唱歌吹长笛的人，一起放浪形骸的样子；他居然还让那些奴隶和着他的笛声跳舞。都城里，哪个孩子不知道国王外号叫"吹笛手"？哪个王公显贵没见过他醉醺醺地在街上踉踉跄跄的样子？他那双手抚触过多少女人的胸部，又被打过多少次？难怪这些人会废了他，改立他最大的孩子——他和某个黑奴的孽种——贝蕾妮斯为王。

毒死她！公主想。正如托勒密王毒死自己的母亲一样！托勒密四世亲手扼死了自己的母亲和姐姐！这样的事在这宫中数不胜数，所以每当老师和她说起宫里又有谁暴毙而亡，她都知道那又是一个值得记录在史的阴谋。她有很多耳目，任何事情都逃不过她的眼睛。

总结起来，埃及有戏子一样的国王，不知下落的王后，得不到名分的正牌公主，以及娼妓一样的女王。身在这样一个国家，奴隶们和人民该如何相信那穿着紫袍去庙宇、额上有蛇形标记的王是阿蒙神在世，是卜塔的圣子？况且她父王曾经还在街上威胁圣人德米特里厄斯，称如若他不喝醉就杀了他。这件事以后，学者们还会满怀敬意地将他写进历史吗？

刚想到德米特里厄斯，他就走了过来。他的腰弯得很低，英俊的脸庞都要贴地了！全亚历山大城，属他说的希腊语最好听，对神和自然元素，他也了解甚多。然而当他温柔地教导她说，智慧可能不像王位那样珍贵时，她只笑了笑，并没有相信。

生而为人，就必须学习，必须学尽希腊的那些文化。这样他们才能够应对那些只懂打仗的罗马人。雅典是所有美与智慧的摇篮。今天来宫里给她授课的老师，必将重申这句话。对于知识，她有深深的渴求。她的知识量已经远远超过她姐姐和其他三个弟弟妹妹，甚至比过她父王。百年以后，人们会从缪斯庵里知晓，曾经有这么一位公主，渴求一切真知，学会了她在宫里看过的所有画、领悟了所学装备的原理，会看机械图纸、造船匠的图纸，了解人体构造和骨骼，靠着硬币上的头像认识了许多伟人，对地中海地区使用的所有语言通晓过半。她最喜欢站在巨幅地图前，薄唇紧闭，用手指甲在地图上坚毅地划线。这根线始自尼罗河三角洲东部，穿过利比亚、卡帕多西亚、伊庇鲁斯，有时甚至穿过布林迪西，接着斜穿过意大利，最终直直朝南，通回埃及，好像这些海岸最终均将附属于埃及。然而，这条线始终都没有穿过罗马。

可是"埃及"于她来说也不过就是个名字。同她的父王一样，她对埃及境内尼罗河北部的情况了解甚少。那里的信仰不是她的信仰，那里的神亦不是她的神。尼罗河于她而言只是一条陌生的河——不像坐落在尼罗河畔上的孟菲斯城，亚历山大位于希腊海岸。因此，她所感、所求、所学以及她知道的有关于祖先、建筑以及港口那些形形色色的语言和种族，无一不带有浓郁地希腊色彩。她迈着轻盈的步伐跑过宫殿，脚步声轻快地回响着；她能感受到托勒密法老们的半身像在俯视着她。确实，这些半身像的鼻子不再同以前那般高挺了，但它们的形状颇有亚历山大大帝的风格，尽显雅典风姿。曾经，这位伟人登上埃及荒凉的海岸，决心要将这座海港建成世界之都。到如今，这梦想还没有成真吗？

夜晚降临，公主登上了宫殿的平顶。这里视野开阔，可以看到灯塔、塞浦路斯和希腊，甚至还可以看到罗马。海岸上的船都停泊着，陷入甜甜的梦乡。这梦乡里可能会有莎草纸和玻璃等货物，有它们在这蓝色大海上的旅途，有它们危险的明天，有等着将它们摧毁的狂风巨浪，有它们的目的港口，有在目的港口拉缆绳、卸货物的粗糙双手。这些船，好像不同民族间的信使，从事着商业、政治和权力交流。尽管深知前路坎坷，它们依然要前行，因为长久地待在一个海湾里，只会等来灭亡与枯朽。

公主就这样凝望着船经过海面时留下的水道，酝酿着与那些船完全不同的梦。总有一天——她热烈的心和理智均这样说着——总有一天，我会坐上其中的一艘快船，领着六百艘战船驶向利比亚、卡帕多西亚的海岸，驶往以弗所、科林斯和雅典。届时，海湾群岛将归我所有，贝蕾妮斯也会在我的光芒里黯然失色。我的头上将戴着阿佛洛狄特和伊西斯的皇冠，我的戒指上会刻上"克里奥帕特拉七世·埃及女王"这几个字。那时，世界将只以我和罗马为尊。到那时我要看看埃及是否还需要出口谷物给意大利。如果还需要，意大利会不会往亚历山大运黄金当作货款，还是同从前一样理所当然地拿去？届时，我要让亚历山大堆满罗马运来的金山银山，以及他们罗马人的敬意！

夜晚降临，公主对未来的那些憧憬，同太阳一样沉入西海里。

迄今，公主所知道的罗马，哲学家口中的也好，船长、阉人口中的也罢，无一不是黑暗混沌。据说，她父王的过往也是这般黑暗混沌，现今正处在分崩离析边缘的罗马共和国亦是如此。

她出生这十一年来，发生的事情她都了解。她也知道，早在她出生之日的二十七年前，一位法老就在自己临终时拱手将埃及赠给了罗马。然而，罗马元老院的人却不愿接受此遗赠，那些有希望被派来统治这块富饶之地的罗马人因而心怀芥蒂。元老院打的算盘他们怎么可能不知道？较之于某个罗马总督，在一个懦弱国王掌控下的尼罗河三角洲岂不是容易掌控很多。元老院宁愿让托勒密把埃及和塞浦路斯传给两个私生子，让他们在各自的领地上过着醉生梦死的生活，而且他们过活得越放荡越好，这样就能敲诈来更多的财富，他们自己也会越来越软弱无力。罗马三巨头无不在窥视着这美丽的国家，只等有朝一日，时机成熟后将其一举攻下。罗马人一向喜欢给自己做的事情添上一丝神秘色彩，不喜欢直白地暴露出自己的欲望，这件事亦是如此。

每隔几年，罗马的那些贵族们就要把那爱吹笛子的国王抓去，像猫逗老鼠一样又把他放回来，让他从他那金银珠宝取之不尽、富有传奇色彩的国家给他们运去更多的金子。就这样，那国王为了保住王位，一次又一次付钱给他们。

公元前 59 年（罗马的纪年始于罗马建成之时），恺撒已经成为罗马的两位执政官之一。不过相较于另一个执政官，他的对手——克洛狄乌斯，他的实力要弱一些。正因为如此，当后者嫌弃塞浦路斯王送来的财物太少而想废黜他的王位时，恺撒没能够阻拦。塞浦路斯王是埃及国王的弟弟和大臣，王位遭废除以后，塞浦路斯自然而然成了罗马的一个行省。但是埃及那爱吹笛子的国王自始至终对这件事都表现得无关痛痒，甚至还试图敲竹杠，好让自己的小金库安然无恙，同时又能付给恺撒一笔钱。

这时的亚历山大城处处均是风雨飘摇的场景。城中的权贵们、教士、地主和皇宫中的官吏无不深刻地意识到此时是鼓动百姓废除国王的绝佳时机。那爱吹笛子的国王因此赶紧逃到了罗马。在追随者的拥护下，国王的长女贝蕾妮斯顺利登上王位。国王的弟弟——塞浦路斯王，饮鸩自尽。

这一年，克里奥帕特拉才十岁。周遭的一切均让她震惊不已。她家族的历史仿似一部血的历史。过去的二百五十年间，托勒密家族先后有十三人继承王位，无一免遭妻子或子女的挟制或迫害。这类情形早已不是新鲜事，早在法老时期就出现过。毒药、匕首给前人们带来了怎样的悲剧，小公主再熟悉不过：哥哥杀妹妹，王子杀父王，王后杀国王。这些悲剧无不植根于权力，无不是为了享受更放纵的生活。身在皇宫，如果没学会先发制人，自己就随时可能成为受害者。不过倒从来没有人自杀过。如今，这个日渐没落的家族中，出现了一位继承人，为了挽回家族的声誉不惜舍弃了自己的生命。据说他一边吟咏着自己写的诗，一边喝完酒杯里的毒药。小公主因此感动不已，心潮澎湃，久久不能平静。随着时间飞逝，她愈发讨厌起自己那个跑到罗马摇尾乞怜的父王了；对于那逝去的叔父，她心中则满是敬意。

缪斯庵的哲学家曾不止一次地教导过她，这世上有比王位更重要的东西——国王的荣誉。年仅十岁的克里奥帕特拉因而也明白了，束缚着父亲的枷锁其实一文不值。相反地，毒药更能捍卫王者的尊严。在困窘时，它还能助人快速从困苦中解脱。这个观念深深地植根于克里奥帕特拉的心田，始于童年，延续一生。

小公主立志要冲破姐姐贝蕾妮斯加在自己身上的束缚，好将浑身上下的本领施展出来。她姐姐现在自立为王，可是她从此就幸福了吗？她的第一任丈夫是她的一个远房堂兄。

只要和他结婚，他就能成为国王，让她生个孩子。但是这个丈夫沉溺于声色之中，不可自拔，最后死于王公大臣手中。现任的丈夫要好一点，是个波斯王子。这位王子会是一个冒险家吗？他能在这个古老的国度里做出一番伟业来吗？实际上，她这第二任丈夫总是穿着紧身裤到处乱跑。关于马术，他讲起来头头是道；对希腊精神及其雅致的生活方式却一无所知。他就自由吗？他就不受皇宫中内侍们的监视吗？他究竟是爱他的妻子贝蕾妮斯，还是从内心里鄙视她呢？小公主知道，这对夫妇终日都在担心一件事——罗马人的到来。刻薄而又傲慢的罗马人尽管远在千里之外的北方，但任何时候都有可能从天而降，毁了这里的一切。

小公主的父亲已经深陷于耻辱的泥潭中无法自拔。既然违背罗马人的意志绝非上策，只能设法请求他们的谅解了。小公主将这些看在眼里，女王夫妇、亚历山大城的百姓们也都了然于胸。也正因如此，贝蕾妮斯才派了一百名王公子弟去罗马，希望在追回她父王的同时与罗马成为盟友。然而这些使者一去便杳无音信。整个亚历山大，可能只有小公主希望那些使者无功而返——只有她的父王留在罗马，她才有机会称王。

冬去春来，冰冻融化后的第一批船队经法洛斯岛灯塔驶入亚历山大城时，小公主和整城的百姓都听到了一个令人震惊的消息——被派去罗马的那一百名使者无一幸免死在了奥利提斯手下。当然，小公主还有自己的眼线，她比老百姓知道更多的内幕和细节。她知道，父王与罗马人达成了协议，如果罗马人帮助他复位，他就付给他们六千塔兰特。她了解到，罗马因与波斯一战变得一贫如洗；她还知道如今的罗马政坛形成了恺撒、克拉苏、庞培三足鼎立之势，他们彼此钩心斗角，尔虞我诈，都想独占埃及，尤其想独享托勒密王朝的黄金珠宝，这样才能有雄厚的经济实力保证自己彻底胜过竞争对手。此种情形下，他们都愿意巴结这位流亡在外却富得流油的国王，想让他以同盟者的身份离开罗马回到埃及，然后尽快支付给他们一大笔钱。现在有传闻称，这场冲突近乎要发展成政治灾难。恺撒已从高卢回到罗马，准备依据他颁布的《朱利安法》，立这位爱吹笛子的国王为罗马公民的盟友、朋友，从而让他们的这位"盟友兼朋友"卷入罗马巨额的高利贷债务中。这是一笔无法偿清的债务，这位"罗马人民的盟友兼朋友"最终还是会因为这笔债务对罗马人奴颜婢膝。这样，罗马人就可以高枕无忧地让他回国了。

小公主身边早就聚集了一群不满现状、渴望革命的人。奥利提斯甚至秘密下令要拥护小公主。那个懦弱的吹笛者在向罗马人乞求重戴埃及王冠时，被冷落的小公主也在暗自筹谋如何借助罗马之力成为执政者。

这一天终于来临了。在叙利亚的一位罗马将军因为债台高筑，无力支付兵饷，只能带兵前往埃及索要一万两千塔兰特。这个数目也正是那吹笛国王重登大典需要的钱数。罗马将军指挥他的几千兵马穿越沙漠，取道加沙来到尼罗河三角洲东面的培琉喜阿姆，再沿着尼罗河直奔亚历山大城而来。亚历山大大帝三百年前曾经走过这条路线，这也是几千年来波斯人、希伯来人和亚述人征战埃及的必经之路。

终于要解放了，小公主内心这样高呼着，虽然这自由是那些讨人厌的罗马人带来的。她开始四处活动，一方面要避开她那个执掌大权的姐姐，另一方面要在各党派之中露面，争取他们的支持。亚历山大港的子民听那马蹄声越来越近，然后听见城门遭撞击后发出的巨响，最后便是大门轰然倒塌的声音。人们四处逃窜，手足无措。克里奥帕特拉又看见了她父王那张沧桑的脸庞。他在外国军队的护卫下再次回到了自己的皇宫，收回了自己的王冠和权杖。她还看到了自己的姐夫，那位波斯王子的尸体已经面目皆非，无法辨认了。祭司们纷纷归顺，亚历山大城的老百姓们也马上宣誓要效忠这个曾被他们赶下台的国王。最后，她看到父王取了她姐姐的首级，且任那首级在沙中滚落，真是大快人心！贝蕾妮斯的死于她而言是一次无声的胜利，因为这是她得以执掌王权的先决条件。如今她和王权之间只有一个障碍了，就是那位她不得不尊称为父亲的昏君。

正面观察那些罗马的士兵时，小公主的内心满是骄傲。这就是传说中的罗马人？这就是罗马军队？这些人一副日耳曼人野蛮的嘴脸，一头金发，讲着一嘴听不懂的话。其中还有些个子矮小的大眼睛犹太人，低眉毛的拜占庭人。这支军队在北非沙漠中已经消耗了许多体力，这场攻城之战似乎更是让他们精疲力竭。小公主本来就不信任罗马人，再见眼前这些人模样，此前对罗马的忌惮开始消散。

当然，罗马人当中也有让小公主惊讶的。那个罗马人攻占了培琉喜阿姆，在进攻亚历山大城时，担任第一梯队的骑兵队长。国王和小公主因而邀他共享佳宴。对他的招待是按照将军的规格进行的，而事实上，在小公主看来，他在各方面都要比那位驻叙利亚的罗马将军更为出色。他把短袖束腰外衣的腰带扎得很低，长剑仍然佩在腰间，半靠半坐在餐桌旁。他的头像赫拉克勒斯，长着一个鹰钩鼻，留着不规则胡子。小公主默默地注视着他，对罗马人的偏见稍稍减了几分。

然而骑兵队长却始终没有注意到那漂亮、内心里不胜紧张的孩子。初次见面时，她十四岁，而他已经二十八岁了。十三年以后，当两人再相见时，骑兵队长已经征服了高山流水和数不清的城池，变成名誉天下的英雄了。如若此时他们对彼此说了一句话，交换了目光，或者春风能把他俩拉得更近一些，那之后的相会便成了泡影，历史也会是另一番模样。他们坐在桌旁，一个是温润如玉的希腊处子克里奥帕特拉，一个是骁勇善战的罗马军官安东尼；一个如美神阿佛洛狄特般纯洁美丽，一个如大力神赫拉克勒斯一般年轻英俊。但现在，他们两人尚不具备这两位神灵的神力。

Ⅲ

三年后，克里奥帕特拉当上了埃及女王。

此时的埃及国力衰微。在爱吹笛国王掌权的最后几年里，埃及一直动荡不安。他所有的财产实际上被罗马的一位财政大臣掌控着，自己并不能随意处置。他无可奈何，只能把那人赶回罗马，罗马帝国因而认为兼并埃及一事时机已经成熟。他们将像吞并地中海沿岸大多数地区一样，吞并埃及。然而，就在埃及即将成为罗马的一个行省之时，克拉苏在波斯战场上输得一败涂地，几乎全军覆灭。这次惨败让埃及有了喘息之机，没有马上被并入罗马版图。但在这位声名狼藉的国王去世的时候，埃及的主权已经岌岌可危了。

王位由十七岁的克里奥帕特拉和她年仅十岁的弟弟托勒密共同继承。在一次庄重的祈祷式上，克里奥帕特拉的父亲委托罗马人做他遗嘱的执行人。因为按照古埃及法老的习俗，这兄妹二人应该结为夫妻。国王对皇宫里的争斗再了解不过：

阴谋不会远离埃及王室，只会愈演愈烈。克里奥帕特拉下面还有一个十三岁的妹妹阿尔西诺伊，以及一个更为年幼的弟弟。这四个孩子中，究竟谁会受压制、谁会遭流放、谁又会被谋杀呢？最后又会是谁在什么派别的支持下夺取王权呢？这个可怜的埃及人至死都在乞求罗马元老院的庇护，仿佛他们是神灵。就连身后之事也拜托罗马人，以确保埃及的和平与稳定。在他看来，罗马就是埃及的神。

克里奥帕特拉从未完成和弟弟的婚姻。她十七岁至二十一岁这段时间的记录也为空白，这也是她一生中唯一的一段空白。然而却也是在这些年里，重要的事发生了：她被弟弟赶下了王位，隐退策划东山再起。从一位古代作家留下的片段中，我们可以得知她在位期间的一些感想。

她初登王位时，罗马驻叙利亚总督派他的儿子来亚历山大城调回安东尼当年带来的部队。然而当初那支纪律严明的军队，现如今士气低落。他们大多数是凯尔特人或者日耳曼人，想要留在埃及与妻儿一起过日子，不想在波斯战争中丢了性命。因此，他们非但没有和那总督的儿子离开，甚至还杀了他，并赶走了他带来的部队。女王对此事持何种态度呢？那些娶了埃及女子为妻的士兵某种意义上也是她的子民。她听到自己的子民挫败了傲慢的罗马人时，会因为骄傲而欢欣不已吗？理智如她，克里奥帕特拉当即下令把这些士兵抓了起来，戴上镣铐押送到叙利亚交由罗马总督处置。

然而她还是太过年幼了。这位丧子的总督也不是感情用事之人，他非但没有替他儿子报仇，杀了那些士兵，反而又把他们遣送回来，并给女王捎了一条消息：只有罗马的元老院及其官员才有权逮捕罗马人。这真是给克里奥帕特拉上了重要的一课啊！她会从中学到些什么呢？

不久之后，又有一艘罗马船只驶进亚历山大港口。从船上登岸的正是庞培之子——格内奥斯·庞培奥斯。庞培奥斯是奉父亲的命令来捉拿那些叛乱士兵归国的。这回，这些野蛮的士兵愿意出发了，因为这次他们要在本时代最伟大的将军麾下作战，他们所对阵的也是大名鼎鼎的恺撒。这场斗争因权而起，人们无一例外都选择了庞培阵营。克里奥帕特拉知晓此事后，不仅放行了军队，还另送了五十条船给这些罗马人当交通工具。庞培的儿子要比安东尼年轻许多，而且更加优雅。如果庞培打了胜仗，她就算是为老朋友效劳了。

爱吹笛子的国王曾经含糊地讲到过庞培的竞争对手恺撒。他跋山涉水、远渡重洋的故事让庞培黯然失色。克里奥帕特拉从未见过印有恺撒头像的硬币，庞培则给她寄过自己最好的肖像画，画上的庞培充满青春活力。然而在克里奥帕特拉看来，这两位将军都应该是上了岁数的人了。

而对于王室的人来说，这位年轻的罗马人在亚历山大顺利完成任务正好为反对克里奥帕特拉的人提供了一个绝妙的借口。他们诽谤说，克里奥帕特拉与罗马人狼狈为奸，把埃及的舰队拱手让给了罗马；还污蔑说，单单一个年轻帅气的罗马军官就能让她神魂颠倒。女王冰雪聪明，特立独行，也相当有实力。与她共同执政的弟弟，虽然已经十二岁了，却很容易被他人影响。在这样的情况下，作为姐姐的克里奥帕特拉有何原因不去鄙视这位弟弟呢？又有何原因同意与其完婚，然后让他在她紧闭的门前徒劳地等待呢？宫里人对所有的事情都心知肚明。不久之后，女王弟弟的三位老师——一个内侍总管、一名哲学家和一个将军，成功地煽动了军队、贵族和老百姓，来共同抵抗出卖了国家利益的女王。

女王是如何被逼退位的，没人能说得清楚；但是在二十一岁的时候，女王不得不逃离亚历山大。她应该去罗马吗？毕竟罗马元老院是她父亲要求联合执政遗嘱的执行人。克里奥帕特拉虽年轻，但在利益受到威胁的时候，决不会被情感左右。在尊严和利益两者当中，她决然不会选择后者。去乞求罗马元老院的庇护，必然会重演她父亲当初返回埃及的那一幕，她也正因此瞧不起父亲。如果事情真的没有扭转的余地了，她宁可像叔父那样服毒自尽！

就这样，克里奥帕特拉带领着少数的军队，逃至红海。此处还有阿拉伯人和其他部落的人。这些人的习性、语言和感情，克里奥帕特拉之前都有过了解。于是她凭着一己之力，征兵新建了一支军队，决意要与她弟弟的势力和军队抗衡到底。她深知弟弟军队的弱点所在——亚历山大城的最高长官阿基拉斯，此人非常优柔寡断。于是，这位"新时代亚马逊女战士"率领着自己的军队，兵分两路向培琉喜阿姆进军，一路穿过山林和沙漠。阿基拉斯将军在西方准备应战。世界上最古老帝国的王权争夺之战即将拉开帷幕！

　　然而，发生在尼罗河畔的这场战役并没有引起世人的注意。因为彼时的人无一不在密切注意着希腊。几周以前，两支更为强大的军队于此处交锋。和克里奥帕特拉一样，他们都做了充分准备，但他们的战利品则比她的丰厚多了。在那儿，那个时代最伟大的两位将军在为争夺整个世界而战。当时还没有第三方力量能与他们匹敌。托勒密的这对姐弟，则各自于尼罗河三角洲武装自己，窥视着对方的一举一动。恺撒最终在法萨卢斯完胜庞培。消息沿着地中海海岸传播开来，人们不寒而栗。直到昨天，庞培在世人看来都还是坚不可摧的，今日怎么就成了恺撒的手下败将了？消息传至尼罗河畔时，姐弟两人震惊了。一个更让人吃惊的消息接踵而至。曾经可以任免埃及国王的庞培，如今带着他的那些残兵败将直奔亚历山大城而来。曾经"攻无不克"的大将军，如今竟要向吹笛国王的儿子寻求庇护和帮助了。一个月后，庞培到达了培琉喜阿姆。

　　他本打算下船登岸，结果在神人战争理事会上，又有了其他的打算。托勒密王朝真正的掌权人——内侍总管波狄诺斯当即决定要谋杀他，只有这么做才能够取悦这世界的新晋之王恺撒，也不用眼睁睁看着两支外国军队在埃及的国土上动刀动枪了。庞培靠近海岸时，一位埃及将军乘一艘战船前去迎接，船上暗藏着雇来的杀手。据说那里的海水很浅，战船因而无法靠岸。庞培的妻子科涅利亚当时就有一种不祥的预感，告诫庞培不要上岸。但庞培看到岸上皆为罗马士兵，毫无戒备之心地就上了船。因为船小，风急浪高，他又确实上了年纪，登船后行动十分不便。准备下船时，杀手从后面捅了他一刀。科涅利亚在战船的甲板上目睹了一切，无力地看着庞培被人砍断头颈。她大声尖叫着，掉头就逃跑了。庞培的头颅和戒指被留了下来，尸体则被扔进了大海。

三天后，恺撒——庞培的敌人兼征服者——成功登陆亚历山大。他当即派出使者，要求姐弟俩回到各自的营地，并称他此行的目的便是重整埃及的秩序。

IV

秩序？克里奥帕特拉坐在她的帐篷里反复思忖着这两个字。她倒身睡在营帐里那横七竖八摆着的垫子上，一动不动地想着事情。这是她作出决定之前的一个习惯。她长时间纹丝不动地俯卧着，用手撑着头，把胸也支得高一些，好让自己可以自如地呼吸，自由地思考。这些营地都是临时搭建的。几个星期来，兵力不足的她只能顺着弟弟军队的移动辗转挪移，驻扎在沙漠的边缘。但这艰苦的军营生活非但没有减损她的美貌，反让她愈发英姿飒爽。

在那炎热又危机重重的日子里，有情人趁着夜色溜进她的营帐吗？这个问题，我们无从查考。但即使是古代处于其对立面的历史学家和作家，也没有记录克里奥帕特拉此间有过任何风流韵事。可她当时的境遇，真的很难不让人遐想。她当时处境孤单，身处危机，又日渐成熟，再加上炎热的天气，综合一切来说，这位二十一岁的阿佛洛狄特无论如何也不是处女身了。但是年轻的克里奥帕特拉生来就是一个斗士，她应该能够抛开情欲，迅速熄灭自己的生理需要，保持心智和头脑的冷静。

她就这样躺在帐篷里，思虑着如何应对目前的局势：几天前，就有密探告诉她罗马人最先采取的行动是攻占亚历山大城。她的弟弟兼丈夫早就逃到了离她几千米远的山上，营地牢不可破，粮食和饮用水取之不尽、用之不竭，实力远远占上风。至于她自己，被几千蛮人保护着，只要有人愿意出高价，他们的长矛和箭就会调过来要了她的命。她那弟弟一定会服从罗马人的号令，他的手下怎么敢顶撞这位伟大的将军。这个罗马人称霸世界，拥有数量众多的士兵，而这其中又有一半是罗马的士兵。她的弟弟撑不了多久就会回到亚历山大城，同他那死去的父王一样，给罗马进贡。他的军队也会在罗马人的指挥下突袭并抓住这个不肯臣服的女王。

如果亚历山大的老百姓自发组织起来反抗这个罗马人，事情又会如何发展呢？听说，恺撒此次前来，随行的只有三四十只船，兵力不会超过四千。而她弟弟手上握有两万大军！现在要是有人能阻止从罗马、叙利亚赶来增援的那些士兵该有多好呀。可惜，她弟弟留下来守城的都是些残兵败将！要是他们能够阻止那些军队登岸就好了。但消息还是传来了，恺撒已经登岸了。他戴着黄金头盔，其后是他的仪仗队，各个手持战斧，不无傲慢地和着音乐声在都城的主干道上行进着，一片熙熙攘攘的景象。此外，城里也确实发生骚乱了。

克里奥帕特拉想，这动乱是如何开始的呢？她不由想起很久以前在都城发生的一些事。当时，有一名罗马士兵在吹口哨，他的三两个同伴也加入进来高声谩骂。于是都城的二三十个百姓把这些人团团围住，杀了其中最为傲慢无理的一个。这当然惹怒了罗马军队，于是他们开始对着百姓放箭，百姓们则以石子还击。动乱进一步升级！所幸，强大的罗马军最终到达了王宫。一到这儿，罗马的正规军便能不费吹灰之力地摧毁城里的平民老百姓了。他们会对百姓说，我们是给你们送和平的。我们是大埃及的盟友！哎，克里奥帕特拉对这些征服者使用的伎俩再熟悉不过。恺撒一定很苦恼，刚进城三天就发生这样的骚乱。

女王想象着，若是自己此时正在宫中独守王权，她能守护埃及多久呢？即使她真把这位大将军暗杀了，并将他的舰队逐出海，她又如何保证罗马军不会全体出动把埃及变成一个行省呢？毕竟，罗马元老院此前有过两次机会这么做。

她的思维愈发的活跃了。她想象着又有一位使者进入她的营帐，她也一跃而起，试着从那吞吞吐吐的使者口中挤出一点消息。使者会说，她的弟弟领着他的内侍、大将军、哲学家（可怜的三巨头）一起点头哈腰地投奔罗马去了。而那些侵略者，此时则会以主人翁的姿态邀请他们入宫居住，因为目前来说，恺撒还没有要将王宫据为己有。秩序！恺撒三句话中两句不离秩序！他说先王的遗嘱一定要履行，军队也应当即解散，同时也不厌其烦地提醒说先王欠罗马的债一定要用现金偿还。只有这些工作全都做好了，两国百姓才能共享和平。实际上，罗马也不愿意侵犯埃及的自由。

"我要把他杀死！我要毒死他！"身处困境的公主暗暗这样想着。她迅速站起身来，不再理会那想象中的使者。她背着双手，在狭小的帐篷里来来回回地踱着步，头一时高兴地高抬着，一时又失落地低垂着。我真的无路可走了吗？要是弟弟托勒密手上握有的两万大军能归我所有该有多好啊。那狡猾的内侍波诺迪斯此时此刻在忙些什么呢？先前他策划杀了庞培，这次为什么不杀恺撒呢？他那狡诈之徒，对恺撒一定又是点头又是哈腰，但那无非是为了掩盖自己的阴险用心。暗地里，他们肯定早就在谋划了。虽然与恺撒的第一回合较量他们处于下风，但用不了几个星期，阿基拉斯就可以挽回局面。届时，再切断他们的水源，孤军奋战的恺撒就不得不束手就擒了。

但公主转念一想，情势如果真按照她设想的发展，那她就彻底成为弟弟的手下败将，没有翻身的余地了。那时亚历山大城的百姓将因为弟弟杀死了伟大的恺撒而拥他为王，同时把她的藏身之地找出来。她没有其他选择，她必须帮助那个罗马人——恺撒。

她走出帐篷，想晒晒太阳，呼吸新鲜空气，但天色忽地暗了。虽还是秋天，但来自北方的西北风让人不寒而栗。至于她的那些士兵们，像是看门狗围着躺在帐篷前的篝火旁。哎，这几月过得真是艰苦啊，公主这样想着。不久前，她还住在三角洲西面的皇宫里。现如今，她那用色考究精致的床上躺着的却是一个野蛮人；而她则不得不穿着灌满沙子的鞋子，站在这沙漠里。也许，现在睡在她面前的这群士兵中就潜伏着杀手，在等待合适的时机，把刀刺进她的喉咙，好去邀功请赏。在沙漠里，因为沙丘、棕榈，她无法看见那法洛斯岛上的灯塔。她只能抱着肩膀，瑟瑟发抖着回到帐篷中。然后趴在垫子上，脚像孩子一样地翘着，心里却还在谋划着明日该做些什么。

真的要听从恺撒之命带领军队回到亚历山大城吗？不，那样的话，她能想象出自己悲惨的下场。如果她的"红海神话"军队真的碰上了罗马军队，罗马人一定会笑掉大牙。至于恺撒，人们说他只会微微一笑。

恺撒！克里奥帕特拉的思绪又回到这个罗马人身上。几个月前，他还只是人们眼中的冒险家；如今，世界唯他独尊，就连历史文化丰厚的埃及见了他也不禁颤抖。虽然，克里奥帕特拉与他素未谋面，也没在硬币上见过他的头像，但她那爱喝酒的父王生前不止一次提过他，再加上探子带回的情报，她对他有了初步的印象。这时要是有一枚印有他头像的硬币该有多好啊，这样，克里奥帕特拉对他的印象就能更加完整了。一整个晚上，她的思绪都萦绕在这个男人身上，想他相貌如何、脾气怎样、本领强弱，等等。如果她想活下去，就必须对这些有深入了解，并且有效加以利用。

但是目前为止，她知道的有关恺撒的传闻，他的女人、朋友也好，谋略、事迹、信仰也罢，都彼此矛盾。他年届五旬，阅女无数。虽然有过三四段婚姻，但至今没有儿子。他一面珍惜着自己的情感，不让外人所知；一面又在全罗马面前为亡妻致悼词。不可否认的是他是位真正的男子汉，但民间又流传着野史，说他年幼时曾和国王尼古德莫斯同床共枕过，至今这仍是打油诗的常用素材。还有人说，恺撒的妻子曾经红杏出墙，在狄俄尼索斯的宴会上同一位身穿女装混入修女群的男子有奸情。当人们为恺撒打抱不平时，恺撒说，他不相信自己的妻子做过这种事；但最终，他还是给了妻子一纸休书，理由是，他恺撒的妻子必须清清白白，不能让人说三道四。

克里奥帕特拉不禁感叹起恺撒的变化无常与捉摸不定。她没见过恺撒，但听不少人讲过他相貌如何以及有何习性。据说，他身材伟岸，肤色很白，总是松松地将腰带系于腰间。他十分爱洗澡，即使是行军打仗时，也乐此不疲。还听人说，恺撒到哪都带着大理石和马赛克砖，即使是打仗时也是如此。由此可以推断，恺撒这人一定很注重生活品位与享受，然而，即使是这样，百姓们还是爱戴他。坊间还有传说恺撒特别乐意高价买进气质出众的奴隶，甚至还专门安排人负责此事，因而当老式学校里的老舍监告诫学生远离位高权重者时，恺撒身边已是美女俊哥环绕。

这位恺撒究竟是何许人也？谁又真正爱戴他呢？事实或许会让人吃惊，因为喜欢他的人全都是些下等人、自由民，以及其他弱势群体。恺撒不仅让他们吃饱了饭，还准许他们走进角斗场看表演。有一次过节，恺撒居然安排了人为所有平民免费刮脸，他也因而拉拢了几千张选票。而在沙场上，恺撒又会与普通的士兵同吃同住，像对待兄弟一样对待他们。他说起话来，既不会像保民官那样追求诙谐幽默，又不会像西塞罗那样故弄玄虚。他说话语气平缓，声音低沉，丝毫不张扬。但最最让人佩服又感到不可思议的，还数他快捷的转战速度和快速的信息来源。地中海沿岸布满了恺撒的奴隶以及传令兵。他随口一句简洁凝练的话，就能像一阵风那样迅速地传到目的地，成为能够当即执行的命令。人们说，恺撒是当时速度最快的人。

他得为此付出多少代价啊。恺撒从来没有计较过。他的慷慨与富有同他的快速与高尚同在。他真是位非凡的执政官。

据说，他年轻时挥霍金钱无度，欠下了不少债务。因此债权人表示除非他能找到一位可靠的担保人，否则不准他出访西班牙。于是，他再一次洗劫了高卢的庙宇还清了债务。后来当上执政官时，他又从都城的国库里运走了一大批金子，转而用只镀了一层金的铜器充数。他用这些钱给士兵们发了双薪，又给了成百上千个奴隶自由，给自己的女儿办了一场空前盛大的婚礼。

但是恺撒为什么那么喜欢孩子呢？克里奥帕特拉思考着。做执政官时，他就奖给孩子多的家庭土地，同时又免了他们的地租。他二十岁的时候，他的第一个孩子茱莉亚就出生了，而这足以证明他是有生育能力的。他之所以推开他的妻子们，可能就是因为她们没能为他生个儿子。他之所以给了塞尔维莉娅那么多金银珠宝和房产，不就是因为她给他生下了布鲁图这个儿子吗？恺撒的众多女人中，她得宠时间最久，直到后来她让自己的女儿当妓女，恺撒才憎恶她的。

曾经，恺撒与塞尔维莉娅的爱情是整个地中海地区的一大丑闻。如今，往事已弥散在风中，只剩克里奥帕特拉耿耿于怀。她不断想起年长恺撒几岁的塞尔维莉娅，想起他身旁的那些俊俏奴隶，想起他的华贵衣服，他年轻时同性恋的恶名以及他的求子不得。所有的这些因素综合起来，在女王的脑海里发酵，她突然觉得恺撒可能是个易受美色引诱的老头。而这对堂堂埃及女王来说还算是难事吗？埃及的皇宫里有那野蛮人平生从未见过的金山银山、奇珍异宝，再加上皇宫里珍藏的三百多年的东方情色史，那年过半百的贵族还有什么需要得不到满足？宫里的奴仆们，不论肤色与年龄均能歌善舞，面容姣好，而女王也筹划好该如何利用这些资源了。

但是，如果恺撒对这些都不感兴趣怎么办？如果他只听说过克里奥帕特拉怎么办？也许他现在就躺在她的床上，端详着她的画像呢，尽管这些画像早就被他弟弟藏起来了。传说中的那个恺撒，那个迅疾、慷慨的恺撒，那个宽恕了对手还给其加官晋爵的恺撒，出生于罗马、如今已成世界之王的恺撒，也许此刻已经下定决心要找到尼罗河畔风华正茂的女王了。克里奥帕特拉几乎可以肯定恺撒来到埃及并不是为了庞培，而是为了她；否则他为什么要派人召唤她？躺在亚历山大城的国库里有的是织物、谷物、税收、黄金，他想要的尽在身边，他为何还要几次三番到这荒漠里寻她？现在女王总算是摸清楚恺撒的心思了：他想与她见面。她必须以某种新奇的方式出现在这个集万千宠爱于一身的王面前，好给他一个大大的惊喜。但她必须谨慎，她弟弟安排在她身边的间谍一定要比恺撒安排的多得多，她随时随地都会因此丢了性命。

克里奥帕特拉站起身来。现在她已经有了主意，她已经想到如何神不知鬼不觉征服恺撒了。

V

两天后的晚上，恺撒躺在亚历山大城宫殿里某张华贵舒适的躺椅上，手里握着某技师呈递给他的图纸，图纸之上是某自动装置。然而，他却莫名地烦躁起来，提不起精神做任何事。这种感觉只有在年轻时行军打仗没有女人的时候才会有，现在随着年纪上升已经很少发作了。于是他干脆放下手中的图纸，拿起另一张图纸来。这张纸是犹太学者前一天给他的，上面记载着犹太圣经片段。该圣经由希腊语翻译而成，引得大批语言学家研究探索。

恺撒已经去过缪斯庵两次了，并且大加赞赏了那两层宏伟的建筑。该建筑的窗户风格时髦，日光能从中穿过打在那绿色的地板上。建筑内所有的物品都置于开放式的柜中。书架上摆放的书籍浩瀚如烟海，这座建筑也因而成为举世闻名的图书馆。每个书架上都挂着载有书名的标签；不同学科的书也被归在不同的地方，因而用不了多久便能找到想要的书。恺撒不禁为其实用性而感到赞叹。对了，法洛斯岛灯塔——世界上最高的灯塔——也给了他很多启发。埃及人在上面装上了一面硕大的金属反光镜，既能增加灯塔的反射，又能聚集导航的灯光，塔尖上矗立着波塞冬。使恺撒暗暗震惊的当然不止这些，埃及的王官建筑群、贯穿都城的那一条条笔直的街道，都同罗马形成了鲜明的对比，使得后者黯然失色，混乱不堪。他驻足于此不过短短两周，但已是收获颇丰。

但最让恺撒心潮澎湃的还是故去的亚历山大大帝。当年用来安葬他的金色石棺早已落入贼人之手，现在他躺在水晶棺材里。恺撒进入庙堂，奴仆们替他掀开棺材后，他看见了亚历山大大帝。他被织物绷带包裹着，真身已是半腐，在那银灰色玻璃的映衬下，他的面目已不可辨清。三百年前，他光荣地葬于自己的家乡。三百年后的今天，他仍是雄伟无比，被有宏图抱负的恺撒当作楷模。能够亲眼见到亚历山大，真的是不枉此行啊。

恺撒在埃及已经有些时日了，他也不停地反思着为何还作停留。他想起那小国王警惕又害怕的眼神，还有他属下的贼眉鼠眼，他下楼梯时背后传来的窃窃私语，以及奴仆们好奇的目光。这一切都提醒他，纵使他百般强大，名扬八方，在这个陌生的国度里他也是不堪一击。如果托勒密王朝的大军此时已在暗中策划突袭怎么办？尽管港口已经握在罗马手中，但是谁又能担保那表面上对罗马毕恭毕敬的埃及舰队，不会听内侍大臣波狄诺斯的指示，把他拦截在灯塔和皇宫之间呢？跟着他来到埃及的只有几艘船和一个军团，因而根本没有安全保障。他还在期待什么呢？

黄金！他在期待黄金。那故去的国王欠了罗马人一屁股债。他虽然内心觉得埃及人只要还一半的债务就可以了，但是与庞培一战他获大胜，他的那些将士，无论是近在身边的还是远在罗马的，又怎么会仅仅满足于那虚无缥缈的荣耀呢？他的金库空空如也，又该如何犒赏士兵？于是，连恺撒自己都开始相信，他之所以还在埃及就是为了黄金。

然而，他的手下对此却不以为然，聪明的恺撒也早就意识到这一点了。埃及人不是早就隆重地向他递上庞培已经开始腐烂的首级了吗？他也派了最快的信使带着庞培的图章戒指穿过冬海回到罗马，让罗马元老院里的那些元老知道庞培的悲惨下场，从而杀鸡儆猴，让他们和这位伟大的征服者打好关系。这首级的主人，曾与恺撒为敌；虽然长恺撒几岁，却是恺撒的女婿。他一路追着这个逃亡者到埃及，到埃及之后发现他的敌人已经被杀了，而他只要欣然接受埃及的钱，然后回到罗马便可。

然而，谁知道他为何还在此作停留？他自己知道吗？埃及先王已经死了，得把新王登基之事安排妥当。同时，必须让克里奥帕特拉和她弟弟和平共处。然而，只让女王的弟弟一人做王又真的有什么大不了的吗？同前些日子一样，恺撒这一整夜又是辗转反侧，难以入眠。他需要女人，但宫里的这些女人又让他觉得讽刺而又冷淡。若是在外行军打仗，无论是什么货色的女人他都照单全收。他已经是阅女无数。他都五十岁了，激起他的兴趣就必须不走寻常路。他到哪里才能找到这样的人呢？

恺撒想起了昨日与伊壁鸠鲁的谈话。享受当下，有酒就喝，及时行乐，无畏生死。死？他恺撒从来没怕过！但是逝去的那些时光呢？那些时光啊，都同流水一样，顺着指尖滴入经年的战争里。往昔该如何寻回？他花了数十载的光阴征战于蛮荒之地、高卢以及日耳曼，征服了数百个部落，击败了一场又一场的突袭，谋建了一座又一座堡垒，建造了一座又一座桥，修了一条又一条路，也做了无数的演讲，但战争依旧没有尽头。难道他的生命要终结在战争里吗？他要一直征服殖民地，以在罗马换得更大的权力吗？就为了赢得民众与元老院的支持，直到只剩下最后一个敌人？但最近一战中，庞培倒下了。他的目标似乎也实现了。

这就是圆满的悲剧。他禁不住问自己这样过活是否值得。昨日，他同一些学者和诗人谈了话，这些人并没有做出什么成绩。现在，他不禁怀疑自己的命运同他们毫无两样。他禁不住想前方的罗马还有什么意想不到的事情在等着自己。阿谀奉承者定是少不了的，胜利带来的嘈杂和混乱也会持续一阵子；有人会厌倦人生，亦会有愤世嫉俗者指责贪污受贿之人；还会有人感叹命运无常。庞培的首级不就是现成的例子么？恺撒问着自己：现在该做什么呢？

但是在那遥远的地方，在那沙漠的另一端，有一位年轻的女郎。如果他帮她登上王位，她一定要好好回报他。恺撒自己都不愿承认，他对这位英姿勃勃的女战士是多么感兴趣。然而，阅女无数如他，还是注意到出现在自己日益枯朽的四肢上的一些症状：他体会到一种感觉，一半让他疲惫，一半让他癫狂；他能感受到大腿腿部的压力，眼睑的痉挛。他有了某种不可言喻的不满——长时间以来他都提不起性欲，在等待某人与他干柴烈火。他就这样躺着，兴致勃勃地猜着那女郎的性格如何，内心里充满怀疑、不安与疲倦。

就在这时，门忽地开了。一位身材高大的奴隶（也可能是士兵）被放了进来。他呆呆地立在门口，肩上背着一大束东西。恺撒正迷惑不解时，一位下官向他解释说这位信使受托勒密国王之托，送来条价格不菲的毯子。读出了恺撒眼中的担忧，这位下官也沉默着向他表明没有危险。恺撒于是命人放开毯子，脸上不掩期待。毯子慢慢地展开了，从中缓缓升起面色绝美的克里奥帕特拉！

啊，这不是童话！历史家普鲁塔克早就给后人讲过这样的故事。啊，这不是童话，恺撒也这样说服着自己。他立刻站起身来，以便看得更清楚。他一眼就认出了她，而这也正是克里奥帕特拉所期望的。他笑意盈盈而又充满好奇地问她从何而来以及如何而来，而这一切皆在预料之中。于是女王向其娓娓道来她那忠诚的奴仆——阿波罗多罗斯是如何带着她划船绕过尼罗河三角洲，再神不知鬼不觉地把她转移出舰队，最终把她放在毯子里，扛在他那壮实的肩膀上，一步一步从码头路经岗哨，行至皇宫的。她笑着，打发走了她忠诚的奴隶。

她的声音美妙如莺歌燕语，让他如痴如醉；而至于她讲了些什么，他全然没有听进去。作为一名将士，他丝毫没有意识到自己的处境有多么危险。他只觉得美梦成真了：她的魅力与睿智、她的微笑和她音乐般美妙的声音、她的胆识和想象力，尤其是她那可爱的嘴唇对于他都是绝对迷人的。他暗自思忖着：看，那丝绸衣下突起的胸部，她不是男人。然而，谁又能说她内心里不是呢？于是在他心中，她愈发迷人了。他定睛看着她，恍然觉得那正理顺卷发，微伸四肢减轻疲惫的女王是爱神阿佛洛狄特在世。

他也因为她的天性流露，迅速拜倒在她的石榴裙下。克里奥帕特拉虽深谙吸引男人之道，但是见到恺撒的那一瞬，就全将其抛诸脑后了。乘船来时，她就想好要用何种站姿，持何种姿势，但现在无论如何也实行不起来。眼前的这个男人让她又惊又喜，她一点也顾不上自己从毯子里站起来时是如何的仪容不整。是的，就同人们说的一样：他头发稀疏，任谁都能一眼发现。但是瑕不掩瑜，他黑色的眼睛炯炯有神，仿佛能够说话；他薄唇紧闭，一张口便能指挥千军万马，充满男性雄风；他的面颊虽经风吹日晒却满是坚毅；他的脖颈也因托着他的头颅显得得意扬扬。这男人的每一丝每一寸均深深地吸引着她，无论是他质疑的眼眸，还是他身上散发出来的清香。她壮着胆子慢慢靠近那征服者，直至坐在他身旁，起初的羞羞答答也悄悄褪去；他们开始坦然地审视着对方，然后露出皓齿，对对方甜甜一笑。

VI

次日清晨，恺撒传唤来了那小国王。国王头戴着皇冠，当看见他那站在皇宫阴影里、轻蔑地对着自己笑的姐姐时，一阵大怒，忍不住大骂了她一通。他歇斯底里地叫着说他姐姐背叛了他。实际上，那春宵一夜结束时，皇宫里大大小小的官员、仆人就知道发生什么了，可能还添油加醋了一番。波提纽斯也早已向他汇报了此事。小国王已经十四岁了，知道该如何掩盖自己的怒火，也知道该如何去爱别人。但一想到那对男女是住在自己的皇宫里，他就不免一阵恶心。他法律意义上的妻子，现在正同一位可当她祖父的外来征服者在一起。他不觉一阵嫉妒，忘了内侍们给他的建议，在会面快结束时绝望地把皇冠摔在地上，发疯似地跑出去了。

克里奥帕特拉和恺撒呢，还是坐在里面笑着，尽管窗外百姓的叫声此起彼伏，渐趋高涨，最终那民愤发酵成了暴乱。这时恺撒做了一个手势，穿上铠甲，立于窗旁，低头看着底下的百姓，让他们明日于体育馆集会。克里奥帕特拉则坐在自己的窗里，听着他的声音，想着他带何口音。恺撒从窗前回来时，她并没有问他召集百姓做什么，她觉得，像他这样的男人不应该受到质疑。她只是静静地坐着，看着这个男人及时发号施令。他给她住的房间里安排了护卫，把小国王带回了皇宫，逮捕了波提纽斯。这个男人在想些什么呢？克里奥帕特拉独处时不禁问自己这个问题，他肯定是不想当埃及国王的，但又为何让百姓们于明日集会呢？

她慢慢地在官殿里走着。过去的六个月里，她都不能靠近这里，只能栖身于寒冷的帐篷里。她抚过丝垫时，感受到温暖；抚过雪花石膏的长椅时，感受到凉意；走过乌色木门时，她的鼻尖依稀可嗅进清香。她用指尖轻触着华贵的镶嵌翡翠，用手背感受着那象牙制的门把，她同猫一样，浑身散发着性感的气息。她双手拿过阿佛洛狄特的塑像——长久以来她最最欣赏之人的塑像，手指沿着它的轮廓划着，一只手禁不住滑向自己的身体，有意识地对比起来。所幸，这种对比并没有让她感觉不快，她变得愉悦起来。和那个罗马人共度一夜后，她对自己的认识深刻了很多。她发现，他阅历丰富，却不老态龙钟；他坚毅阳刚；讲话时温情却不多情，不容置辩但又不会让人觉得傲慢无理，沉默而不失英勇，讲话结束时，又会让人心神愉悦。

真是惊险重重啊！克里奥帕特拉伸着懒腰沐浴时，后知后觉地感叹道。自己被裹在毯子中带进她父王的宫里，然后叫醒孤身一人睡着的恺撒，这场景历历在目，她虽一人独处，但回忆起此般来，依旧禁不住哈哈大笑。她之所以此般年轻，又对知识痴迷，可能就是为了此般的探险！但她的笑声只持续了片刻，理智又重新占了上风，明天又会发生些什么呢？如果那位陌生人登上了回罗马的船，再也不来了怎么办？如果他就待在埃及不走了，让她成不了王，又该怎么办？为什么他还不废了她那碍事的弟弟？要知道，这可关乎权力啊，而在埃及，只有先有了权力，才能谈生命。克里奥帕特拉决意要掌控好自己的情绪。

她精心打扮起来。当然，现在还不是举办宴会的时候，恺撒白天只让一些官员觐见了她。这些官员是第一批主动来皇宫拜见她的人。她觉得这些官员对已经发生的事一定是满头雾水又十分好奇，因为先前无论是亚历山大城里的百姓还是他们罗马人都不清楚那三巨头中，是谁握有实权。然而，昨天暮色时发生的那件奇闻逸事，于今日已成定局，她克里奥帕特拉竟然成了王。这该成为多少人私下里的笑柄啊。

晚上，克里奥帕特拉邀恺撒共享晚餐时，发现他殷勤中透着沉默。他云淡风轻地说，隔日，他将为埃及百姓诵读先王遗嘱，让她和她的弟弟和平共享王位。这样，宫里不会出现新的党派。他也会当场将塞浦路斯归还给埃及，以证罗马与埃及重修旧好的决心。讲完这些后，他再一次表达了自己对她的倾慕。

对于他讲的一切，她虽深感震惊，却也是沉默不语。她过去飞扬跋扈，随心所欲，何曾受到过这种对待？过去她的父王是个傀儡，她便为此不齿。她执政时，虽刚开始也听从大臣们的建议，但见识了他们的愚蠢至极后，她便也开始自己做决断了。但是眼前这个罗马人，他不时看着餐盘，不时又望向自己，神秘莫测，心思不可揣度。他仿佛是她的主宰，决定这她未来的命运。是他那几个正守着海港和宫殿的军团给了他这种权力吗？还是他的名声以及手下败将们给了他这种权力？她陷入长久的沉默中，久久不愿说话；而他，自然也注意到了这些，却也不愿意扰乱她的思绪。她认真地比较着自己的预期以及他的决定，发现好像也没有别的选择。但她承受不了的倒不是这些，而是他不征询她的意见便做出决定。她两次想问为什么，但最终都没有说出口。他朝她投来探询的目光，她微笑着予以回应。

　　敌军的突袭打破了克里奥帕特拉安宁的生活。恺撒正在体育馆里集会，因而不能及时阻拦。是波提纽斯复仇来了！他散播谣言说，他们的女王实际上是个娼妓，拱手把王权交给了她那罗马来的情夫；大名鼎鼎的恺撒，也只是床上功夫足，作为指挥者不堪一击；罗马来的军队数量又少又懒散。只要给他们致命一击，埃及便可永久摆脱罗马的魔爪。

　　恺撒不敢贸然攻打阿基拉斯三角洲东部的军队，也无十足把握能掌控亚历山大城里的国库。于是他便以小国王之名给贝鲁西亚下令，让其立即解散军队。作为回应，阿基拉斯杀了两位使者，带领大军直奔亚历山大城而来。没用一个早晨的时间，两万步兵、两千匹马已到达亚历山大城门之下，不久便进入城市外围。此时的世界之王恺撒呢，前有敌兵，后无增援，只得从远处的海滩迎战，抵抗五倍兵力的敌军。偌大的皇宫，他能掌控的区域只有四分之一；海湾里，他的舰队也势单力薄，但他必须面对小国王和那些内侍。波提纽斯继续在王公贵族和百姓间散播着谣言，片刻都不消停。一日，他将木制的浅盘和高脚杯往恺撒桌上一放，面对恺撒质疑的目光也只是耸耸肩膀。他认为罗马来的那些土匪们早就把都城里的金子分赃殆尽了。一次宴会上，他还提议要毒死恺撒。此话经由恺撒的理发师传至恺撒耳中之后，他当即便失了性命，小国王的一举一动也受到了监视。同时，恺撒也接二连三派了许多信使前往地中海，要求增援。

但是他还是不可避免地腹背受敌了。陆上，敌军断了他的水源；海上，那通往海滨的狭窄通道也被截断了。他试着突围时损失了不少的兵力，事态变得愈发严重。但危险只会让这位世界之王变得年轻。他灵光一现，将敌军的九十多艘船，包括运粮食的船，付之一炬，那些船就在法洛斯岛灯塔下，灰飞烟灭了。火势蔓延，连上了一座又一座仓库，最终蔓延到了图书馆。这座曾经滋养地中海人民心灵的图书海洋，就这样土崩瓦解了。恺撒会因此被当作野蛮人吗？他之所以能大权在握，仅仅是因为有一身蛮力吗？不，他还是伟大的恺撒，是最聪明的罗马人。为求出人头地，成为权力的永久代名词，他对希腊精神如痴如醉，从中汲取了充分的养分。火烧图书馆完全是意料之外的事。文人们此时此刻则全都惊恐地立在皇宫后面的山上，双手无力地高举着。他们只能眼睁睁地看着那绝无仅有的图书馆，连同馆里的四十万卷藏书灰飞烟灭。那图书馆曾是他们知识的守护神，是他们精神的宝库啊！至于恺撒，他无暇顾及此事！

他必须到处指挥作战！外海口正上演着一场海战。他站在其中一艘船上发号施令。突然，有帆船遭受到了强烈的撞击，甲板上的士兵因此全都逃到船舱里。恺撒的船则因为载人过多，沉没了。他落入水中，朝其他的船游去。他紧紧咬住自己紫色披风的边缘，左手则高举着几卷东西。为保护这些东西，他不惜牺牲一切。这样他只能用右手游泳了，一边要整理妨碍他游泳的紫袍，一边要躲开靠近的箭镞。他在水中艰难地前行，虽然脱下了紫袍，但爬上另一艘船时，手里还紧攥着那卷状物。他在这场战役中惨败，海水夺去了他四百名士兵的生命。他也落荒逃回皇宫，他都五十多岁了！后来，亚历山大城的百姓为挖苦他，把他的紫袍打捞出水，挂在了钩篙上。就在这时，坏消息一个接着一个地传来，大意是庞培的余党知道曾经战无不胜的恺撒如今在埃及受挫，就想在庞培儿子的带领下卷土重来。当初，这位伟大的将军置这些余党不理，一心奔向埃及。然而，此时他却无法派兵去歼灭他们，威武如他，却也只能留在埃及，在沙漠边缘，在尼罗河河道上，在大街上，浪费资源去对付自己培育出来的敌人。这些敌人令他作呕，却无法摆脱。

在那之后的一天早上，阿尔西诺伊突然不见了。阿尔西诺伊是克里奥帕特拉的妹妹，受恺撒任命，掌管塞浦路斯。然而，她却趁着夜深人静，同她的大臣和情夫伽倪墨德斯私奔了。对于恺撒来说，这无疑是晴天霹雳。为争取更多的时间，他转而和阿基拉斯谈判，同时最新消息传来，增援军队已经在来的路上了。

再等一等，增援马上就到了！恺撒这样告诉自己。增援最终到了，恺撒率领这些兵准备对埃及军队进行包抄，军队散布于尼罗河河道、入海口以及三角洲的每个角落。行进时船上的灯全都灭了，他们做到了神不知鬼不觉。至于那些新到的船，它们全都停在了尼罗河河口间的沼泽地里。此处地处埃及边缘，既不临河也不靠海，夜以继日地上演着一场又一场混战。结果，埃及军队疲于抵抗恺撒的新锐军队，撤退回了沼泽地中。

至于那小国王最后表现得倒是颇为勇敢，穿着一身金甲坠入尼罗河中。阿尔西诺伊也被抓了回来，沦为阶下囚，她的那些谋臣们也被杀得一干二净。恺撒取得大胜，二度进入亚历山大城。这一次，百姓们早早就穿戴好，匍匐在罗马兵的棍棒鹰旗下。战争结束了，和平持续了一整个冬天，直至春暖花开。

VIII

在这个冬季恺撒与克里奥帕特拉变得相互了解。至于她与他相依在一起，繁衍后代的传说，只可以考证于《亚历山大城战记》里的一句话"鉴于克里奥帕特拉对恺撒忠贞不贰，于宫中常伴恺撒身旁，故恺撒助其重登王位"。

这些冷冰冰的文字，出自某位以笔为剑的学者之手，最终传入了罗马元老们的耳中、天下百姓的耳中以及厚厚的史卷里，永垂不朽。包含于这文字中的，是一部罗曼史的开篇，是新世界的伊始。

正如前面所说，恺撒阅女无数。他十七岁时初逢可爱的柯妮莉亚，情不自禁地爱上了她，直至二十三岁时，他失去了她。之后他还遇见了苏拉年轻的孙女庞培娅。这位女子而后与克洛迪乌斯狼狈为奸，背叛了他。这之后他又遇见了性欲旺盛的塞尔维莉娅，这位美人可是差一点就吸干了恺撒的精力，让其体力透支而死。他还与出身名门的凯尔弗妮娅同床共枕了十年，期间她沾了他不少荣光。偶尔，有机会的时候或者心血来潮时，恺撒也会与元老们的妻子、异域来访的公主来场鱼水之欢。在这些女人中，有的是靠感官迷住了恺撒，有的是利用美貌，有的是利用曼妙的舞姿或美丽的歌喉，也有人是利用聪明与勇气。恺撒在她们中换来换去，因为他觉得只有朦胧美才能让他返回梦幻般的青年时光。

如今，他已经五十多岁了，却在这里遇到了梦中从未出现过的让人震惊的身影——克里奥帕特拉！她虽说是个女子，却拥有所有的男性气概，勇猛、谋略、果敢、狡猾，满脑子都是主意。面对危险，身处战争时，她不慌不乱；和平时光里，她又能跳下战马，摘下头盔，变得温婉可人。当恺撒想知道某条尼罗河河道的情况，以接近那里的军队时，她能提供所有信息；当恺撒的战马倒下时，她能为他提供一匹超乎想象的好马；当船长苦恼于不知该把船上的货物运往何方时，她能提供一个储藏地；当军师纠结提供的线报是否可信时，她能告诉军师那线人人品如何；当沙漠上驶来驼队时，她能比罗马人更快地说出那骑骆驼的人是谁；一千步之外，她便能分清海上驶来的船装载的是希腊产的还是罗马产的焦油；平躺在地上，她能根据地面的振动幅度判断出来了多少兵马。在营地短短几天，恺撒便养成了习惯，已经离不开她了。仿佛她是某位天神之子。她只用了几周的时间便征服了恺撒，成为他的左膀右臂、宰相、评论员、探子，甚至是他的顾问。

恺撒发现，日子平静时，克里奥帕特拉又是另外一般模样。同管理都城里住着的百万百姓一样，这时的她好像一间别墅的女主人，把她的几百个奴隶管理得井井有条。他时常远远地站着，看着她如何快速地做出公正的决策。她从无疲惫之色，每时每刻都准备好应付突发事件。而此般的未雨绸缪，也让她变得无所不能。

然而夜晚降临时，她既不是天神之子，亦不是女王。她和恺撒合用一顶帐篷，或同住一座宫殿。她总会让奴隶准备几盏灯和几张毯子，然后亲自安放好。经她一整理，原本还是危机四伏的皇宫立马变成一个让人忘却一切烦恼的温柔乡。每逢此时，恺撒总是能够意识到自己的出身。他的出身可追溯到爱神维纳斯，但恺撒总觉得有变化发生，因为此时此刻他更像是战神之子，虽然是维纳斯让他拔剑出鞘。克里奥帕特拉动作敏捷，她的身体能够感应出那吹毛求疵、尊容华贵的男人在渴求什么，实际上，她的欲望比他的更加强烈。然而，浪漫夜色常常被外面的事物打断。外面时常会传来惨叫声、碰撞声，以及急促的敲门声。情况最坏时，敌人就在几百步之外，因而毫无安全可言。

他们不得不一起应对日常的危险，想着如何对付埃及和罗马的敌对势力，试着靠勇武对抗命运的毒瘤，败则地狱，成则天堂。他们在敌军制造的不停歇的吵闹声中不断地祈求友军的到来。他们像是烛火微弱的蜡烛，随时都有被暴风雨湮灭的危险，但总能幸免于风中，然后以双倍的热情燃烧。但不可否认的是，正是这些战争阴云让那个时代最伟大的将军与最杰出的女王交织在彼此的生命里。此前，年老的将军从未有过此般体验；此后，年轻的王后再也不会有类似的经历。

他们肉体的交欢连同着精神的狂欢，他们勇敢的心冲撞着，思考着自己管理下的国家，以及他们还能待在一起的时光。沉默中，恺撒认为自己要成为亚历山大大帝第二的梦想就要在这座城市实现了，这梦想基于与这个妙曼女子的联盟。她是作为古希腊最后一个女王与他结成同盟的。但从他的沉默中，克里奥帕特拉还读出了他别的心思。她也想用罗马这根链条，这根她既不信任也不喜欢的链条，来编结一个全新的、更坚固的帝国——从一对恋人、一个世界霸主和女王的梦想中诞生的新埃及。

然而她的抱负却同恺撒的相距甚远。其抱负源自欲望满足后的那种忘我的精神状态，在这种状态里，她的爱无限接近于恨，灵魂在这两者当中徘徊。她本像匹野性十足的小马，只在玩性大发时才让人骑在她的背上。之后便将那人甩下，把他忘得一干二净，重新奔向狂野与自由。但是现在，恺撒那平稳的呼吸、那梦幻般的凝视让她内心深处升起莫名的情感。身边的这位天神之子，似乎让她于片刻间变得成熟了。有时她不禁会觉得自己更像是恺撒的女儿。

躺在他怀中时，她总会揣测上了年纪的女性会如何表现自己的情欲；她尚年幼，没有多少感受。而他总会因她的表现，回到与她年纪相仿的那段时光。如同翱翔天际，漫步云端，在那些充满了性爱的暮色里，这对战士明白了自己的梦想——繁衍后代，建立大同世界。

　　冬季结束，春暖花开时，她告诉他自己将于夏天为他诞下一个儿子。恺撒听到这个消息时很开心。不过，他又颇为尴尬地问她，如何确定腹中的孩子是个儿子。而她，镇定地盯着恺撒，十分坚定地重复说，一定会是个男孩。

　　　　　　　　　克里奥帕特拉传：一个女王的故事

IX

　　战争平息，恺撒助克里奥帕特拉重登王位。名义上，她还需要与她最小的弟弟共同掌管政务，但这位弟弟实际上并不能对她构成威胁。按照法老们设立的风俗，他还是她的丈夫。至于阿尔西诺伊，她已沦为恺撒的阶下囚。曾经，她不自量力扬言要篡位，克里奥帕特拉也因此对她深恶痛绝。由此，埃及这个本要成为罗马行省的王国依然保持了独立性，实际上成了罗马的盟国，这着实叫人欣喜，而这一切全都托福于这个事实，那就是埃及女王的腹中怀有罗马独裁者的骨肉。但即便是这样，埃及依然准备了价值千百万的黄金进贡给罗马。

　　冬去春来，海上变得风平浪静。几艘来自罗马来的船驶进了亚历山大城港口。它们会带来什么新消息呢?

　　整个世界——罗马、意大利、雅典、不列颠群岛、地中海沿岸的所有城市都在等待着恺撒的回归。有人期待他赶快回来，有人害怕他回来。尤其是罗马！庞培党羽逃离后，空出来的贵族席位至今没有安插新人，元老院也已荒废多时。成百上千的官员、元老院议员以及他们的朋友均藏身到了一些海滨小镇里。此时的意大利也毫无安全可言，因为没人知道掌权的是谁以及他如何行使权力。罗马还是个共和国吗？恺撒在取得胜利后，又会要求什么新权力呢？确实，他的代言人安东尼在靠强硬的手段维护秩序，但恺撒不在，谁又能说清这些命令是恺撒的意志还是安东尼自己的。在这种情况下，富人们还是坐拥金山银山；贵族们也有决心颠倒乾坤，分裂政党，坐收渔翁之利。至少，恺撒不在时，他们可以这样做。

此时的恺撒正坐在埃及王宫里，接见向他汇报情况的信使。之后，又有一个信使到来，向恺撒讲述他的旅程。恺撒只是静静地听着，很少张开薄唇去问问题。他听信使说，他最信任的两个朋友——安东尼和多拉贝拉——在罗马广场打了一架，因为其中一人和另外一位的妻子有奸情；他也听说自己的塑像广布于意大利；他还听说庞培之子伙同其情人的哥哥加图正招兵买马，扩建势力以报法萨卢斯大败之仇。信使还说，恺撒手下有不少士兵因为恺撒的消失，觉得分钱分地无望，投靠了敌军。当前的世界正处于群龙无首的状态。年迈的恺撒虽身处异乡，却必须要像天神宙斯般横空出世。曾经，这位宙斯弃欧洲于不顾。如今，厄洛斯说欧洲人已是精疲力竭，他必须出现在那些慑于他威望的百姓面前。

然而，这名勇士为了权力与眼前的这个女人征战了好长时间啊。青年时期起，他就将亚历山大大帝视若光芒四射的北斗七星。他注视着罗马广场，注视着大祭司的房子，心心念念地想要成为它们的主人，唯一的主人。这样，他便不用和另外一位执政官分享权力，不用考虑市政官员、司法官员以及二百议员，不用考虑支持共和的乌合之众。这就是他人生的终极目标。此般前景已于他眼前展开，王位正等着他掌控。他已拥有王的权力，所缺的不过一尊皇冠。他还在犹豫什么呢？为什么他还不坐上快艇飞奔回罗马呢？

法萨卢斯一战后，恺撒的名望高涨，赢得了世界的赞誉。然而，他却像个冒险家一样，领着一支军团去了一个陌生的国度。他随时都有殒命的危险，威名也将大打折扣。然而，在东方那神秘的国度里，他居然再婚了。开始是因为好奇，而后是为形势所迫，最终是因为与那女王陷入爱河。

但是事到如今，是什么阻挡了他带着累累硕果回到罗马呢？毕竟他若不回去，他争来的名与利不过是过眼烟云。是克里奥帕特拉吗？恐怕不是。因为怀孕，她风韵不再，一日比一日怠惰。现在离开也许是个好的选择，这样的话便能永远记住她那阿佛洛狄特般美妙的身材了。那究竟是什么让恺撒放心不下，一直不肯回罗马呢？

他在等他的儿子。恺撒已下定决心要亲眼看着儿子出生，之后再回罗马。

步态日益沉重但聪慧依旧的克里奥帕特拉想出了一条妙计以确保恺撒在孩子出生前的这三个月里过得有滋有味。她叫人装了一艘船，同恺撒一起沿着尼罗河游览。

克里奥帕特拉传：一个女王的故事

X

这艘名叫塔拉美尤斯的皇家游船，是有史以来最为奢华的，俨然一座漂浮的皇宫。游船上的宴会厅无一不是埃及式的，看到那些用雪杉木和柏木刻成的雕塑时，人们总是会联想到那些屹立于古老尼罗河沿岸的原作。游船上其他地方无一不是雅典风格的，展现着女王的审美趣味。这条船的装修也与她的生活方式相契合。除了在埃及那几个重大的节日里采用法老们规定的形式，她平日里总保持着雅典式的生活习惯。阿佛洛狄特和狄俄尼索斯就在这条船上。恺撒的卧房里挂有一幅绘于粗尼龙布上的画，该画取材于《伊利亚特》，主要是为了鼓励上了年纪的他继续努力，实现更多的伟绩。甲板上的布置每时每刻都光鲜亮丽。船上甚至还有一个小花园，上方有亚麻布做的遮阳篷。这次航行正值埃及的春季，再加上埃及本是少雨的国度，他们溯流而上的时候，能够感受到阳光一日比一日毒辣。可是奴仆、舞女以及埃及最顶尖的戏剧演员、厨师们都盛装打扮随大船同行，一会儿扬帆，一会儿划桨，场面十分壮观。为了让这位尊贵的朋友开心，女王用尽了所有新奇的办法来安慰他、刺激他，希望他在这些日子里不会觉得无聊，而是沉浸到节日般的喜庆当中去。

恺撒一生四处征战，不得一刻逍遥。此番女王能够让他停留片刻，享受休闲真是巨大的胜利。她靠着自己的聪明才智，不断想出新奇又不失意义的点子，让恺撒感受与平常不同的生活方式，从而让他始终保持精神兴奋的状态，即使是几个月也不会厌烦。与此同时，她也为他准备了充足的精神食粮：她安排了大批学者以及巡视官随船而行，也安排了沿河小镇的人上船，让他们向恺撒介绍各自的风土人情。

恺撒已经不能够像年轻时那样连续三天沉溺于声色中了，如今的他一天不发号施令就觉得难受。

尾随这艘大型皇家游船的还有四百艘战船，其上载有数千士兵，然而此举不是为了突袭某地，也不是为了征战。但是凡事小心为妙，谁能确保沙漠里的那些阿拉伯人不会干些什么？也许他们现在就在谋划着要出其不意，给恺撒以当头一击。尼罗河上游远没有千年前底比斯时代安全了。

此番旅行，从亚历山大城到努比亚边疆，整个埃及的历史如同画卷般展现在恺撒眼前。尼罗河便是埃及。他注视着眼前神奇的尼罗河，看着她如何潮涨潮落，如何蜿蜒前进，如何变宽变窄、变深变浅。这一切因素，直接决定着埃及能产出多少粮食，产生多少赋税以及贸易，能变得多富裕多强大。恺撒站在船首的甲板上，鹰眼审视着周遭的一切。发现一条管理不善的河道时，他突然变得严肃起来。他收起平常对女王的笑容，严肃地批评了这条河道的管理者，之后又将他打发走。即使是在行军打仗，南征北战中，恺撒也很注意保护各地的基础设施。他在北方修的桥梁、大坝甚至都通到伦敦去了。因此，一提到水轮、水闸、阿基米德螺旋泵之类的事物，恺撒就会两眼放光。同其他国家相比，埃及干旱少雨，因而其统治者的治水才能就显得非常重要。从拉美西斯和约瑟夫时代起，埃及的历代君主们就为治水贡献自己的才智，恺撒也不例外。

而且他觉得自己后继有人。当他站在金字塔脚下，看着亚历山大大帝从阿蒙神的庇护所返回尼罗河曾走过的路时，他觉得自己在这四千年的轮回中找到了属于自己的那一块位置。那时，他觉得自己比任何人都更接近于亚历山大大帝，他就像是在踩着亚历山大大帝当年的足迹前行。但实际上，他和大帝之间还是有很大不同的。最大的不同点便在于，恺撒离开亚历山大城后，影响力逐渐变弱；而大帝南下时，影响力越来越强。置身阿蒙神和奥西里斯神的庙宇前，恺撒同那领路的军官一样，不禁问起在没有机械的情况下，古人们是如何把这些巨石直立起来的。行至埃德福神庙和尼罗河上游的菲莱岛，他发现这些地方的建筑已明显带有希腊风格。恺撒于此处再一次表示了自己的敬意，内心里把这种相遇理解成某种预告。祭司用希腊语讲的那些话，以及农民们讲的而后又经翻译过的话，久久地在恺撒的脑海里回荡。他不停地问自己，如果明天就要掌管这个国家，他该如何让它变得更好。

从前尼罗河与红海间有两条驿道可通行，这总让恺撒联想起通往印度的路。亚历山大大帝的形象于此时再一次出现在恺撒眼前。下一刻，他又认为波斯是罗马天生的敌人；再下一刻，他又看到了克拉苏在波斯的战败，看到了疑云笼罩下的波斯。没过多久，他的思路又转换到了埃及繁荣的商业上。随着船只一天天地溯流而上，船上载有的物产也将越来越多！众多细节让这位当代法老兴奋不已。对他来说，拉紧身下骆驼的鞍褥同底比斯小村里的陶轮一样值得注意。通过慢慢的旋转，那些陶轮会逐步让一个个的罐子成形，最终成为可以装水的器皿。

这位不知疲倦的大将军、独裁者，现已完全脱离了他寻常的职务，在这尼罗河之旅中，充分体验了一把东方的生活。

XI

　　旅途中，恺撒备受尊重，但身在异乡为异客，恺撒明白自己这趟旅行所享受的一切均该归功于克里奥帕特拉。每当他与各位大臣们在宴会结束时，她就会坐在他身旁的垫子上，从这里可以看到港口。天色渐浓暑气消退时，还可以欣赏利比来沙漠上变幻莫测的天光。奴隶们小心翼翼地把她裹在披肩里，而她则用年幼时最喜欢的姿势趴下，然后双手撑着下巴，用她那棕色的、猎鹰般的眸子盯着身旁垫子上静默的恺撒。而恺撒总是扬起头，因为不习惯她那直直的目光，选择不与她对视。他知道，又到讲故事的时候了。

　　在那些相似的夜晚里，他会给她讲述自己金戈铁马的一生。当然，他不会和盘托出，而是有选择的讲。即使他此般信任这个女人，有些东西还是应该有所保留。给她讲故事的时候，他常常会让她拿来晚餐时未吃完的点心。今天讲述的是他与庞培的故事。季拉基乌姆战役之前，恺撒在与庞培的一场战争中被切断了供给，只能以草根为食，好几天都喝不上一口水，那场战役也是他有生以来打的唯一一次败仗。当时的战况十分惨淡，许多将士后来都爬进恺撒的帐篷里请罪。作为惩罚，整个第九军团均被遣散了。她问，此种情况下会不会有士兵弃战投降？他回答说偶尔会有，在西西里时，就出现过这样的情况。那时，他走到那群士兵中，怒斥着说"你们可是罗马的公民啊！"但那群士兵回吼到"我们也是士兵！"

她又问，你的士兵们爱戴你吗？啊，那是当然，恺撒说道，只要我能取得胜利！她再问，那你爱他们吗？爱吧，但只是其中少数的几个。在北方时，就有这样一个士兵，用自己的头盔为恺撒装来了清澈的水。要知道在那不毛之地，能做到此般地步实属不易。还有些士兵，陪他在高卢待了十年，期间战无不胜。他们很少抱怨，只要有面包吃，有鞋穿，偶尔有女人，便心满意足，对自己的领袖绝对信任，恺撒因而也很少去责罚他们。但是遇见危险时，恺撒必须身先士卒，最近的内尔维丛林战和伊庇鲁斯战役便是鲜明的例子。

庞培总是萦绕在恺撒脑海里。说实话，与他决战时，恺撒并没有十足的把握。庞培是不是太老太过随和了？一个人五十几岁时是不是就该退出沙场了？季拉基乌姆战役之后，他完全可以为所欲为，甚至可以避免法萨卢斯战役中的大败。暂时的胜利恐怕是冲昏了他的头脑。庞培生来就富有、出名，是贵族中的贵族，能够得到一切想要的东西。恺撒告诉克里奥帕特拉，他自己才是最不受待见的人，他走过的每一步都有人抵制，而这也正是他渴望得到民心的原因。好比在荆棘丛中走路，他步履维艰，直到四十岁，才成为一省总督，还是一个情况极其糟糕、住满野蛮人的行省。为什么庞培就能成为上天诸神，获得罗马元老院的青睐？有时，他想着这件事，心里充满仇恨，整夜辗转反侧不能入眠。如今他已垂暮，却依旧不是罗马的主人。难不成他也要像机会主义者那样在派别斗争中结束一生吗？再想到亚历山大大帝那么年轻就取得胜利，他更加心思满腹了。早在三年前，他就站在鲁比孔河前为是否进军罗马而犹豫不决。

要做出这个决定实在是太难了，因为它意味着恺撒要向生他养他的故国宣战。确实，当时元老院的议员们都嘲笑他，说他竟然妄图取代庞培，庞培可不是什么无名小卒。

克里奥帕特拉问他事先有没有问过神谕。他笑了笑。对于他而言，军队的规模、士兵的枪法、增援部队的实力以及粮草的补给就是神谕。至于他的那几员大将，他们就是他的牧师。而这几员大将中，最出色便是安东尼。他曾扮成奴隶逃出罗马跑到鲁比孔河投靠他，恺撒那时便领着他去见自己的士兵们，让他们看看政府把一个男子汉逼得多么狼狈，以激起他们对政府的不满。

克里奥帕特拉专注地听着。讲到安东尼的出逃时，恺撒的语气明显强硬了起来，旧时对于党派的憎恨又随着这个故事活过来。党派之争从来不受他掌控。而他又必须仰仗党派。

先前，她问过恺撒如若安东尼犯错，他将如何处置。但恺撒一讲起安东尼时，眼睛里就亮晶晶的，似乎可以原谅他的一切过错，因为他的过错与他的美德相伴而生。先前克里奥帕特拉只近距离地看过两位罗马高官，但她选择性地避开了庞培的儿子，谈论起了安东尼。十四岁时，她就见过他，那时他还是骑兵队长，给她留下了很好的印象。她因而也对他的事迹、他的为人表现展现出了极大的兴趣。恺撒每每讲起他，就像在讲自己任性而略带野性的儿子，好像无论安东尼有多不羁、有多鲁莽他都能因为他的忠诚英勇原谅他。恺撒很少夸人，但对安东尼总是不乏溢美之词。

但当克里奥帕特拉问恺撒，安东尼能否称王时，他给了断然的否定。作为他的二把手，安东尼自然所向无敌。但要是想成为一把手，他还远远不够冷静与耐心。恺撒甚至能够断定，安东尼此时定在寻欢作乐，消耗百姓对他的信心。他也许还会打着恺撒的旗号，惩罚这个，奖赏那个；或许他还会禁不住西里斯的软磨硬泡，同她坐在由一对狮子拉着的车上，招摇过市。

克里奥帕特拉静静地听着，她发现恺撒的声音于此刻变得少有的柔和。此刻她心中所想的也不是眼前的恺撒，而是他故事中的那一个人。同从前一样，他酒神似的头像让她内心深处升起一阵骚动。这个人现在是按照一个歌女的意愿来统治罗马的。一对狮子和一顶轿子？在罗马做这种事，简直是荒唐至极。但人生本来就充满了多种可能，恺撒年事已高，可能体验不了多少了。但她还年轻，还有很多不一样的人生要去品尝。她将通过谁去体验新的人生呢？生活才刚刚开始，等到她诞下那男婴时，一切又将焕然一新。远处，夕阳将余晖打在石墓上，墓里长眠着历朝历代统治过这块土地的女王和皇后们，她们均被亚麻扎带一层又一层地包裹着。他们尚在世时，比如说哈特谢普苏特女王，可能就由大祭司陪同着，坐在那装了帘子的轿子里，任那一对狮子拉着前行穿过尼罗河河谷。百姓们拜倒在她面前时，她的情人或许正偷偷地摸她的腿，而她则面无表情，毫无笑意。

恺撒不知道面前这个怀孕的女人又想起了什么，又为何对安东尼如此感兴趣。只见她神情恍惚，眼神飘摇不定。说不定多年以前，她真的与安东尼有过交集。哎，确实，安东尼要比他年轻二十岁。

恺撒站起身来，走向船头，看向天上闪闪发光的金星，那里便是他诞生的地方。克里奥帕特拉则一个人待着，任思绪飘飞。真奇怪，她自言自语道，他将来的命运仿佛腹中的孩子，在自己的身体里蠕动。

她不是把所有的神明都求了个遍，求他们赐自己一个儿子吗？这种祈祷应该是波斯式的，毕竟恺撒对波斯表现出了极大的兴趣。这些天来，他一直少言寡语。人们有时甚至觉得他已不再醉心于所谓的责任与权力，这可能也是他如此轻松，变得青春洋溢的原因。但忽地，他又变得十分消沉，食欲消退，人消瘦了一圈，似乎有什么烦心事。他已经有半年的时间没有打仗了，大多数时间均在与人谈话。但人们说不清他是在思考还是在做梦。有时候，他会喃喃自语，重复念着几个数字。有时候，又会半天不说一句话，对两岸的景色无动于衷。他究竟在想些什么呢？

昨夜，他因噩梦呻吟着。克里奥帕特拉轻轻地摇着他，他睁开眼定定地看着她。等到清醒过来时，他把手搭在她身上，难为情地说，他问医生孩子具体的出生时间并不只是出于礼貌或者是想长时间地离开，他只是想确保孩子出生时，他就在身边。他为儿子的出生准备了大礼。

克里奥帕特拉突然想起些传说，说是与年纪大的男子生的孩子会比较虚弱。她也是第一次分娩，会很危险，甚至可能因此丢了性命。因此，医生们在接生时必须十分小心。她要是有个三长两短，他们的日子也不会好过。如果恺撒真的得了一个儿子，有了名正言顺的继承人，他那在罗马的侄子会做何感想？如果恺撒一去不返了，她必须另想他法为这个孩子找个父亲。但这份担心明显是杞人忧天——恺撒一直都想要儿子，他无论如何都不会丢下她们母子俩的。她坚信，千年之内出生的孩子中，自己腹中的孩子会是前途最为光明的那个！

恺撒站在船首，思绪飘飞：好奇怪！她有时的举动真是像极了三十年前的科涅利亚。可是她又是那样年轻，科涅利亚当年生茱莉亚的时候也是这般年纪。当年亚历山大大帝的妻子生育时，可能也是这般年纪。但是她们这般年轻，能生下健壮的孩子吗？如若他的茱莉亚寿命长些，他便可把她许配给庞培，这样的话战争便可避免了。然而那真是他所期望的吗？

他想，庞培可真是幸运，他的突然死亡也让人羡慕。他应该再早几个月死，应该在他人生巅峰时叫人捅死。如若真是那样，也就不会有法萨卢斯那一仗了。可是什么才是他真正的梦想呢？出生显赫世家，这样就不需花上二十年光阴，收买百姓、议员、女人，直到最后才爬上权力的巅峰，却发现自己已经头发稀疏，腿脚不便，精疲力竭了，或者说最起码不用在那满是野蛮人的行省待着。他征服了日耳曼，征服了高卢，期间奋战三十多场，用了九年的时间才取得最终的胜利。而罗马的那些人又是怎么评价他的呢？被放逐的西塞罗。

若出身名门，他十八岁便可称王，三十岁便统治全天下。

恺撒就这般立在船首，看着渐浓的夜色，继续思索着。看来克里奥帕特拉没有意识到，所有人在她面前均会对恺撒深深地致敬。然而人们是不会拿她这样的君主同恺撒的成绩相提并论的。这些生活在热带王国里的人要比那寒冷共和国的人幸福得多。多年以前他们那些自立为王的祖先们，原先只是亚历山大大帝手下小小的中级尉官。历史书上并没有记载他们于哪一年打过哪一场胜仗，但三百年后的今天，他们的后代坐在王位上，成为天生的君主。

必须要采取一些终极措施了。确实，进行神化所花的成本不高，也能被人接受。但是它束缚不了任何人，只由上天操作，也可被人为地叫停。即使是上帝之子，也不能确保自己一定会得到别人的尊敬。而且，至今也没有哪个被神化过的将军成功建立过一个王朝。人们只会认为王权是子承父业，薪火相传，是重复、有规律的连环。但是她不是向他保证过自己一定会生个男孩吗？如果她真做到了，这世上还会有哪个王后比她这个埃及希腊王后更富有、更声名远扬、更血统纯正、家世显赫？难道我还要特地去粗野的德意志人或是皮克特人里面为我的孩子挑选母亲吗？不！这世界的新主身上必须要有东方血统，有亚历山大大帝的血统！他要用他的王冠成为东西方连接的纽带，即使他那王冠只是铁拧成的环。恺撒决心要为自己的儿子扫清路上的一切障碍，为他省去十年的磨炼时间。埃及的国土之上，金星日日夜夜散发着柔和的光。我们朱利安家族是国王的后人！他的儿子必须是王室的后代。

XII

　　游船一行归来半月后，时年二十三岁的克里奥帕特拉于埃及皇宫诞下一子，实现了自己对恺撒的承诺。她将儿子取名恺撒，但亚历山大城里的百姓都叫他恺撒里昂（小恺撒）。而在史料中，他的全名又叫托勒密·恺撒。像一千五百年前的法老一样，克里奥帕特拉让人在阿蒙神庙的墙壁上记下了神是如何向她展现生育力，以及这个婴儿诞生时诸神是多么高兴。祭司们则向百姓讲述阿门神是如何依附于恺撒的身体，继而施恩于女王的。而且恺撒本身就是阿芙洛狄特神的后代。都城里的百姓对此则不以为然，还大加嘲笑了一番，说只有老幼妇孺会相信这样的故事。

　　祭司们把他们凭空捏造出的东西交由这对父母签发时，他们本应暗自觉得好笑。但孩子降生时，恺撒却怎么也笑不出来。一是他规划了半年的计划能否实施全都要看这孩子的性别和出生；他还要一直待在刚生育完的克里奥帕特拉身旁，直到她完全脱离危险。另一方面，罗马那边又频频传来消息，催他回去，说是安东尼无法自制，整个罗马都处于分崩离析的边缘。但起身回罗马以前，他必须先解决小亚细亚洲的波斯人，他们正与那里的罗马军队打得不可开交，就如同恺撒父亲当年经历的一样。同时他也让人把阿尔西诺伊押解回罗马，等着他凯旋。他还将三支军团留在埃及，并让一个取得了自由的奴隶统领他们，这样他就不用留下某个高官在埃及了。这些留下的士兵该摆出何种姿态，守护者或是看护人，同盟者还是压迫者，完全取决于女王对罗马的态度了。

恺撒离开时，克里奥帕特拉又变得同他们初见时一般年轻漂亮。他把儿子当作信物留给她，并许诺来年就来接她回罗马，这样她和小托勒密——她法定的丈夫便可与罗马正式结盟了。在埃及的祭司们看来，恺撒才是女王名副其实的丈夫。而都城里的百姓又有了新的打油诗素材。有的百姓说，有了恺撒里昂，埃及就彻底沦为罗马的殖民地了；有的人则认为这个孩子是埃及罗马两国结盟的象征。其他人则开始担心恺撒会遭遇不测，让埃及重新陷入风雨飘摇的境况中。

恺撒起航回罗马时，克里奥帕特拉又蹲坐在她最喜欢的窗台边，看着船队驶出港口。她知道，恺撒就在那艘世上最大的船上。她知道他此时在想些什么，因为他们心意相通！当她竭力想要找出他的身影时，他也望向窗户试着找出她的身影。他们不约而同地为对方将要面对的艰险处境担忧，他们的命运已经紧紧地连接在一起，影响整个世界。

她本是流亡在外的女王，却靠着自己的聪明与魅力，在不到一年的时间里成了情人、同志和母亲，有了位年龄几乎是自己三倍的丈夫。她的丈夫常用自己的生命与权力做赌资，是个战无不胜的大将军。因她给的爱，他返老还童，拥有了自己的儿子。这两人为了共同的利益，为了让他们的儿子统领全世界，均奋力不止。

　　他们开始回忆初见时那段让人陶醉的时光。眼看着他们之间的距离越来越远，那站在船桅阴影里的瘦高男子和那趴在窗子里的瘦小的女王，都害怕命运会从此将他们分隔。他静默着站在船尾，忧伤地看着皇宫的窗户，前路一片未知。而她则坐在宽大的窗边，双脚缩着，双手靠在大理石窗台上，撑着满头棕色卷发的脑袋，脸上绽放着笑容。对于未来，她信心满满。

Charpter II

第二章　宙斯

就算我不说，谁会不知恺撒是谁呢？他是那样优秀，纯洁，完美！他强壮有力，不惧阻挠！他坚定不移，不可阻挡，聪明强干，在任何情况下都高尚尊贵，他深知自己是命运之子，谨慎，敏捷，是人类所有伟大的缩影。

——歌德

I

罗马的夏日闷热异常。亚历山大四面环海，海风使它区别于地中海的其他港口，对于那些习惯于凉爽海风的人来说，必会倍受意大利首都热浪的折磨，这股热浪源于临近的沼泽，而且这里罕有雷暴雨。富裕的罗马人夏季会来到奥尔本山享受田园风光，那里在月桂松柏的榆荫下，他们可以舒适地指点江山，进行各种谋划。而诗人们则美酒相待，美人相伴，竭尽全力用笔墨让他们的主人名垂千古。的确，加图卢斯已逝，还有谁能将邪恶的事情说得美妙动听？对了，还有能说会道、辞藻华丽的维吉尔，以及年纪轻轻的贺拉斯。但是谁知道他们那些优美的诗句是用来赞美谁的呢。

在自己死后的名声上耗资，是十分有风险的；反而把钱花在情人身上则实在得多。而且世间万事，说到底都是钱的问题。从先辈时代起，有哪位执政官或是行政官是穷人出身？需要有足够的钱去买选票，当权了，就能搜刮更多的财富用来长足发展。加图确实是个例外，他像古人一样，用道德上的满足来弥补物质的不足；但最终还不是以自杀结尾。庞培和克拉苏如果没有钱的话，又能做些什么呢？现如今的恺撒，较之他们要更胜一筹。而且在收买人心方面，他也是首屈一指的。罗马共和国古老沧桑，众多人都在觊觎它，恺撒必须迅速占领属于自己的位置。

神灵没落之日即将到来！罗马人也感受到了这种氛围，无论有钱与否，无不在及时行乐，城里城外尽是骄奢淫逸之景。

尽管今年罗马的夏日闷热，倒是无人离开，毕竟恺撒还在这里。他刚从非洲凯旋，在塔普苏斯，他大败庞培最后的一些残余势力，取得了辉煌的胜利。庞培的那些将领们或死或伤，他那捡了条命的儿子也逃往西班牙了。与此同时，恺撒的政党们一听到大捷的消息就提议恺撒担任独裁官，任期十年：这是罗马历史上的创新之举。但是恺撒一进入罗马城，就向人民发表了诚挚的演讲，发誓说无论何时自己都不会当暴君，他还表示自己仅会担任一年的执政官。质疑者们对此无不轻蔑一笑，普通百姓则暂时舒了一口气。

此外，罗马近期还将发生大事，百姓们对此无不翘首以待。八月份，恺撒将举行胜利庆典，届时会有个陌生人在五十多万百姓面前露面。这个人就是埃及女王！她从南方一路来到罗马，恺撒也从西班牙南下返回。届时，恺撒在罗马就有了两位夫人和一个儿子！谁愿意错过这样的好戏？

　　　　　克里奥帕特拉传：一个女王的故事

与恺撒一别后，克里奥帕特拉的日子波澜不惊，无非就是给孩子喂奶、断奶；恺撒的生活则是充满了骚动与胜利的喜悦。如今孩子已经两岁了，若不是那开往罗马的船晃得厉害，他自己都能站起来了。经历过诸多风雨，克里奥帕特拉终于能来平息这块土地了，或者说，平息能影响她命运的那寥寥数百人。在罗马兵团的强大庇护下，克里奥帕特拉打心里有种真实确切的安稳感。亚历山大的百姓因为从与罗马的贸易中受益了，也开始友好地看待女王那说不清道不明的风流韵事和婚姻，甚至开始觉得那位罗马将军便是乔装的阿蒙神，他们的儿子则是神之子。

　　克里奥帕特拉是恺撒的最爱。他离开后不久，她就听闻了他在小亚细亚的辉煌胜利，她将这些胜利归结为爱的力量，这让他青春再焕，又或是因为他的儿子，她为恺撒生下了唯一的儿子。恺撒派人传了很多消息给她，但她还不满足，又派了很多探子出去，试图了解他不在她身边时的一切所作所为。她要知道与他接触的每个女人的名字和样子，以及他和他妻子的关系。的确，她在罗马有眼线，因此能够掌握他的一举一动。法萨卢斯大捷后，恺撒在埃及停留了十四个月，那场奇迹的小插曲耽搁了他；但他一回到罗马，就平息了城中的动荡之势，一切重新变得井然有序。这些，克里奥帕特拉都知晓。回到罗马两个月后，他又启程去征讨庞培之子。直到现在，才复归罗马，且不再离开。他也正因此才召唤她，尽管有些迟。现在他希望像国王一样统治罗马，就像他年轻时的亚历山大之梦预示的那样：独裁。

独裁是为了他的儿子。分离的一年中，这个想法一直激励着他。晚间在战场时，他想起罗马那些年轻可爱的女人们，又把她们与为他生孩子的克里奥帕特拉比了比，越对比他越想回到她的身边，他意识到他对孩子的想念，与那些战乱岁月中他对情人的想念相互交织着。每一次获得胜利时，他都迫不及待地想要见她，他的第二位妻子，这次行程已经迟了一年。此时，在这件事情上，他像君主一样决绝，不顾任何反对。

共和国一片盛景，恺撒带着元老院议员和官员，迎接他的盟军——埃及女王和她的丈夫——十二岁的托勒密，以及他们的朝臣。他们衣着华丽，举止优雅，别有异国韵味，让罗马人惊羡不已。恺撒的花园（今日的多利亚潘菲利公园），位于台伯河左岸，华丽壮观。园中建有一座别墅，装修豪华精美，克里奥帕特拉那些来自尼罗河的客人们见此奢华之景，都想着该如何回报这热情招待。恺撒亲力而为，确保一切在她到来之前都装饰得当。他特地布置了一个凉爽的小房间，并在里面放上舒适的椅子，挂上漂亮的窗帘，以纪念尼罗河的水上宫殿。她到来的那天晚上，他独自前来看望她，广场上他那简朴的屋子到这个富丽堂皇的屋子，让他明白自己开始了两重生活，这种新奇感对他这样经历丰富的人来说依旧很有吸引力。他想象着她的样子，在接待宴上他也看到了她，在他看来，她与两年前毯子打开时一样，充满了孩子气。但是，此时，他只有一个想法：亲眼看看孩子。根据她的来信，孩子长得像父亲。

他的座驾停在古老的冬青树下，七月傍晚，赭色朦胧，没有人守在铁门下。她似乎把所有仆人都遣退了。恺撒也遣散了自己的仆人，进了门，从宽阔的花园小道进入别墅。他瞥了眼灌木丛，觉得惊奇有趣，心想这又是她的突发奇想。这让他又惊又喜，因为他已经习惯所到之处所有人都等着他。去往屋子的半路，他听到一声很轻的嘘声，似乎有人在唤他，但是他不想暴露自己。

高大的松柏榆荫下，克里奥帕特拉坐在一个半圆形的大理石长凳上，孩子站在她一旁，这样他的头刚好到她的肩膀。她抱起孩子，向恺撒微微一笑。这一笑是军队、剧院都无法给予他的。惊讶之下，他把目光转向孩子，然后又转到她的脸上。孩子一点也不像她，完全和他是一个模子刻出来的。很少有孩子这样像一个饱经沧桑、面带沟痕的战士。这种相像很难让人联想到恺撒的童年；反而更像是今日头发灰白的恺撒的面容映射在这张孩童脸上。这个孩子，乌黑的双眼，直直地盯着这个陌生男人，眼神中透着惊恐。

经历过那么多的磨难，恺撒尝尽了神赋予他的所有甜蜜时刻。然而他深知这种甜蜜很短暂，于是他分外珍惜，这种战栗的心境就好比我们不知道自己是否还有下一个黎明。现在，就像当初他们分开时那样，他又陷入了情绪低沉的状态，无法排解，但出于礼貌的缘故，他尽力微笑。

克里奥帕特拉再一次凭借年轻取胜。那天早上，欢迎场面极其盛大，处处尽显着罗马的尊严，她在久别后第一次见到他。现在，在市郊一个偏僻的园子里，他坐在她身旁，好奇地盯着她曾承诺给他的儿子，又把目光收回注视着她。那天早上透过他紧闭的双唇她已感受到她获得了胜利。的确，他是罗马之王，梦想即将实现。

　　　　　　　　　克里奥帕特拉传：一个女王的故事

II

罗马人的心情几近疯狂。所有人都急匆匆地赶往台伯河边的别墅，只为一睹这位外国女王的芳容，顺便评头论足一番。有些人认为，尽管女王是海伦在世，但她是埃及人，属于崇尚动物的种族。有些人取笑这个所谓的女王的血统，讥讽她是托勒密与不知姓名的女子的私生子。他们算着她那醉酒的父亲身后留了多少债务，又嘲讽地问道，她到底能不能还清这所有的债务。在过去十年里，人们谈起恺撒的妻子时，总是使用一种蔑视的语气，但是现在他们突然同情她，觉得她是被遗弃的独裁者夫人。当他们说起女王那被囚禁的妹妹时，又带着假惺惺的怜悯，她的妹妹已被囚禁在此一整年，只为了在恺撒胜利庆典的时候游街示众。

所有的女人，以及一些男人，都认为女王根本不好看，不如罗马贵族淑女好看。然而她的聪明，却让所有人敬佩不已——她竟然能让年近五十、传闻不育的男人相信孩子是自己的。显然，这个孩子是她与某个野心勃勃的副官所生。恺撒绝不可能生出儿子来。

与此同时，女王的身边也聚集着一批奉承者，他们承认她是埃及的合法女王，恺撒公认的正式情人，认为她比她的父亲更重要。她的父亲四处流亡，为了重获王位散尽钱财负债累累。他们之所以这么做，是因为恺撒明天可能会做出令人出乎意料的事，又或者是明年？谁说的准呢？人们无法打心底尊敬他的情人。现在恺撒和他的外国情人天天腻歪在一起，成双成对地出现在聚会上，俨然一副国王和王后的模样。这一切都暗示着他们会建立一个君主制国家。那些善于怀疑的罗马人，不久便为此事担忧起来。

这位外国女王的机智和矜持让罗马人叹为观止。过去关于她的荒淫行为，他们早已有耳闻。现在他们能看出她对服饰时尚的好品味，虽然与罗马时尚不同，却很得体，并不是那么骄奢。她在罗马的这两年，虽得不到文人骚客的喜爱，但也没有谁记录过她卖弄风情或是有不检点的言行；在异国环境中，她的表现毫无破绽，矜持自制，她对自己的目标非常执着，她只能在罗马实现这一目标。

私下里，她尽力挣脱罗马人的诡计与贪婪，她给罗马留下的印象比罗马给她的要深刻得多。在这里，出于埃及人好奇的天性，再加上她从小就关注罗马，因此她不断去发掘罗马强于埃及的原因。此外，她开始收买一些大人物，讽刺的是，他们之前都拒绝过她的父亲；她还很好地利用了父亲留守在罗马的人——阿莫尼欧，他是一位真正的黎凡特侦探，他能告诉她许多和共和国有关系或是有矛盾的家族秘密。

但是她真正的目的在于搜索那些对恺撒有影响的人，或是在将来可能影响到恺撒的人；通过恺撒与他们的交往方式，她评估着那些人在罗马扎下了多深的根基。除了儿子，她没有帮手，但仍然谋划着一统世界的大业。她的脑海里反复掂量着种种会产生影响的利益因素。这个计划就像一颗遥远的恒星，她必须让碍事的彗星脱离恒星的轨道！但是为了达到目的，她有必要探清这颗恒星的本质，以及它对彗星的吸引力。

刚到罗马的几周时，克里奥帕特拉会在规定的时间到花园会见访客，那些赶时髦的罗马人似乎慢慢适应了她的冷静矜持。安东尼没有来拜访过她。他在生恺撒的气，因为在恺撒回罗马时曾严厉地批评过他。对于安东尼来说，他这样的大人物怎能受如此对待。在恺撒眼中，安东尼作为他的代表，做的错事数不胜数，对于这些，宽宏大量的恺撒都能谅解他。但安东尼买下了庞培宫殿后，又非法地无偿占有了庞培的希腊雕像以及酒窖，这些事情在老庞培派时期从未发生过。恺撒在这点上非常坚持，但安东尼拒不认错，结果导致两人之间的争执和疏离。恺撒没有任命他为执政官，却青睐安东尼的对手，多拉贝拉。出于嫉妒，安东尼在城里四处走动着，气急败坏地说些威胁的话语。不久之后就谣言四起，说他要杀害他的朋友和主人。

西塞罗向女王表达敬意，从花园进入别墅，女王一般喜欢在花园接见访客，他们通常会相互审视着对方，因为对彼此并没有多大的信任。这个人还是恺撒的朋友吗？克里奥帕特拉暗自思考着。近来谈到西塞罗时，恺撒常会陷入沉默。在喀提林一案中，他不敢攻击恺撒，后来他又向恺撒借过钱。克里奥帕特拉听闻，他曾被判处"有尊严的流放"。但是"有尊严的流放"在罗马究竟指的什么意思呢？那天晚上在花园中筹划阴谋的那群人中，谁又不是被流放的呢？他们说，在小亚细亚，西塞罗像其他人一样大量敛财，却满嘴道德仁义。不然他又怎能支付得起这座精美的别墅呢？想到这里，克里奥帕特拉笑了笑。当西塞罗谈及埃及图书馆被烧一事时，他表示有一些图书并没有被烧毁，克里奥帕特拉答应他立即派人到亚历山大去取这些书。片刻之后，她又迎来了两位高大的年轻人。

　　他从不愿独自来！克里奥帕特拉心想着，不情愿地将手递给其中较瘦的那个。她觉得这个十七岁的年轻人很令人厌恶，但是恺撒谈起他来，总是很友善。来者正是屋大维和他的朋友阿古利巴。恺撒为什么会同意屋大维来见她呢？克里奥帕特拉一边想着，一边又再次审视了眼前的这位少年。他的举止很粗鲁，皮肤上斑斑点点的，又很苍白，估计没有好好梳洗清理过——他浅棕色的头发像往常一样梳得很乱。此外，他总是担忧自己的身体，人们一看就知道他很羸弱。他那乌黑发亮的眼睛里却满是贪欲罪恶。他的祖父是佛列垂的放债者。如果他的祖父不是这样的一个吸血鬼，他的父亲就不会与恺撒家族联姻，这个孩子也不会比他的朋友更加尊贵了，他俩一直盯着她的胸部看。

克里奥帕特拉心想，我知道你们心里打着什么算盘。就算你种不到恺撒的田，你也会千方百计地得到粮食！她突然想到了什么，转向一个女仆，让她传话给奶妈把睡着的恺撒里昂抱出来，抱着给这个面色苍白抽着鼻子的年轻人看看。他没有看到她的眼神像支箭，穿过枕头，直指他的心口。屋大维是恺撒的外甥，也是恺撒的保护对象，现在正盯着恺撒的儿子看。命运的阴影在这三个人之间闪动，未来不可猜度，不可预知，但早已注定。这时严肃的阿古利巴正等着向女王介绍自己。

屋大维静静低着头凝视着孩子，嘴唇半开。克里奥帕特拉心想，他一定嫉妒我的儿子能过上如此雍容华贵的生活。如果他曾幻想成为无子的恺撒的继承人，那么他一定憎恶恺撒的儿子。我们必须要在院外加倍防守。

接着出现了一个更加令她意想不到的新面孔，当两个年轻人向她告别时，她向这位客人伸出了左手，因为她的右手还在抱着孩子。客人真诚地凝视着孩子。女王想，罗马人可能会批评她手里抱着孩子接见客人；她之前从没这样做过，但接见让她厌恶的屋大维使她不得不这么做。但是现在，既然机会如此契合，她就让孩子再待得久一点。因为站在她眼前的这个年轻人被人们誉为恺撒的儿子——他就是布鲁特斯。

　　女王很平静地接待了他，因为恺撒很喜欢他。他仅有三十岁，他的男子气概、诚挚探寻的目光本应能取悦克里奥帕特拉——这个二十四岁的女人。但当她想象与他恋爱时，她便觉得他令人厌恶。她经常通过想象与人恋爱的方法来评判一个人，而布鲁特斯给她的感受是，他在恋爱中不会向任何人屈服。

　　她想，他肯定不是恺撒的儿子，尽管他的眼睛很像恺撒。如果他是，那么恺撒曾全身心被一个外来女人征服了，就像她被他征服一样。慢慢地，她似乎觉感孩子和她有必要分开，因此又把孩子交给了奶妈。克里奥帕特拉听着布鲁特斯讲话，发现布鲁特斯有个很奇怪的习惯，他绝不谈社会，只谈原则。今天，他建议克里奥帕特拉用毕达哥拉斯学说教育孩子，这样孩子在以后就能每天晚上反省自我。女王似乎在认真听着他讲话；她时不时点点头，但是她从布鲁特斯身上只看到一个宗教狂热者的形象，试图用道德正义去掩饰自己的恶行。女王心想，又是一个徒有其表的拉丁人！他自己是否有什么道德问题还无法解决？首先，他求助于庞培，因为庞培掌控着法律法令的制定，而庞培是杀害了他父亲的人。人们说，在战争开始前，布鲁特斯还在抄录着波力比阿斯的文章节选，而不是检查骑兵的马鞍是否备好。然而，恺撒曾下过明确的命令，如果在战乱中抓到他，务必赦免。当布鲁特斯投奔恺撒的时候，受到了热烈欢迎！作为报答，他从城中最危险的区域带走了一位女人：加图的女儿，恺撒大敌的寡妇！为什么呢？问题就出在这个女人身上——这个自命不凡的女人！

布鲁特斯开始谈起瓦罗，他问女王是否读过瓦罗所写的谴责东方奢侈、倡导回归古罗马简朴的文章。女王回答没有看过，让他多说些；但她并没有听进去，而是在想：这是一个多么不圆通的罗马人啊！真是一个自以为是的家伙！而且，在他担任塞浦路斯指挥官时，曾以百分之四十七的利率放贷给我的人民！但是恺撒却原谅了这个人的一切恶行。可能是因为恺撒很享受被这个高傲的庞培派屈尊敬仰的感觉！最近，恺撒还打算让他做执政官！当克里奥帕特拉吃惊地望向他时，他却笑着说人必须忘记过去的仇恨！这是多么可悲的生活啊——没有仇恨没有报复！这就是滋养阴谋诡计的方式！在埃及，我们受够了这样的做法。这些满嘴道德的人是最危险的人群。就算这个人是恺撒的亲儿子，也必须要提醒他严加防范！至于贪婪的塞维利尔，她如此放荡，以至于自己都不知道布鲁特斯是不是恺撒的儿子。恺撒觉得他是，但是布鲁特斯却希望一切都能公正合法，因此他不愿意承认自己是恺撒的儿子。看起来每一方都对恺撒充满了敌意！恺撒究竟有多少敌人啊！还有人是他的朋友吗？

III

许多个清晨，克里奥帕特拉坐在那里，给希腊雕刻家亚基老当模特。由于雕像并没有保存下来，我们也不知道那时候她穿着什么；但由于是恺撒下令雕刻的，所以雕像上也不可能有很多衣服。留存下来的只有一个半身像，记录着她真实的美。所有印在货币上的头像都很糟糕，描述也很贫乏，以至于她和亚历山大大帝一样，都没有在历史上留下印记，亚历山大大帝什么也不缺，他只是缺一个伟大的诗人来记录他的事迹，就像克里奥帕特拉缺少一位巧妙的艺术家来记录她的美一样。但是人们可以充分发挥想象。是否是因为雕刻开始得太迟，还是因为雕刻家在创作时常常被一些突发奇想和紧急事件干扰，这尊雕塑看起来并没有完成。

在最初的几周，由于夏天的炎热，街上人影寥寥，整个罗马社会处于一种活跃的期盼之中。女王更愿意在不被注意的时候被几个人抬着走在街上。她当然知道恺撒会派人看护着她，但是她却表现出一副完全不知情的样子。在亚历山大的时候，她从没在乎过那些穷人奴隶的生活，也没想过，王室威严尊贵的生活竟来源于这千千万万人民。在这里，她探究着这些小人物的生活，因为恺撒的权力取决于他们的选票，或者说是他们的心情，怀有恶意的政党总会竭尽所能试图改变这些人的选择。

有时，克里奥帕特拉会在一些偏僻角落停下来闲逛，身边只带一个奴隶。她穿过罗马肮脏的街区，这些街道看起来多么狭窄而崎岖啊！那些昏暗肮脏的砖墙挡住了视线。住在这里的人都贫穷不堪，还要拉扯好几个孩子，人们在腐烂的垃圾恶臭中挤来挤去。罗马只有三条街道是让马车行驶的，因为所有交通都挤在这三条道上，所以满载的马车只允许在晚上行驶。太阳西沉时，街上就能听到马车轰隆隆的声音；克里奥帕特拉了解到，每天晚上，借助于火把摇曳的光线，大量的大理石、砖块、木材从马车上卸下，她惊叹罗马人居然在这样嘈杂的环境中也能安然入睡。

这些仓库有多少是靠埃及填满的！有来自亚历山大的亚麻布和玻璃，来自印度的草药香料，每个仓库都堆满了纸，要知道生产纸的纤维都生长在尼罗河畔啊！在她还是个孩子时她的父亲就告诉她，这些仓库之间所流淌的就是罗马的奇迹——水。罗马人对水总是有着特殊的渴求，他们在浴缸的水箱中注满了水，甚至还通过管道把水运送到餐桌上。

在仓库里，她还看到了那些贫困拮据的骑士家庭，由于内战，他们的家园落在那些强势富裕的冒险家手中。罗马最富裕的面包师甚至在他的豪宅里举办过政治盛宴，甚至连恺撒都对宴席上的谈话感兴趣。她还知道是谁从叙利亚购买货物，再把这些货物卖到高卢；是谁借钱给人当赎金，谁把不动产让给罗马前兵团，以满足他们对土地的贪求。她看到了善于骑术的马尔穆拉所建造的大理石宫殿，可以看出马尔穆拉想要竭力模仿卢库勒斯的宫殿布置。在布置好之前，选一个斋日，在宫殿前的长桌上放一百头牛，用来招待选民。在这个炎热的夏天，到处都挤满了人，只有寺庙是宁静的。

因此，在罗马的街头，克里奥帕特拉看到之前不了解的一面，她看到了罗马不完美、不真实的一面。通过自己的眼睛、鼻子，再加上敏感的天性，她便能够知道更多：共和国正在摇摇欲坠，虚假的民主，贵族的腐败，到处都是贪污受贿，享有特权的公民将苍白理想与少数冒险者的权力欲望掺杂在一起。克里奥帕特拉越将他们和恺撒作比较，越能凸显出恺撒的伟大。

在罗马还有神的庇护吗？女王自问道。即使在埃及，信仰也消失了，但仍然有一种隐秘的信念，所有人都必须遵守古老的仪式。而在罗马街头，她发现人们除了对伊西斯有信仰，还对密特拉有信仰，这是一种用于纪念波斯神之子的圣礼，旁边还有埃及人列队行礼，在列队中，人们可以从小母猪的乳房中挤出奶来。也许她曾在剧院听过，恩尼乌斯念完诗句总是伴随着阵阵掌声，他在诗句中宣称神会安抚我们的悲伤。她也可能置身于观众中，演员们还会嬉笑着讲述狄安娜的罪恶，此时会有古罗马人朝他大叫道："愿神赐予你一个女儿，她会犯尽所有的罪恶！"

在这种颓废的情绪下，宿命论在罗马愈发普遍：神永远不会帮助他们的朝拜者！人们只能相信彗星、流星、地震，以及出生反常的孩子。恺撒不是曾在元老院作为最大祭司说过，死亡是所有东西的终结。这是他发自内心对众人所说的，有人在听后大喊道，像恺撒一样将自己置身于冒险之中吧！他才是应该得到美食和黄金的人，如果他继续为共和国征战的话，他可以永续独裁统治！他所拥有的一切又会还给人民。他比庞培、克拉苏和苏拉加起来都慷慨！

恺撒是多么的精明！在这个奢侈之城里，他刚出台了一部反对骄奢的法律，同时限制时髦的女人们过多展示她们的丝绸和珍宝。他的法令让工匠们愉悦，因为他为他们创造了更多观看竞赛的机会，他甚至在新的竞技场内引进了从尼罗河买来的鳄鱼，那些昨日还在为格斗者之死疯狂欢呼的人们，今日又会为大象的哀鸣而不安。

克里奥帕特拉漫游罗马而归时，满是惊奇。在克里奥帕特拉成长的世界里，毒药、匕首司空见惯，却几乎没接触过柏拉图主义，现在她厌恶这个国家的壮观繁华，在这个社会中，人们贪恋钱财，迷信古时候的哲学家，以至于一切都蒙上一层阴郁的欺诈阴影。对于克里奥帕特拉来说，恺撒和她一样是这乱世中的清流，如果今天是她第一次见到他，她会学着去爱上这位自由的男人。对于她来说，他是天生的王者，因而才能成为她的伴侣。

反观布鲁特斯，他在背叛自己政治立场的时候，却还要为自己辩解，她讨厌他满嘴道德仁义。在朱庇特神庙中，有人曾向她展示过古代君王旁边的布鲁特斯的祖先，他曾推翻了罗马的最后一任国王。克里奥帕特拉知道后，也开始厌恶起了朱庇特神庙。

IV

恺撒的胜利总会有预兆，一直在寻找预兆的克里奥帕特拉此次在看到它的时候却感到了震惊。

恺撒的二轮战车慢慢驶来，民众们大声欢呼着，她看到他在人群中高昂的头颅，御车夫驾着四匹枣红马，缓缓驶过大道，恺撒向两边的民众挥手致意。在太阳光下，他的面部苍老而灰白，但是他裸露在外的手臂肌肉却很发达。他的目光向观礼台投来，是在搜寻她吗？她坐在恺撒的妻子凯尔弗妮亚旁边。突然，当他行进至离她不到百步的地方时，她看到他晃了一下，然后跳到地上。四周的人们骚动了起来，原来是车的轮轴坏了！送信人呼喊着跑开。恺撒必须等着第二辆马车。第二辆马车很快就备好了，马也很快就位了。

站在新的战车上，当他经过讲坛时，无数双眼睛都注视着他的脸，他的目光与克里奥帕特拉相接，因为她，他延迟了这场胜利庆典。他笑了，又朝她笑了笑。战车前是步履沉重，戴着镣铐的人，当他黝黑的眼睛再次与她相视时，他似乎在向她喊："今日是我的战车的轮轴断了，明天就是他的死期！"他的目光如此炙热，以至于她心中的那丝隐隐的不安也消散了，就像有人踩灭一个火星一样。

狂欢一直持续到了晚上。当晚，四十头大象背上绑着火把，一直跟着恺撒的马车前往广场。

克里奥帕特拉复仇的欲望在恺撒的第二次庆典上得到了满足，恺撒之前从未庆祝过胜利，现在却在短短几天内接连举办了四场活动。在这些庆祝活动中，第二场就是为埃及举办的庆典。根据官方说法，庆典的唯一目的，就是致敬坐在讲坛上那个合法的女王，同时也是为了庆祝她大败反对党。刚开始，她焦躁的眼神停驻在她的敌人阿基拉斯和波提诺斯的身上，阿基拉斯和波提诺斯曾把她赶下王位，而现在他们被人拖着经过了她的面前；然后阿尔西诺伊——她不忠的妹妹的身影就出现在了恺撒的战车前。唉，这一刻过得太快，她只有数秒的时间来看她。克里奥帕特拉目不转睛地追随着妹妹，细细品味着复仇的喜悦。她几乎没有注意到随行的正在哀鸣的长颈鹿，群众欢呼着，这是他们第一次看到长颈鹿。克里奥帕特拉的注意力全部集中在她戴着镣铐的妹妹身上。

突然，塞浦路斯叔叔的样子也浮现在她的眼前。在她小的时候，她的叔叔宁愿选择服毒自尽也要避免阿尔西诺伊那样的命运。克里奥帕特拉今年二十四岁，这是她生命中第二次意识到耻辱、荣誉、胜利和自杀的意义。此时此刻，仿佛一切都在梦幻中，她觉得命运的终点依然遥远。她听不到在凯旋队伍当中行进着的老兵们放荡不羁的歌声，这歌声里面暗含了对她和恺撒的讽刺。群众笑着，恺撒也与他们一起笑。而克里奥帕特拉只看到了她憎恶的妹妹，后者头颅低垂，眼睛一直盯着地面，好像为了逃避民众的目光。第二天，恺撒和她说，赦免她妹妹才是更明智的选择，对此她无法理解。终于在庆典的最后一天，加图的讽刺漫画也被带到了随行的队伍里，女王无意间听到了坐在她后面的贵族们愤愤不平的低语。令她庆幸的是恺撒今天不再像昨天那样明智了；同时也高兴地看着他激怒冷漠的贵族们。那天晚上，在庄严的庆典结束之时，恺撒穿着拖鞋对群众大声训斥，这是她最为高兴的时刻。对一切事物的鄙夷态度是恺撒王者风范的另一个证据。因为克里奥帕特拉总是喜欢取笑所有人——富豪、牧师、大臣、面包师、军械士，她对他们毫不尊重，只把他们当作阉人看！而她的这一行为掩盖了她的治国才能。

这种极端的情绪在胜利庆典后的九月初达到顶峰。恺撒想为他的宗族神灵维纳斯建一座新庙，并奉以山珍海味，这是史无前例的。在竞技场，格斗者不仅要彼此之间相互格斗，同时也要与凶猛的野兽相斗。一个贫困的罗马骑士，不得已登台表演，恺撒给了他一个金指环，让他在表演结束之后恢复了之前的尊严。在罗马城的每个街区，恺撒为了让外国人也能看懂戏剧，命人用四种语言进行表演。最后，他还前所未有地向人们展示了海军战役的盛况，在城郊的一个人工湖中，他安排埃及舰队相互打斗。在一片欢呼雀跃中，维纳斯神庙竣工了。

但是罗马贵族在献祭仪式上看到的雕像竟然克里奥帕特拉的雕像。他竟然把克里奥帕特拉的雕像作为维纳斯！恺撒把埃及女王，同时也是他的情人，供奉在神庙中，受人崇拜，就像她在埃及受人尊崇一样。的确，他为了能亲眼看到这一切，也为了向世人展示，甚至丢掉了他最大的美德——耐心。因为雕像还没有完成，就算那位惹人怜爱的模特劝说也无济于事。

他打破了所有的传统，无论是神圣的还是世俗的。克洛迪乌斯还把一个长得像妓女的雕像放在西塞罗的门前，把它作为自由雕像，庞培最爱的福罗拉也曾是神的形象，但是这些又怎能与恺撒相提并论呢？现在人们懂了，大多数人都失望地意识到，恺撒家族神庙中那个神化的女王雕像意味着什么！恺撒还做了一件更直白的事，他甚至发行了一种货币，货币上的维纳斯和丘比特的让人一眼就想到克里奥帕特拉和她怀中的孩子——恺撒里昂。

恺撒用这种别出心裁的方式向罗马人告知了这位情人的重要性，这种做法显示出了他的诗人本性。不久之后，他在元老院又出台了一项法律，这项法律使得他能按照东方的方式同时娶数位妻子。

恺撒比年轻的女王更加成熟老到，他知道离婚会带来不愉快的事情，因此他采取了这种新颖的方式，这么做罗马和埃及的法律都能承认他儿子的合法地位。所以，从上到下，他为他的王朝奠定了坚固的宗教法律基础。

现在距离恺撒被刺还有一年半的时间，建立一个血亲王朝是他最大的愿望。在愿望达成之前，他还需要攻克一个又一个艰难险阻。

V

克里奥帕特拉的不安与日俱增，她也愈发小心翼翼。恺撒越冒险，她的心越紧张，与此同时，他的担忧也日益加剧。恺撒究竟还有朋友吗？恺撒和她与整个社会的距离在这个秋天逐渐增大。维纳斯雕像给了那些不满现状的人一个不错的理由。恺撒的四段罗马婚姻中只有一个女儿，而那个女儿也已逝世良久。现在这个独裁者要选择一个外国女人来做他种族的母亲。那他给自己加冕为这位女王的国王也是自然不过的事了。他已经任命自己为本年唯一的执政官，同时他又让自己继任了下一年的独裁者，他拥有着苏拉都不曾拥有过的权力。人们变得更加地恐慌与不安。人们的目光中透着绷紧的神情，心情烦躁易怒：罗马面临着君主政体复辟的危险，举国陷入惶恐的氛围中。

罗马之外的其他地方也涌动着不安的情绪。在西班牙，军队中那些不满现状的人都聚集在庞培儿子的麾下；内战已

　　　　　　　克里奥帕特拉传：一个女王的故事

开始四年，现在仍在持续。突然，在恺撒征服世界的计划终于快要实现之际，他不得不带领一批罗马人去攻打另一批罗马人。恺撒的计划突然被打乱，这也意味着他又要与克里奥帕特拉分离，在恺撒离开罗马之后，克里奥帕特拉就真的处于毫无保护的状态了。她知道他总是能战胜敌人，但万一有一支箭或是一杆标枪突然朝他射去呢？岁月也没有教会他如何在战争中不让自己受伤害！他还足够强壮吗？那是个冬天，亚平宁坡路十分崎岖；在塔普苏斯，他的最后一场战役中，他突发痉挛。情人相离，各自心情沉重；他们之间的沟壑随着年月的增长日益加深，似乎对于他们来说，只有他们在一起时，才可以搭桥跨越沟壑。他们分开后，她对他来说更遥远了，只是梦中的一个身影；而他对她来说，他似乎只是一个老男人。

他们试图通过通讯网保持联系，但他们知道自己身边都有对方的眼线，他们可能会向眼线笑笑。可爱的女王就不会被一些年轻的罗马人吸引吗？同样，难道独裁者不会被另一位公主吸引吗？这段时间里，恺撒将生活重心主要倾注在了对知识的追求上，因为在去西班牙的途中，恺撒写了《反加图》，这篇文章攻击了西塞罗所崇尚的共和国理想。然后他再一次化身为将军，投入了战争。

与此同时，克里奥帕特拉在罗马也为他战斗。恺撒还剩下什么朋友吗？在尽力宽恕敌人的同时，他犯过大错吗？自从克里奥帕特拉第一次见到老庞培派的人，她就注意到他们的冷漠目光，他们私下偷偷地聚集在一起，因为是否会发生新内战还不确定。每个人都有理由期待着。到处都是克里奥帕特拉的人；他们在街上听着那些对现实不满的人相互争论，跟随着那些沉默寡言的人进屋；女王让人给她解释那些流行的讽刺短诗，并且还要保留着诗句的讽刺语调。她总是试图窥探繁华街区中人们的情绪，再拿他们的情绪和社会的情绪作比较。

克里奥帕特拉小心地留意着社会上战时气氛的起伏变化。西塞罗在做什么，在想什么，现在谁的声音是最有影响力的？他总是能够远离危险之径。现在，西塞罗对恺撒的文章在罗马流传甚广表示祝贺，以显示出一位优秀的作家对业余将军文人的慷慨。同时，他决心要在亚历山大第二面前成为亚里士多德第二，他给恺撒写了封信，表明了他希望恺撒能像希腊人一样，作为第一公民统治罗马。这将是一篇国家文献，也是为了子孙后代，以及身后的名声。但是在最后一刻，西塞罗听从了一位精明的经济家的建议，决定还是不发表这封信。

克里奥帕特拉知晓发生的一切。克里奥帕特拉把这些都写信告诉了恺撒，恺撒和所有的独裁者一样都非常好奇，很想了解城里的那些流言蜚语。克里奥帕特拉也知道，布鲁特斯一直和他的妹夫在商讨着些什么。他们的妻子又在盘算些什么呢？她们似乎还生活在恺撒之前的情妇——塞维利亚的阴影中。

卡修斯走进了台伯河边的别墅——现在坐在花园里太冷了——他面部轮廓深邃，声音果断，他们看了眼对方，又迅速将目光移开，接着目光又再次相遇。要不是恺撒的阴影落在他们之间，这位钢铁般的男人可能会让克里奥帕特拉倾心，这位敏捷的希腊人也会很快燃起她的情欲。克里奥帕特拉在为恺撒打一场无形的战斗，因为她很早就知道卡修斯憎恶恺撒。而憎恶的原因起源于两头狮子。恺撒在法萨卢斯取胜之后，希腊的迈加拉城拒绝给恺撒的使者开门，于是士兵们使用石弩攻破了城门，饥寒交迫的居民们最终放出了不久前卡修斯从非洲买回的两只狮子，卡修斯原本打算让这两头狮子以他的名义在罗马竞技场上一决胜负。但是现在恺撒的官员却宣称，这两头抓获的狮子是他们的财产，拒绝把它们还给卡修斯。恺撒作为这些人的主人，理应负起责任来。恺撒作为执政官，竟从他那里偷取了权力的象征物——狮子。当恺撒在高卢损兵无数惶惶不可终日时，是他在波斯拯救了罗马兵团的残兵败将。他绝不会原谅恺撒！

这又是一个被遗忘的敌人！看着站在石柱旁的卡修斯，克里奥帕特拉心想着。又是一个被轻易宽恕的庞培派！当他还在为庞培效力的时候，不正是他在墨西放火烧了恺撒舰队的三十多条船吗？克里奥帕特拉心想，即使是这样，他的眼神中还是充满了嫉妒。恺撒难道看不见吗？还是他选择视而不见？在这些年轻人看来，恺撒太老了，不配拥有这么多；有人嫉妒他拥有年轻貌美的情妇，有人嫉妒他有儿子，有人则因为被抢走了狮子而恨他！当提到公民自由权时，他们所有人的眼神中都流露出相同的目光。以前庞培执掌政权时，人们对这个独裁者还是欢迎的，庞培不也照样把他们的自由践踏在脚下。的确，卡修斯甚至在法萨卢斯还和恺撒打过一仗！而恺撒胜利后所要面对的居然是这么一群叛徒！如果恺撒早把他们通通消灭，而不是和他们达成和解，那他今天就不用再打一仗了！他太着急征服明日世界了，所以他忘了昨日的敌人——他的步伐太快了，来不及去仇恨他人。简而言之，他没有什么报复心理，这就是他和克里奥帕特拉等出身王室之人的唯一不同。

此时，她看到卡修斯走近一个大约四十多岁的高大男人，无论是这个男人还是卡修斯，她都不会相信。那个男人是另一个布鲁图，德西姆斯·布鲁图，现在他是恺撒的亲信，恺撒刚让他做了舰队司令。尽管他还很年轻，但是在去往英国的航行中，以及之后与维内蒂的战役中，他都有神勇表现。恺撒曾两次任命他为高卢的指挥官，当然了，他一直都是恺撒的人。在成了高卢指挥官后，他就成了百万富翁。所以恺撒又怎么会对他有所怀疑呢？但是他的傲慢也日益增加。有一次当恺撒走过他时，克里奥帕特拉看到他不屑地瞥了恺撒一眼，满脸的不满，唇边还留有轻蔑的意味，虽然只是一瞬间，但克里奥帕特拉也看出了他对恺撒的恨意。这也增加了她对他的憎恶，但是他是恺撒的亲信之一，她不能报复他。

此时，她的目光从这群男人中收了回来，一位神情傲慢、身材高挑的黑发女人走向她，她随即摆出一副极其严峻的样子，来人正是屋大维的外甥女——奥克塔维亚。克里奥帕特拉讨厌她，正如她不喜欢那年轻的弟弟一样，她弟弟肤色难看极了，眼神又冷酷无情。这女人开始谈起昨天的竞赛，当回忆起犀牛顶向罪犯时，克里奥帕特拉笑了，但是虔诚的奥克塔维亚却捂住了双眼。与此同时，两个女人都在暗自忖度是否对方比自己年轻，是黑色头发有魅力还是棕色头发更有魅力，到底是谁对男人更有吸引力。关于这个"埃及人"（奥克塔维亚的朋友这样称呼克里奥帕特拉）的一切，自以为是的奥克塔维亚都感到很新奇，但是关于奥克塔维亚的一切，克里奥帕特拉却感到十分厌恶。她们对彼此的感受完全不同。

楼上的会客厅里，她们虚情假意地笑着，讨论着关于西班牙前线的最新战况。

VI

春天，恺撒终于胜利而归，对于他的情人来说，简直是盼来了万里无云的日子。在蒙达，他大败敌人，这令他看起来精神抖擞，面貌一新。克里奥帕特拉还听说他与毛里塔尼亚国王的妻子有过一段绯闻。就算她所听属实，他现在一定早就忘了这个女人了。恺撒离开她的时候还是情绪低落，现在回到她身边已经是个精神焕发的人了。蒙达一战必定十分激烈，因为恺撒的密友在之后告诉克里奥帕特拉，恺撒是如何带领着那些摇摆不定的步兵们冲锋陷阵。晚上他静静地说："以前我是为了胜利而战，今日我是为了生命而战。"

恺撒回来后，罗马社会关注的不再是他的胜利，因为恺撒取胜已经是司空见惯的事了，人们更关注的是他与安东尼的和解。

克里奥帕特拉在罗马听过太多关于安东尼的事迹了。她听说在过去几个星期里，安东尼从恺撒党的温和派转向了积极的左派，这使得那些不满现状的人再也没有理由忠于宪法了。克里奥帕特拉心想，安东尼真像一个爱抱怨的情人，当恺撒在时，他总会站在恺撒的批评者一边，但是当恺撒再次外出征战时，当听到安坐在家的人对他的所作所为横加指责时，他就对他牵肠挂肚，想跟随着他，想要投进他的怀抱里。恺撒和庞培的两次交战，安东尼都没有参与，但每来一封书信都让他兴奋不已；如果他听说某位官员犯了错，他总会觉得如果是自己的话绝对可以避免。但他忍受不了恺撒的胜利，因为本应是他站在恺撒身边，与他一同杀敌的！蒙达之战的最后胜利，又是一次没有他的凯旋，安东尼受够了！他去迎接返国的恺撒，想起他们在鲁比孔河相见的情形。那时，他们开始一起建功立业，现在整个罗马人都在说着恺撒如何让安东尼进了自己的马车，一整天都与他同车而行。

孤独年迈的恺撒清楚地知道，追随着他的这个疯狂的多拉贝拉并不爱他，但是通过这次和解他得到的好处不比安东尼的少，而安东尼得到的是一个能让自己不因为性格的起伏而受难的人；恺撒赢得的却是一个朋友。

恺撒和克里奥帕特拉说起这件事时，他紧张地观察着她，看看她是否赞成自己的想法，但他是多虑了。尽管在尼罗河的游船上，恺撒也曾隐约地猜疑过安东尼，但这已是很久之前的事了，现在作为独裁者，他的名声更大，他的权力不容置疑，仅仅是他的存在就足以攻克任何敌人了。而且他也不能让这两个他相信的人分开；他觉得他必须把两人合为一处，他的确这样做了。

当恺撒与安东尼去台伯河边看望克里奥帕特拉时，已经是又一年的春天了，在门和别墅之间的松柏大道上，三个人见了面，都非常感动。

恺撒以一种毫无保留的占有者姿态，搂着纤细的克里奥帕特拉。安东尼对他的奉承让他更加心满意足。恺撒对安东尼有着一种父亲般的宠爱，他觉得安东尼也会像子女一样尊重他的大胆言行。他对自己的处境感到非常满意，觉得年龄对他产生不了太大的影响。他很自信，甚至忘了观察他面前的这一男一女。

安东尼望着眼前的女人，这正是他幻想的女人啊，每次他都与她保持着距离，但是也比她意识到的要近一点；但这是他第一次触摸她那修长纤细的手，她的眼神、微笑、香味都让他沉醉。十年前，在她父王的宴会上，她才十四岁，现在的他血气方刚，不可能不被二十四岁的她所吸引。尽管安东尼拥有过很多女人，但他从没想过在克里奥帕特拉身上试试运气。这就好比在恺撒在场的时候安东尼从来无法改变他的命令，同样的，恺撒在的时候，安东尼就必须尊重他的女人。

克里奥帕特拉的魅力让两个男人过了一段时间才恢复平静，克里奥帕特拉是三人之中唯一一个能看穿其他两人的人。两个男人的四只眼睛全盯着她，她脸红了，她的理智与他俩的清醒是不一样的。

这位曾经的队长现在更加温文尔雅了。安东尼已经三十八岁了，他比以往更强壮英武，一头卷发，双颊饱满，棕色的胡子。看得出来，他对自己很自信，和人与神关系都好。在这个充满魅力的男人面前，她那遗传了祖先的基因使得她身体的那部分想要冲破束缚，她感到自己被这种快乐诱惑着，很难将他们驱散。但是另一个男人，又高又瘦，几乎很难燃起一个人的欲望。此外，这个男人肤色黝黑，因为常年征战饱受风霜，面颊瘦削，下巴尖瘦，鼻梁高挺，似乎一碰就会伤到一样——尽管他有些秃顶，比另一个男人大了二十多岁，但是这个男人身上流露出绝对的权威，而且他拥有的是强烈的生殖冲动，而不是好色的本能。因此，尽管克里奥帕特拉有种出于本能的好奇，但是直觉让她坚定不移，在这两个男人之中，恺撒才是王。

在这短短的时间里，恺撒不经意地赢得了最大的胜利，他赢得了自己的朋友和情人，这是他所选择的男人和女人。

VII

但是这位新朋友已有娇妻，王后福尔维娅是决不能容忍这段婚外情的。克里奥帕特拉不明白，这样一个平民的女儿是为何一心想要接近王权。在各种觊觎王位者的阴谋中，克里奥帕特拉的野心使她登上了王位，在过去两年里，也正是这样的野心带领着她走向无尽的权力。她的皇室风范使她凌驾于所有人，对她而言平民和奴隶都是一样的疏远。恺撒是一个例外，他自认为是维纳斯的后代。为什么共和国里所有古老的家族都以自己的悠久历史为荣呢？家族中重要的成员通过结婚、离婚、签订新的政治婚约来维系他们之间密切的关系。克里奥帕特拉来到罗马已有一年多，她已经对这种伤风败俗的行为见怪不怪了，真正让她意外的是几乎所有的风流韵事都是由金钱决定的，而所有的离婚都可能是由利益造成的。

福尔维娅除了她的身体，全身上下没有一点女人味，就像某个古代作家说的那样"她的野心就是去统治统治者，去指挥军队的指挥官"。她从未吸引过像她一样的冷酷且有报复欲的男人，她三次都是嫁给了浪荡子，如今她不过二十出头的年纪，却有了四个孩子。人们会对她的婚姻情况说三道四，讨论哪个丈夫更加堕落，第一任还是第二任。安东尼的好朋友杜里奥欠了安东尼一笔钱，于是就把妻子福尔维娅抵押给了安东尼；安多尼也是在好朋友多拉贝拉抢走了自己的妻子安东尼娅后才娶的福尔维娅。所有的小事都能起到决定性的作用，因为婚姻而获得影响力的男人更容易成为行政官；有时离了婚或者遭受背叛的男人会在元老院里与自己敌人的敌人一起共事。

克里奥帕特拉对罗马党派政治了解得越深入，就越对不断通过贿赂、继承、结婚、离婚、收养而产生的权力嗤之以鼻。但是这些有助于她自己的统治政策和恺撒推翻宪法建立君权。

克里奥帕特拉十分精明，她除了恺撒谁也不信任。她也接受了安东尼甚至是福尔维娅的友谊，因为他们俩都痛恨着那些憎恨恺撒和她的敌人，也不信任她所怀疑的人。现在她的直觉得到了证实，她也知道了安东尼痛恨着西塞罗，因为西塞罗把他母亲的第二任丈夫判了死刑，而且这位道德之人还和他的女奴搞在了一起。

一天晚上，恺撒给克里奥帕特拉讲述了一些关于安东尼的疯狂的故事。有一次，他参加完喜剧大作家希庇亚斯的婚宴后，第二天在广场上演讲时竟当着民众的面吐了。还有一次他让一些歌女在几户正直人家的门前唱一些淫秽的歌曲，吵得人们无法入睡。在克里奥帕特拉看来，这位酒神的故事可比西塞罗和布鲁特斯的故事有意思多了，她也向恺撒表达了这样的看法。恺撒呢，微微一笑，用父亲的口吻说道，布鲁特斯是位伟大的政治家，而安东尼是位能在法萨鲁斯战役中取得胜利的将军，两者几乎没有可比性。恺撒给克里奥帕特拉讲过很多人的故事，但对于外甥屋大维，他却只字未提。他能从她的沉默中读出她对于屋大维的厌恶。过去，作为王宫显贵他决心要护全自己的家族，决不允许任何人（也包括克里奥帕特拉）对他的家族指指点点，妄下论断。

如今坐在他眼前的正是自己一直梦寐以求的新家庭——他的妻子以及他三岁的儿子，一些古籍中记载到，他的儿子和他简直就是一个模子里刻出来的。恺撒定睛看着儿子时，克里奥帕特拉当然知道他在想些什么。虽然当前党派问题还是重中之重，阴谋诡计重重，但恺撒强大的羽翼足以帮她母子二人挡开那些敌视的目光。因而，在这里的第二个年头，她变得越来越傲慢。她的花园别墅很少对外人开放，虽然是异客，但是她在罗马社会里却似乎成了受人拥戴的女王。西塞罗在与他人通信时，更是直称其为"王后"。

阻碍已经清除殆尽，克里奥帕特拉希望恺撒当即就能推翻宪政，以扫清她婚姻在形式上的最后一个路障。至于与她有婚约的小托勒密当时在何方，因为没有证据，我们无从考察。克里奥帕特拉到罗马的第二个年头里，他似乎就人间蒸发了。他当然不会选择与他姐姐离婚，以促成她的另一桩婚姻。相比之下，他更有可能领导着埃及与罗马两地反对克里奥帕特拉的人来征伐她。她也没有必要放他一条生路：他不过是那怪物国王与某位无名氏的野种，加上十二岁的年龄差距，从未有过的夫妻之实，以及托勒密家族基因中本就缺乏的亲情，她完全可以置他于死地。然而她却没有，是什么阻止她处理掉这一块绊脚石呢？是家族血脉？不，克里奥帕特拉从小便熟读希腊和埃及的神话故事，故事当中的神与那些罗马的贵族一样，在杀死至亲的时候，连眼睛都不眨一下。所以道义怎么都不可能成为阻止她的理由。

但是现在托勒密消失了，克里奥帕特拉的前程因而也一片大好。

VIII

虽说克里奥帕特拉与恺撒携手走向幸福巅峰是迟早的事儿，但他们之间还是隔着亚历山大大帝。

从幼年时起，恺撒就视亚历山大大帝为榜样，决意追随他的脚步。但大帝的一切都富有神奇色彩，且不可模仿。在罗马这个国家，情况更是如此。这里一般需要两位执政官共同行使权力，虽说一个人可以多次当选，但每次的任期不过一年。要在这短短一年里做出成绩来，谈何容易？若是有谁能够征服一个省，或者说像恺撒那样，拿下三个省，便可在当地当几年的总督。但是中央政府迟早会罢免他。苏拉和庞培不就是典型的例子，他们都是被反对党推翻的。亚历山大要是也身在罗马这样的共和国里，这世上便不会有亚历山大了。

只有长时间内战，让士兵凌驾于公民之上，让战争凌驾于法律之上，让恺撒的功劳盖过以往任何一位统治者，年迈的恺撒才能作为一位独裁者把他年轻时就有的那些浪漫抱负编织进现实的政策当中。在这三年里，恺撒的成就无限接近于亚历山大大帝。法萨卢斯一战之后的埃及时光，让他对马其顿精神感受良多。在尼罗河畔，在亚历山大大帝墓旁，以及在尼罗河上游船里的沉思，更是激励着他前行不止。一想到亚历山大大帝为了获得神谕，在茫茫沙漠中跋涉许久，一向秉持怀疑主义的恺撒都不禁激动不已，认为世间凡事皆有可能。亚历山大大帝能在埃及的最西端建立埃及的都城就给恺撒树立了一个榜样，尽管罗马的国情远远不同于埃及，他仍然执意北下征伐。

然而他已经老了，适应能力大不如从前。他早年刚刚开始带军在尼科米迪斯王国打仗时，被人取笑说是那国王的相好，直到现在这依旧是别人的笑料。现在他已垂垂老矣，事业即将结束。然而年幼时那些对于南方的美好回忆，再一次地让他对那个地方心驰神往。南方可是地中海的灵魂所在，那里的温暖和蓝天似乎能够舒缓他紧绷的神经，按摩他年老的四肢，慰藉这位头发稀疏、形容憔悴的战士，让他回到美妙的少年时光。尼罗河畔有着世界上最富有的国度，他讶异为何自己要把几十年的时光埋没在条顿山林里，为何要同阿尔卑斯山地区的那群野蛮人住在一起，为何要到雾气缭绕的小岛上同布立吞人作战。要知道，在南方就有塔弗所、塔尔苏斯这两个受到神佑护的地方，那儿总是阳光和煦、海风习习。至于克里特岛、塞浦路斯岛、安条克以及雅典，这些地方又有受之不尽的智慧与知识，在这些地方，他大可不必整出纪律严明的队伍，反而可以尝遍文明的醇香。亚力山大城和地中海散发出的魅力，就这样吸引着这位年迈的战士东下。征服欲强的人是不会休息的。恺撒年轻时就获得过无数次胜利，胜利因而同他如影随形，就好似女人同唐璜如影随形一样。这些征服欲，即使在和平年代里也会让他不得安宁。既然他的权力出于剑鞘，他就必须一次又一次拔剑示威，以震慑世人。如果他想效仿亚历山大大帝，争得王冠，建立帝国和王朝，仅靠往日的成就是远远不够的，而且他都将近六十岁了。只有新的胜利，只有波斯帝国的征服者才能让罗马共和国的公民献出最后一丝自由。正如古人所说，被征服的女人还会要求她的征服者去冒更大的风险。对于这一点，恺撒深为明了。

昔日惨败亚历山大大帝手中的波斯帝国，如今已成为罗马不可征服的对手。一旦迦太基垮台，那看似全能的拉丁共和国非但不能从中受益，还将深受牵连。半个世纪以来，这里战火不断，结果又是什么呢？苏拉与庞培确实取得了一时的胜利，卢库卢斯和克拉苏因此丢了项上人头！每于此处发动一场战争，罗马就有十几万百姓要承受生离死别和奴役之苦。八年前，老克拉苏被庞培的胜利冲昏了头脑，领着区区四万士兵就想去征服波斯帝国。结果，敌人把他儿子的首级穿在矛尖上送到他面前，之后又结果了他。他的雄鹰徽章、军旗和尸体都被留在了波斯。那之后，任何想要赢得百姓爱戴的人，都要向那地处亚洲的波斯复仇，一雪前耻。

复仇进程因为内战爆发，只能中断。恺撒是唯一的胜利者，百姓便把期望寄托在他身上。他内心深处其实也这样盼望着。精明如他，自然也能看到这样做的好处。尽管西班牙一战取得大胜，但士兵们的薪饷还没有着落，政治方面的也好，建立王朝方面的也罢，都指向同一件事情——征服宿敌波斯。

作为一位久经沙场的将军，恺撒仔细地研究了老克拉苏失败的原因。据说，克拉苏当时遭遇了波斯一种巨型弓箭的威胁，该弓箭的射程十分惊人。敌人在自己无垠的腹地里持续地撤退着，克拉苏一连好几个月都在行进，却怎么也到不了尽头。恺撒呢，他最近打的一场战役，只持续了短短几个月，但波斯一战，他却做了三年的计划，不为幼发拉底河和印度，他计划先征服亚历山大东部，再穿过希尔卡尼亚到达里海，接着越过高加索进入日耳曼的锡西厄，再进攻日耳曼，最终从高卢返回。这些目标实现，罗马便可四面环海了。为实现此般雄心壮志，恺撒开始大量出售土地，以回笼资金，在地中海沿岸的所有港口建立大型军械库。此举让整个意大利为之沸腾。但心潮最为澎湃的莫过于恺撒自己，他把自己的身家全都押付在此了。普鲁塔克在书中对恺撒此举作出了精辟的评价："恺撒妒忌自己，想同昔日的自己竞赛，就好像同别人竞赛一样，只为能超越过往，取得更大的成就。"

克里奥帕特拉对此则是又惊又忧。恺撒的目标是建立一个世界级的帝国，之后于其上建立王朝。做了母亲的她，即使不减当年的英勇无畏果敢，还是能够察觉到重重的困难与危险。质疑恺撒的话，必定是徒劳无功。因为他只相信她，她也因此不敢贸然质疑他，问他的具体计划。她比谁都知道他在想些什么：他想称王，想为恺撒里昂铺平道路。但有时候，他又会给她这样一种印象：未来究竟该如何行动，他还没有具体的定论。

同时，罗马的百姓对恺撒的这个计划也隐隐透出担忧与震惊，他们看到成千上万的使者进出恺撒的住所，带着命令奔赴天南海北。难道恺撒已经预感到自己只剩一年光阴了吗？还是因为庞培余党全遭歼灭，他平生第一次可以像个皇帝一样随心所欲发号施令？他周身充满着烦躁的气息，想要把一切事务都掌控在自己手中，无论是财政、改革方面的事务，还是基础设施重建和军事等方面的事务。某天早晨，罗马百姓起来便听说恺撒准备截断城外的阿尼奥河和台伯河，之后挖道将水引至泰拉齐纳附近的海里。又一天早上，人们又听说，恺撒准备排干蓬蒂内沼泽和塞蒂亚沼泽里的水，这样这些地方就成了沃土，罗马的百姓便可于其上培育万亩良田。再一天的早晨，又有人说，恺撒准备在战神广场上大兴土木，还要在塔尔皮亚的巨石上建立一栋比庞培剧院更加壮丽的剧院。接下来的几周里，瓦罗奉恺撒之命开始于都城兴建图书馆，这些馆中藏有各种语言的书籍。与此同时，恺撒又命令一批工程师设计出方案好在奥斯蒂亚建立一个新的港口，并且要用堤坝阻断风浪，夷平暗礁，消除一切安全隐患。

　　这一切工作在罗马有条不紊地进行着，但恺撒高瞻远瞩，其思绪早已飞出罗马，去往八方。此刻他心中正酝酿着众多的宏图伟业。其中之一便是整理所有的法律条文，将它们汇编成一部完备详细的法典，还要修一条横贯亚平宁的路。他的目光也落到了伯罗奔尼撒半岛上，决心穿过科林斯地峡重建这座城市。至于已经臣服于其膝下的非洲，他打算与此处重建迦太基。旧时，科林斯覆灭时，这座城市也跟着陨落了。一年有那么多时日，有什么事情不能完成呢！同时，埃及有一众天文学家奉女王之命而来，以设计出新的年历，把一年分成了十五个月份，这样他们便可日出而起，日落而息，与太阳同步，结束百年来时间方面的混乱。为了建立一部新的年历，以造福千秋万代，恺撒将他生前最后一年定为年历中最长的一年。仿佛历史也在与其依依惜别。他制作的年历，至今仍在使用。

IX

恺撒的这些作为，并不仅仅是他的凭空想象，它们也从一定程度上反映了他的政治智慧。而且恺撒之所以有此番成就，也正是因为他能够将想象力与治国结合起来。通过建立一座座高楼大厦，他解决了成千上万失业百姓的生计。自由人以及工匠们也蜂拥到恺撒身旁为他的项目出谋划策，还说要参加来年的战争。同时，恺撒还向各地强征赋税，并使税收国有化。他还通过了一项法律，让富人收购国家土地，以预付手下四万士兵每人三百塞斯特斯（古罗马的一种货币单位）的赏金，法萨卢斯战役之前，他就承诺过要给这些将士们分钱分地，现在他既然已经称王，就又给他们每个人加了一百塞斯特斯的利息。

然而这些钱究竟来自哪里，实际上他也不知道。可能在波斯，也可能在印度。这场战役会和以前发生过的诸多内战一样，到头来不会有多少人心满意足。因而他需要不断寻找下一个征服目标。他离王位越近，他就越需要民心；而等大功告成之时，所谓民心也便可有可无了。克里奥帕特拉目睹着这一切，心中不无惊叹诧异，她搞不清恺撒为何做出这些谋划，是为了笼络人心还是置人心于不顾？

西班牙一战，恺撒取得了胜利，那也是他平生最后一场胜仗。但这场罗马人与罗马人之间的战役，也让他与多人疏远，并且失去了不少民心。此前，法萨卢斯战役之后，他就遇到过类似的情形，他克制住自己不要摆出凯旋的姿态，只是摆了两千两百桌宴席，为兵士们提供了他们从未品尝过的意大利美酒，为他们安排了他们没有欣赏过的角斗表演。这次他则先安排了五千士兵模拟战争，之后禁卫队的将士们上演了一场决死战，最后以小亚细亚洲王子们的战舞收尾。就在罗马人担心他会变得愈发傲慢时，他却下令大赦庞培旧部，并且归还他们妻儿之前被没收的资产。他甚至还在一间寺庙里竖起了一尊雕像——庞培的雕像，以此来笼络庞培的儿子们。对此，西塞罗曾大加赞赏道："同庞培雕像一同被树立起来的，还有恺撒自己牢固的权力基石。"

恺撒此举让克里奥帕特拉颇为吃惊。自幼年时起，她就听从天性，杀掉敌人，保全自己。如今看着自己的丈夫不断地放过敌人，她自然十分焦虑不安。她不能理解，一位即将出行远征的人，把对自己一肚子牢骚的人留在后方是何用意。这些人尽是些追名逐利的小人，他们也正因此来到他的身边，他却对他们丝毫不加防范。他为何要任命布鲁图和卡西乌做行政官，一定要任命他们的话，也应该是最为边远地区的行政官啊！克里奥帕特拉决意要亲自把自己的担忧告诉恺撒。这种事不能交付给安东尼，免得风声走漏，让事态更严重。

如今，恺撒时常到台伯河边温暖的别墅里享受。一年前，在西班牙营地里度过的那些孤独、寒冷的黑夜，让他十分珍惜这别墅里的温馨。

白日里的熙熙攘攘，以及看到的一张张脸——奴颜婢膝、英勇果敢的也好，小心翼翼、低三下四的也罢——都让他分外想念她，想念她的声音，想念她金棕色的眸子，想念她典雅的穿着，以及她身上迷人的芬芳。房间里的灯、长椅，以及一家三口在一起时的其乐融融都能让恺撒得到片刻的安宁，让他放慢呼吸，把这一切都吸入自己的身体里。他斜靠在躺椅上，克里奥帕特拉沉默了好一会儿才冷静地说出自己的担忧。如若不是她莺歌燕语，这些话听起来定像是某种告诫书。

恺撒只是一动不动地听着。可能也是在那时，恺撒说出了他有生之年最后几个月常挂在嘴边的话，那句后来常被西塞罗和亚壁引用的话——我已经活了太长时间了，与其混吃等死，不如一死了之。

然而此番话，也只说明了一个无法坦然接受死亡与年老之人的抑郁情结。我们可以推测，恺撒在向克里奥帕特拉道出此番豪言壮语时，并没有意识到潜在的危险。他或许还兴奋地似年轻人一般跳跃而起，给她讲故事，说自己年轻时就同克拉苏以及另外两个人参与过此种阴谋。当时他们身携匕首，潜入元老院，只要他一打暗号，便把黑名单里的议员消灭干净。一旦事成，克拉苏当独裁者，恺撒便当骑兵司令，谁知道克拉苏却在最后一刻当了缩头乌龟。

还有一次，阴谋是针对他而来的。当时正值喀提林政变，恺撒在元老院发表演说，呼吁大家不要听从西塞罗的要求判喀提林死刑，结果几个满怀怒气的议员便提着剑过来要杀他。而他当时手无寸铁，多亏了身边的下人挡住了那几名议员的路。那之后，他好久都没再造访元老院。通过这些故事，恺撒想让克里奥帕特拉明白，这些小把戏逃不过他的法眼，她因而也无须此般提醒他。

女王无言以对。毕竟除了女人天生的直觉，她没有任何证据去证明那些人真的图谋不轨。但是，她又坚信自己的直觉比男人的判断更精确迅速。

从别墅回去的路上，独处的恺撒又用军人的方式，在脑海里把将克里奥帕特拉怀疑的那三个人一一过了一遍，深深地思考他们长着什么样的脸，有怎样的品格，以及他们的过往史。卡修斯会当叛徒吗？过去三年里，他成绩斐然，亚历山大港战船上的大火也是他的杰作。他太过苍白，和西塞罗交往甚密，又和自己过于疏离。但是如果因为这些就抛弃这么个人才，未免有点可惜。况且，他明年就可以当行政长官了。还有西姆斯·布鲁图？不，过去十二年，他历经重重考验都没有失去过理智。即使是海浪把他打在海岸上了，他还在发号施令！他是个不可多得的人才，可能仅次于安东尼。但他又从来没像安东尼那样嗜酒如命，是个天生的执政官。最后一个嫌疑人是布鲁图。哎，或许她不明白吧，也可能是因为嫉妒。毕竟我和他母亲在一起时，她尚未出生。她还太过年轻，无法理解那时我和布鲁图母亲之间的感情。但我已认定，布鲁图就是我的儿子，纵然她对此百般怀疑也没有意义。也许女人啊，就是天性冲动，无法坦然接受我的过往。但是我的一生只有三个女人啊，第一个是科涅利亚，第二是布鲁图的母亲，第三便是她，除此以外，我再无其他想法。

　　　　　　　　　克里奥帕特拉传：一个女王的故事

X

　　冬天逝去的那几个月里，克里奥帕特拉每天都如坐针毡。恺撒若是心事重重，她便也跟着焦虑不安，有时心中充满希望，有时又塞满恐惧。若是他们能够赢了当前的博弈，普天之下皆能为他们所有。当前的形势也是一片大好，唯一的不利之处就是恺撒的年老体衰。一位年近六旬的老人能带着他二十五岁的妻子和正牙牙学语的儿子征服世界吗？他虽心中满是抱负，但那能支撑起他那日渐枯朽的身躯吗？能降得住手下们的嫉妒、手下败将们的憎恨吗？能让他在酷暑下行军打仗吗？他身边每个人全都是乌发皓齿，步伐矫健，呼吸均匀，正当壮年。他呢，他像是照着镜子一样，知道自己是怎样的头发稀疏，怎样的苍老。他的指尖爱抚爱人棕色的卷发时，撩着儿子丝一般柔软顺滑的头发时，可能不只一次的向宙斯发问过：为何只有神可以永葆青春？

　　他此番发动战争需要比当年的亚历山大大帝更多的决

心，他的年纪毕竟摆在那边。回顾历史，也没有谁同他一样在这般年纪还披挂上阵。哪怕是有一位也好呀，这样他便有先例可循了。过去三十年里，他一点一点准备，才终于让王权近在咫尺。而接下来的二十载光阴里，他可以在士兵的护卫下，不受外敌侵扰，结婚育子。对他言听计从的元老院呢，在他的想象中，也会在他故去后，让他的子孙后代称王称帝。

然而，从某种角度来讲，恺撒现时的梦想甚至比当年亚历山大大帝的还要宏大。因为，他的梦同时也是克里奥帕特拉的梦。她当然不像那些狡诈之徒或来自异域的统治者，只想通过美色引诱恺撒这位伟大的执政官，进而留名青史。对于这一点，恺撒甚为了解。在他眼中，克里奥帕特拉既有凌云壮志，又不忘人间的灿烂烟火。他们两人自幼年时期就深受希腊文化熏陶，如今这文化已于他们的内心深处深深扎根，因此他们均认定名誉是天神的使者，必须竭力争取之。

他们这些色彩斑斓的梦想，丝毫没有影响他们客观冷静地治国。但是在某些稍低的情感层面上，他们还是会谋划着如何在合作中使得自己所得的利益最大化。恺撒内心明了，波斯一战中，埃及的舰队以及托勒密的财产自己是可以利用一部分的，况且这场战争本来就是服务于他们二人的共同目标。波斯早已不是当初的那个小省了，现如今它已成为东方世界的象征。只有拿下波斯，他恺撒的君主头衔才会笼罩上一层神秘的光辉。同艺术家一般，他一直都在精雕细琢着自己的生命，波斯一战务必要让他的王位锦上添花。

可是接下来有三年之长的战争，克里奥帕特拉注定为此担惊受怕，毕竟她是恺撒的妻子，是恺撒里昂的母亲。只要恺撒健在，她可以掌控的就不止那一纸盟约，她便还有那最可靠的保证——恺撒里昂，让恺撒的血脉代代相传。至于恺撒是否会背叛她，她倒是不怎么上心，毕竟他已年老，心有余也会力不足。况且，她容貌俊美，足够拴住他的心。最让她放心不下的，是他去波斯途中的千沟万壑，是那枪林弹雨、刀光剑影，是那让人生疟疾、冒着热气的沼泽地，以及他走后罗马城里的重重阴谋。实际上，过去的一年半里，她明显能觉察到身边敌意四起。先前被恺撒惩处过的人依旧怀恨在心；女政客们也串通一气，组成一支怨声满满的阵营；那些年轻人则全是一副愤世嫉俗的样子，全然不会认可普天之下一人独尊。与这些相对的，是恺撒脸上那些显眼的老年斑。所有因素综合起来，克里奥帕特拉不禁对目标能否实现起了深深的怀疑。

同时，虽说全罗马人都知道恺撒承认恺撒里昂为其子，但至今尚未有一份文件能够证明此事。而这件事在她看来，甚至要比她与恺撒的联姻更重要，因为从埃及律法角度来讲，恺撒已经是她的丈夫了。去年冬天，他起草了一份法令，使得他能同时拥有几任妻子，但该法令至今尚未实施。对于此，女王不禁自问，这是无心之举，还是某种政治举措？至今她也没能想出确切的答案。此外前几周，恺撒取回了自己的遗嘱，在其中加了一条附注，说是要认侄子屋大维为儿子。她对此也是一无所知。

那一条附注究竟将怎样改变历史，恺撒当然无从预见。恺撒之所以这样做也是为了防止自己突然死于战争或者癫痫。同时，从另一方面来讲，它也反映了恺撒的高瞻远瞩。在这份非政治性质的遗嘱中，他合理地划分了自己的财产，同时也指派了一位权力继任者，以让自己的家族能够在罗马延续千秋万代。但所有这些只是为了有备无患，他从未打算把王位传给屋大维，他还是想自己攫住未来，登上王位。因为这份遗嘱，只在他婚前和加冕前具备法律效力，因而无须提及克里奥帕特拉。再说了，他这个独裁者自己尚未登上王位，又怎么能够给那埃及女王权力和地位。遗嘱中，只有一条条款隐约提到了她：恺撒给自己尚未出世的孩子安排了几员护卫。众所周知，恺撒的妻子卡普尼娅一生未给恺撒育过半子，而今又是老态龙钟。那未出生孩子的母亲除了克里奥帕特拉，还能有谁？综合起来说，这份遗嘱更似一份文书，一份恺撒希望能被撤回的文书。

就在不久前，恺撒任命自己为罗马未来十年的执政官，此举震惊了不少百姓。他与真实的王位间其实只差一尊王冠了。但没有王冠，王位与传承王位便全都是痴人说梦。自罗马开始放逐被征服国的国王起，罗马的百姓便对所谓君主制嗤之以鼻。但种种形势又在逼迫罗马走君主制这条道路，于是便有人想出了这权宜之计。更有甚者引用《西卜林神谕》中的片段，称只有国王可以出征波斯。百姓们因而也议论纷纷，说恺撒一定会登上王位，只不过不在意大利这块土地上使用国王这个头衔而已。于是待解决的事便只有一件了——谁当继承人？

接下来几年他可能一直都要在外行军打仗，他有可能让埃及女王替他在罗马执政吗？果真这样，在新王朝成立前，她便可代他处理国事，同时命众人臣服在其继承者面前。但在罗马，共和国观念已经深入人心，百姓也没有做好迎接君主专制的准备，克里奥帕特拉如果一心想扶持儿子执政，只会加重百姓心中的怨气。但波斯一战，经过充分准备，气氛已达到爆点，如箭在弦，不得不发。

国内敌对势力也已经狂妄到无法无天的地步，暗中开始调兵遣将了。克里奥帕特拉对此有所察觉，而恺撒却丝毫没有。就算能察觉到点蛛丝马迹，过去几周里，他也不会不断刺激他们，火上浇油了。实际上，近段时间以来，对于克里奥帕特拉的意见恺撒总是言听计从，王位还没登上，已是周身帝王气了。他甚至还叫人把自己的侧面头像印在金币上。一次节日庆典上，他更是坐在一辆埃及马车里，光光的脑袋上戴着顶桂叶金王冠。在元老院里，他接受了一张金色椅子，对于在朱庇特神庙里竖一尊自己雕像的提议，他也欣然接受了。

同时，他也听从克里奥帕特拉的建议，命人做了一尊他的胸像放在蓬巴·赛伦塞斯神庙里众神的塑像之间，因而使得他的神灵——"恺撒的神灵"，成为人们祈佑的对象之一。

就同亚历山大大帝能把自己的墓地建在亚历山大城一样，恺撒也获得了这样的特权，能够把自己的墓地建在罗马。在他生命的最后几周里，王位就像是他长时间求而不得的梦中情人，让他辗转反侧，夜不能寐。

恺撒身边密布的敌人，幸灾乐祸地看着曾经这位善辨是非、温文尔雅的统治者变成现如今这般喜怒无常、傲慢无礼。每天，罗马的百姓都能听到一些关于恺撒的小道消息。比如说，恺撒任命了几位无名氏为元老院议员，据说这些无名氏都是高卢人；有一次，他竟把几个重要的官职赏给几个罪犯的儿子们。还有一次，他竟说苏拉放弃独裁机会，是十足的傻瓜。他还说"我的话就是法律，共和制只是空壳子"。一次，一位保民官见他路过没能及时站起身来，就被他劈头盖脸地训斥了一通。可是当元老院所有成员一同前来献给他终生独裁的职位时，他却正襟危坐，一动不动，这惹恼了议员，许多人更是愤然离场。据普鲁塔克记载，恺撒当时是想站起身来的，但却被一位名叫巴尔布斯的手下阻止了，巴尔布斯说："您可是恺撒，怎可为那些手下屈尊。"于是，他当即让人把他抬回寝宫，露出自己的脖子，高声说道"谁想要砍我的脑袋，就尽管来砍吧"。他甚至还拿自己的健康状况当借口，说："我那样的身体状况，不允许我站着从容不迫地同一群人讲话。否则，我会眩晕、抽筋，甚至失去意识！"

这一切，克里奥帕特拉看在眼里，忧在心里，这份忧愁又慢慢演变成一种危机感。她只得安慰自己说，他是真的老了，体力不支了。毕竟先前，恺撒也是凭着这股自信，为自己争取来了很多余地。现如今，她可以商量的人只有安东尼了。可是即使她把这事告诉了安东尼，得到的也只能是他那意气用事的回答，这是军人的通病。现如今，他深得恺撒信赖。恺撒只告诉了他一人来年战役的全盘计划，还任命他为联席执政官，由此可见一斑。

安东尼的兄弟们也分别被任命为执政官和护民官，即使他的朋友洗劫了国家金库，恺撒也没有任何生气的意思。对于安东尼来说，恺撒最好尽快发起政变，他甚至在一旁煽动事情的走向。到了二月，整个君主政治危机在三个事件的推动下愈演愈烈。

有一次，恺撒在街上巡视，一些路人向他欢呼致敬并称他为国王，恺撒回答说："我不是国王，我只是恺撒！"还有一次，他发现一些雕像上戴着王冠，但是护民官却把王冠移了下来，恺撒因此罢免了一位护民官，并轻蔑地称他为新布鲁特斯，因为就是普鲁特斯推翻了罗马最后的政权；他还把这位护民官叫作库迷人，讽刺他是个傻驴。

第三件事发生在牧神节，这是一个古老的庆典活动。恺撒坐在广场上的御座中，看着年轻人穿梭在街道上，手里拿着带兽毛的皮鞭相互追打。安东尼喜欢这些新鲜的事情，也加入了他们，他半裸着身子，身后还带着一根尾巴，手里拿着花枝编成的桂冠，和大家一起赛跑。安东尼来到恺撒座位前，高举着桂冠献给他，称他为牧神卢帕卡斯，也就是朱庇特阿蒙神。也许安东尼只是酒喝多了，一时兴起将他称为王，而或者这根本是事先计划好的。无论如何，周围的人都鼓掌欢呼，只有那些头脑冷静的人面面相觑，一言不发。恺撒推开了这顶花冠，或许这是王冠？这时人们不禁再次。安东尼又一次向他献出花冠，恺撒还是坚决地拒绝了。事后，恺撒让人把花冠送到朱比特神庙去。人们便把恺撒两次拒绝花冠的事迹记录下来了。

这些事情让克里奥帕特拉心中忐忑不安，男人们表演着的加冕仪式却是她一直以来视为神圣的场景。恺撒说过"死亡并没有人们想象中的那么可怕，毕竟每个人只会经历一次"。现在她才明白这些话反映了他内心深处真实的想法。普鲁塔克还记录下他另一句离奇的评论，当人们提醒他要小心卡修斯时，他说"我不喜欢他苍白的面色"。

其实，这时候恺撒常常会想起自己的死亡和即将到来的坎坷的命运。克里奥帕特拉也发现他解散了身边的护卫，只让很少的人陪在身边。自小就对毒药和短剑很熟悉的她明白，如果安东尼对此不采取行动的话，后果可能不堪设想。

但她并不知道阴谋早已在酝酿之中。

XI

　　虽然反叛者不只是那些她不信任的人，他们却是这次密谋的领导人物。最后将近八十名元老院议员都牵涉其中，他们想就此展现出对于独裁者的愤怒与不满。如果恺撒赢得对波斯的战争，共和国的自由政体将会毁于一旦。恺撒已经确定在三月十七日离开罗马前往波斯，这促使他们加快这次刺杀行动。十五日恺撒召集议员举行第十五次议会，这是许久以来的第一次会议，阴谋分子把这个当作他们最后的机会。不过当然会有人是为了共和国的自由参与其中的，但是三个领头人肯定有其他打算。

　　这三名三十几岁的高级官员都出身于古老的家族，尽管得到了恺撒的恩惠，也从未与他结下私人恩怨，但他们为了实现个人的野心而加入此次行动中来。恺撒对自己的敌人都十分宽容，这三人的父亲或儿子都没有被恺撒判死刑或者流放的。

德西乌斯·布鲁图的成就要归功于恺撒，他们之间更像是父子关系。他谋害恺撒的唯一动机大概是他不甘于位居第二，想要自己成为第一。只要恺撒是他的将军或者执政官，他都愿意听从他的指挥。但现在恺撒想要建立王朝登上王位，自己却不断地被他疏远，这样一来想要做执政官的希望都将破碎。卡修斯天性善妒且心怀怨恨。他是庞培派的一员，他被恺撒打败后又获得了宽恕，想要他对恺撒心怀感激是不可能的。通过上次的狮子事件，他终于向历史证明了自己，他懂得了如何能像恺撒一样培养自己。

布鲁图是整个阴谋的支柱。根据西塞罗的信件，布鲁图是一个拥有很高声望却又极度自负之人，他借伦理道德感来掩饰自己的情感，用各种使命来掩盖自己真正的意图。如果他在一些行省放高利贷，他肯定是为了国家富强；如果他向上级提出问题，他一定是为了国家尽忠职守。那他谋害恺撒的原因呢？那是因为他的祖先在召唤他采取行动。他的这位祖先长着络腮胡和一对大耳朵，满脸戾气。因为他推翻了罗马的最后一位国王并牺牲了自己的儿女，最后跻身于塔尔奎尼亚列王群像中。

布鲁图恨这个自称是他父亲的人。在罗马贵族眼里，纯正的血统是容不下他母亲名誉被毁的，而现在这位年老的女人还和他住在一起。布鲁图人必须出身于合法婚姻的家庭里，这样才能被视作为那个著名的弑君者和解放者的后代。他母亲和恺撒之间的风流往事曾经是镇上人们茶余饭后的话题，如今早已被人们忘记。布鲁图希望这件事再也没有人提起。布鲁图如果更加品德高尚、思维敏捷、见解深刻，说不定他确实是恺撒的儿子。如果恺撒能收养那个拥有一般高贵血缘的外甥，他肯定也会收养深爱着并且钦佩着他的自己。

布鲁图高高在上、自以为是，他憎恨自己的生父，又为背叛自己名义上的父亲找到了正当的理由。他名义上的父亲是被庞培杀死的，所以他的灵魂让自己为他复仇，但是他并没有这么做。当庞培和恺撒分裂的时候，他投靠了庞培，两年多来在庞培的带领下攻打恺撒。直到恺撒在法萨卢斯取得了胜利，他却没有跟随庞培的儿子。当他知道恺撒愿意接受他时，他再次投靠了掌权的一方。而现在为了挽回他的自尊，为自己复仇，他要再次背叛恺撒。

他清楚地知道谋杀恺撒，意味着杀害了一位打败了他杀父仇人的英雄，一位宽恕了自己的背叛还给予他恩惠的恩人。但当他想到这也将意味着杀害了勾引自己母亲、害他被一个引以为荣的家族除名的人，所有之前的情感就消失了。恺撒让他难堪的方式不也就证明了他不是自己的亲生父亲吗？只要恺撒臣服于他，一切的问题都将迎刃而解，所有的问题也都消失殆尽，他就证明了自己是弑君者的后代。

跟随恺撒这么久，布鲁图理应在元老院当着议员的面，以一种坦诚的方式，径直走到恺撒面前高呼自由，然后把他打倒，这么做即便不能使他变成像恺撒一样的英雄，但起码还称得上是一个男人。但是，实际上证明了他是一个胆小懦弱的刺客，利用别人的弱点，在趁人不备的时候下手杀人。即使在两千多年后的今天，我们仍然认为布鲁图的这种行为是卑鄙的，恺撒似乎没有做过什么损害自由之事而为布鲁图的行为负责。

三月十五日之前的几晚恺撒和克里奥帕特拉待在一起，他精神振奋，不再伤感。鼓角齐鸣，军队整齐划一地走在通往意大利港口的街上。长久以来恺撒精心安排的作战计划就要实现了，这位将军的心态重新年轻起来，和城市相比，他在战场上更加开心。离开罗马的兴奋、城市平凡生活的结束、全新冒险旅程的开始，这一切都为他的生活注入新活力。

克里奥帕特拉的计划是这样的：在恺撒离开罗马后，她就回到埃及，借助叙利亚和恺撒军队中的通信兵与恺撒保持联系。这是取得胜利的最后关头，只有赢得这场战争的胜利，恺撒才能实现他的梦想。

这也是埃及女王的梦想。在他们相处的最后一晚，恺撒脱去了那些节日盛装，穿上了便装，他们一起回忆了在亚历山大城一起度过的时光，提醒彼此一些已经淡忘的场景，试图将所有的细节都补充完整。他们一起回顾了那些携手战胜的困难，从而缓解对即将到来的危险的惧怕。现在他们比以往任何时候都更加依赖恺撒里昂，他们似乎看到他成长为一个能够守卫亚历山大之梦的年轻人。

即使在这最后一晚，恺撒也看得出来克里奥帕特拉的笑容背后藏着几周以来都无法消散的心烦意乱，这使他们有些疏远了。谣言在整个罗马都传开了，她听说了那些厄运的预兆：在广场上一些小鸟到了晚上就会发出嘶叫声；那些供奉品都没有了心脏；天空中会突然出现亮光。这些征兆都证实了她以前的直觉，但她不能对恺撒说出她的想法，现在他就要重新返回战场了。恺撒笑着对她说：有时候他献出祭祀的羊不肯吃草啊，三月十五日对他来说很危险啊，昨天一群鸟儿衔着桂树枝飞进了庞培时期的元老院等琐事。

但是女王不会跟着他一起笑，恺撒只好说一些别的事情来转移她的注意力。他问她是否还记得那个劝说亚历山大把攻打巴比伦城的日期推迟一天的迦勒底人？可是为什么要推迟呢？她在亚历山大城那里度过了极为压抑的几周却从未展露出怯意，之后无论她遇上什么事，也不会有所畏惧的。古希腊作家欧里庇得斯描述道："恺撒他真是一个先知者！"

第二天晚上，恺撒与李必达共进晚餐。坐在恺撒的身旁，李必达默不作声地想着第二天这位世界的主宰将会迎来怎样的命运。又或许是他将话题转到死亡上面。恺撒正在桌边准备签署一些文件，在他阅读文件时，他听到有人问他"什么样的死亡最好？"他回答道"突然死亡"，一边在文件上签上了自己的名字。

第二天也就是三月十五日早上，八十名士兵等在元老院，他们在长袍下偷偷地藏了短剑或匕首，害怕得浑身颤抖。恺撒早上起来身体还有些不适，这可能和克里奥帕特拉说的那些话有关，所以他也打算听从她的恳求待在家里。篡权者们推选布鲁图来劝说恺撒参加元老会，布鲁图是不会因为恺撒妻子做了个噩梦就作罢的。可是恺撒仍然不愿意去，布鲁图只好急中生智："元老院的议员们经过商讨决定在您出征前授予您意大利国王的称号。"恺撒这才决定前往，因为这个称号与他的宏图伟业息息相关。

在前往元老院的路上，恺撒错过了很多次接受警告的机会。有一个奴隶在大声喊叫着什么，还激动地比画着手势，想要向他传递一些信息，但他没有注意听；一个叫阿米德斯的希腊学者挤过人群向他手里塞了一张纸条，用急迫的语言和手势示意他立刻阅读纸条上的文字。纸条上写着每一个叛变者的名字，提醒恺撒要提防着他们，这也是恺撒进入元老院时手里拿的唯一一样东西。这位学者确实给他留下了深刻的印象，但是恺撒还是准备在会议结束后看一下这张纸条。恺撒踏入元老院时，一位议员拦住了他，并用低沉的声音与他交流了好一会儿，叛变者们以为自己已经暴露，有些人已经害怕得准备逃跑了。与此同时，安东尼被拦在了门外，因为叛变者们不想伤害他。

就这样恺撒独自一人走进了元老院，坐上了像王座一样的椅子。这时，辛布按事先计划好的来到了他身边，请求恺撒召回他那个被流放的弟弟。恺撒试图把他搪塞过去，他一心想着加冕这件更加重要的事情。很多谋反者都上前支持辛布的请求。有些人为了表示尊敬，开始亲吻恺撒的脖子和胸部，实际上只是要确认他是否穿了隐秘的铠甲。恺撒看这么

　　　　　　克里奥帕特拉传：一个女王的故事

多人围在他身边，便迅速用右手将人群挡开，这时图留斯抓住了他的长袍，扯开他的衣服，发现他只穿了一件薄薄的短袖束腰内衣。这正是之前他们设想好的。恺撒立马跳起来，大喊"你们放肆！"历史学家阿庇安这样描写："现在，离恺撒最近的卡萨挥舞着匕首刺向他的喉咙，但是剑尖稍偏，只刺中了他的胸部。恺撒将辛布手上攥着的长袍撕破，接着一把抓住卡萨的手，正当他俩纠缠在一起时，另一个谋反者挥着一把匕首刺向了他毫无遮拦的侧身。卡修斯刺伤了他的脸，布鲁图也将刀捅进了他的腰部。"布鲁塔斯写道："有人说他一人孤身奋战，不断挣扎、高声喊叫，直到布鲁图刺入那致命一刀，恺撒才掀起了长袍把脸盖住，迎接了自己死亡的命运。"

他就这样倒下来，身中二十三刀。有两位议员曾经想伸出援手，但也最终害怕得落荒而逃。阴谋者们得逞后也纷纷逃窜，整个大殿里只剩恺撒的尸体孤零零地躺在那里，还有他的宿敌庞培的雕像。最后恺撒身边的两个仆人把他的尸体搬回了家。

现在大厅中只剩下了那张写有所有密谋者姓名的小条子。

　　住在台伯河边的克里奥帕特拉比其他人要迟一些得知这个噩耗。虽然她一直知道会有一些可怕的事情发生在恺撒身上。但当悲剧真正发生后，她并没有过度哀悼，也没有就此声泪俱下地指控。她很快意识到自己危险的处境，一切都要以他的儿子恺撒里昂的安危为重。在这段艰难的时光里，她坚强的毅力为这位年轻的王后笼上了一层英雄主义的光芒。当数百位有权有势的罗马达官贵族纷纷逃离时，这位手无寸铁的女王冒着生命危险留了下来。安东尼是他唯一能够信任的人，因为他们有着共同的利益。

　　安东尼能够安然无恙地度过接下来的四天，最大的功臣就是他的妻子福尔维娅。她是那样的机智聪颖、富有创造力，能够在危险的境地下游刃有余地玩着游戏——直到她死去的时候也一直在玩这种冒险游戏。在全罗马，福尔维娅也许是唯一能与克里奥帕特拉相媲美的人物。

谋反者们缺乏远见，使刺杀之事一度陷入混乱之中，只有安东尼一人迅速做出反应。他从现场逃离后，立刻在家中布下防卫。刺杀发生后的那一晚，他邀请卡修斯来家里吃饭；布鲁图则是和恺撒的另一个朋友李必达在一起。安东尼似乎能够满足谋反者的要求，答应赦免他们的罪行并且当众为他们授予荣誉。他胆敢这样做是因为他拥有独一无二的权力。当晚，他带着几个随从偷偷溜到恺撒家里，从仍然沉浸在悲痛中的寡妇那里带走了恺撒的文书和一些财产，说是要转移到安全的地方。然后他又匆匆赶到俄普狄斯神庙，拿走了相当于今天五百万美元的国家财产。而一些密谋者大多惊慌失措，仅带着自由只身逃窜而去。

　　恺撒的文书中包含了他的遗嘱说明。

　　安东尼读了遗嘱后，连忙托人给王后传话，请她速速来一趟。街道被火把照得仿佛白昼一般，他们只能冒着随时被刺杀的危险很快赶来。女王阅读了恺撒的遗嘱。恺撒的三位侄子继承了他的财产，其中最年长的屋大维获得其中的四分之三。若是哪位侄子无法继承，那么那一份财产就归布鲁图。若是恺撒死后有儿子出生，那么他的几位朋友（都参与了密谋刺杀恺撒）将成为孩子的监护人。至于台伯河边的几幢别墅，也就是克里奥帕特拉现在居住的地方将归罗马人民所有，每个罗马人民能因此得到三百银币。文书宣布屋大维为恺撒的养子。

　　安东尼和克里奥帕特拉均无法接受这份遗嘱。他们现在无法责怪死者，只能为自己的生存着想，他们既没有时间细细推敲这份文书，也没有体会出其中包含的讽刺之意：一些密谋者竟然能从这份遗嘱中获益。他们最不能接受的是最后关于屋大维的那条。

那么为什么不就此销毁这份遗嘱呢？为什么不在那晚重新拟一份呢？接下来的几周，恺撒的私人秘书法贝里尔，为福尔维娅伪造了数十份文件。在他的帮助下，安东尼也杜撰了一些文件，如元老院决议、大赦令和一些转移财产的手书。他们三人一定意识到了这个事实，那就是当时敌对党派的首领屋大维还未成年。即使在恺撒死后的仅仅几个小时内，他们也没有因此过度悲伤而错过这次机会。

几天后，安东尼邀请了一些密谋者参加晚宴——这都是福尔维娅的妙计，并向他们展示了真正的遗嘱。酒过三巡后，他劝说他们同意让自己在恺撒的葬礼上宣读文件。也只有布鲁图和卡修斯愚蠢之极，答应了安东尼。每个罗马公民都成了恺撒遗嘱的受益人，这使谋反者成为公愤，也影响了未来几年事情的走向。

克里奥帕特拉迫使自己只为恺撒里昂考虑。虽然在起初的几分钟里，一切似乎已经尘埃落定，但是这个孩子还在，他是恺撒最珍贵的遗产。恺撒虽已离开，但是她必须为孩子的未来做好准备。即使那可能不过是虚无缥缈的特权罢了，但他毕竟是恺撒的亲生骨肉啊！安东尼会是他的敌人吗？有福尔维娅在他的身边，他很有可能成为恺撒里昂的对手。不过目前那个年轻的屋大维是他们共同的敌人。他现在有什么打算呢？目前他正在阿波罗尼亚领导着恺撒送到希腊的军团，身边围绕着传授他哲学知识的导师们。他现在还是一名指挥官了，因为他在上次的战役中担任了恺撒的副手。如果这是在埃及，克里奥帕特拉早就派出间谍，那他在抵达意大利之前就会被刺杀。倘若如此，历史就会被改写了。

就目前状况而言，克里奥帕特拉与安东尼决定联手共同对抗屋大维。一方面，女王需要安东尼的帮助在法律上确定恺撒里昂的地位；另一方面，安东尼需要这个三岁的孩子来让自己掌权，以防屋大维继承王冠。

恺撒惨遭暗杀当夜，克里奥帕特拉就秘密同安东尼结成联盟。她或许还能忆起恺撒初次将安东尼介绍给她的那个夏夜。那时，他们都正春风得意。那夜散去时，他们相互击掌，内心因而也激动不已。安东尼又为她安排了一队士兵，以确保她能穿过茫茫黑夜安全回到家中，并命令那些士兵守在她那孤零零的别墅旁，以护她周全。

多亏了福尔维娅的精明与算计，几日之后，安东尼的地位就已经牢不可破，直逼元老院了。这一切都要归功于恺撒在那一纸遗书中承认女王之子是自己的合法儿子，他安东尼也成了执政官。同时安东尼也赢得了恺撒手下财政大臣奥庇乌斯的支持。到如今，就因为恺撒里昂那神奇、合法的存在，身为其护卫的安东尼就此登上权力巅峰，心想事成。这可真的说得上是成功夺权的典范！更可喜的是，没有人对此提出异议，也没有人提及屋大维！

　　但屋大维终究还是来了。他一听到恺撒死去的消息，就马不停蹄地朝罗马赶来，几周之后，就立于安东尼的门口了。但因为安东尼迟迟不肯见他，他只得干坐在门厅里。最终见着面时，他沉静而又不失狡黠地说，此番前来，是为了继任王位和财产，同时也要拿回恺撒的遗书。他很快察觉到，年长了自己一辈的安东尼讲话时的口吻俨然像是在训话士兵的将军。安东尼说，他不能相信眼前这位还没成年的小子会是恺撒的继承人。于是他走出了房间，留下屋大维一人待在原地，阿庇安在书中这样说道：这真是一个致命的错误。安东尼之后将会为此行为付出惨重代价。

　　赶在女王离开前，屋大维前去会见了她。他深知恺撒里昂是自己王位的竞争对手，但他此番前来并不为他，他只想看看女王是如何看自己。他只觉得她目光犀利如剑，似乎能将人刺穿。她像是猎人一样审视着他，看看他与恺撒之间的那点血脉联系是否有所体现。所幸，他身上丝毫没有恺撒的影子。从样貌来判断，屋大维显然是那维利特里放贷人的后代。私下里，克里奥帕特拉一直这样称呼屋大维的祖父。

　　克里奥帕特拉一日不回国，罗马的形势便愈发地动荡不安。情势也逼着她赶快回到埃及。这里很多人都视恺撒里昂为路障，他的安全得不到保障。再者，身处异国他乡的罗马，她每日都得面对着人们那怒气冲冲的脸，听人们说含沙射影的话，按照恺撒遗嘱，她现在居住的花园别墅应归罗马百姓。

更可怕的是，恺撒一死，埃及国内的敌对势力也没有了担忧，她如果不及时回去，苦心经营的东西均会落入他人之手。

四月中旬某天早上，克里奥帕特拉坐上东行前往埃及的船。她伫立于船尾，饱含深情地看着意大利的海港，直至岸边景色变模糊，最终消失不见。她的脑海里汹涌地浮现着恺撒葬礼当天的景象，那一天，罗马的百姓再一次让她见识到了群众的力量。像是受到了某些人的指挥一样，他们没有把恺撒运到马齐乌思园进行火化，而是就地搭起火葬台。只要是在场的人，无论是士兵、水手、普通百姓，还是孩童，都把身边一切可以燃烧的东西拿出来——男人们扔下自己的兵器，女人们脱下随身佩戴的首饰珠宝，还有人则脱下自己的外衣，在火焰即将吞灭恺撒遗体之际，他们把这些东西扔进火里，以表祭奠，同时助他的灵魂列于众神之中。

此前，她从未见过这般饱含了百姓爱戴的火葬仪式。此刻，她独立船尾，仿佛还能看见那熊熊燃烧的火堆，还能闻见那烟味。但怎奈她离得太远，无法向那火堆中投放任何能够代表她的东西。

奥斯迪亚港渐行渐远，女王收回遐思，通过窗户，向那火堆里投去自己的梦想——同那火堆一样炙热、宏大的梦想，同睡在火里那人一样的梦想。那是亚历山大之梦！而那些珠宝首饰、曾经的泡沫幻影、长袍、王位、军权均随着那熊熊大火灰飞烟灭。那火是罗马的公民为他们故去的执政官而点，而不是为某位君王。他们一点都不想恺撒称王。

她不禁愁肠百结，感叹命运的无常以及王权王位的更迭。她心中对于那些谋反者的憎恨，也随着火势的愈发热烈，变得愈发强烈。意大利的港口最终还是淡出了她的视线，最终消失不见。她孤单地立于船上，剩下的只有那睡得香甜的孩子了，除此之外，恺撒再未给她留下任何东西。

　　她走至船首，越过茫茫大海，望向埃及的方向，似乎已经能够看到那若隐若现的海岸线了。

Charpter III

第三章　狄俄尼索斯

男人是暴力动物，易受一时的想法控制，一个障碍可能就会让他偏轨于原定路线。女人则精于筹措维艰，路途再远再难，也能巧妙地达到既定目标。

——歌德

I

尽管一肚子不满，亚历山大城里的权贵显要们还是得去迎接回归的女王。以缔结条约为名，她这一去罗马就是两年！如今，她人是回来了，缔结的条约在哪呢？罗马的百姓和元老院又给埃及的子民许下了什么承诺呢？昔日强大的共和国，今日已经乱成一锅粥。过往，克里奥帕特拉攀附于其上，而现在能够重振埃及的伟人也已逝去，徒留下那无父的可怜孩子。更棘手的事也许还在后面。如果罗马的那些篡权者依然大权在握，恺撒先前制定的方针政策多半要遭到推翻。到那个时候，埃及又会面临何种情况呢？

克里奥帕特拉有能力证明内政大臣们的担忧，国内敌对势力的指责均是杞人忧天。借助手中有的一些数据资料，她向大臣们证明在过去的两年里，罗马与埃及的贸易总额达到历史新高。同时，她也提到恺撒里昂的合法地位已经得到罗马元老院的承认，当然这是安东尼的功劳。然而底下的大臣们还是一片沉默，目光中闪烁着怀疑，克里奥帕特拉于是颇为不耐烦地问他们难道还有什么合适的人选？毕竟，除了她之外，剩下的唯一一位合法的王位继承者——阿尔西诺伊——恺撒的囚徒，几周前已经趁乱逃走，不知所踪了。鉴于此，再加上各位大臣确实也从那贸易繁荣中大捞了一笔，他们对克里奥帕特拉的怀疑很快便烟消云散了。

然而克里奥帕特拉对于自己的怀疑，依然挥之不去。过去两年她只身在罗马，如今再回到这空荡荡的拱顶宫殿，感受到的只有那无尽的孤寂与落寞。过去，她的父王于此处酒醉酒醒，治国吹笛；她的两个弟弟妹妹与她相伴长大。虽然彼此间有过不满憎恨，但那时的生活最起码还热闹。就是在那张长桌上，她和父王宴请了安东尼。屈指一算，那已是十一年前的事了。还有那些垫子，当她踉踉跄跄从地毯里爬起来时，恺撒就睡在其上。与恺撒初逢，至今只有四载光阴，但为何总有隔世之感？

她坐上自己再熟悉不过的窗台。收拢双脚，头斜靠在那大理石墙面上。时下已是五月，加上无风，天气有少许炎热。窗下还是亚历山大港，几艘新船正为出海做必要的准备，亦有几艘从短途上归来。过去也是在这港口，恺撒从沉船上跳下，嘴里含着紫袍的衣角，朝救他的船游去。途中那紫袍越来越重，他只得弃了它。还有恺撒的船每次都是从海港左方驶出大海的，离开时，他会站在船尾，与女王四目相对，依依不舍，不知是否从此天人两隔。时至今日，他已逝去，诀别已做。

克里奥帕特拉从不知何谓孝道，亦不知何谓手足情深。这宫殿里虽有过她的春宵一刻，此时此刻她还是被凄凉孤独吞没了。孤独到她甚至想再见见狡诈的波庭纳斯、年幼的小托勒密和她那醉醺醺的父亲。这样，她便能想象自己回到了往日时光，尽管她一点都不想让这些人复活。过去两年如一场梦，使得她与故乡脱节，如今再回到这里，她不禁觉得这里的城池狭窄不堪，埃及这个帝国也甚是渺小，所有的富丽堂皇都一文不值。之所以会有这样的感觉并不是因为她想念罗马，罗马国内上演的一切均让她觉得恶心。她只是为自己失去的一切，为自己日渐衰竭的青春伤心。她想念那让自己臣服的男人，那男人既像她的父亲与老师，又像她的哥哥与情人。那男人就是恺撒，如今他已逝去，她必须独自抗衡无常的命运了。

这时，有声响传入她耳中——是一双小脚踩在宫殿地面上发出的啪嗒啪嗒声。那是恺撒里昂。当初乘船去往罗马时，他还不会站呢；如今，他仿佛是返老还童的恺撒。此前从未流过一次眼泪的女王，喜极而泣，不禁泪盈满眶。

她不只一次的回想，想弄明白在那疯狂的几周里，自己是何时受孕的。是在宫殿里还是在营帐里？是坐在垫子上默默无语深情对视时还是在营帐外传来鼓乐声和女人尖叫声的那个夜晚？也许是在某天下午恺撒打了胜仗，兴高采烈地告诉她敌军如何落荒而逃的时候。他当时因为打了胜仗，脸上泛着红光，时不时伸出自己的右手，话说得也不太顺畅，对于未来满是憧憬。他忽地意识到身边那忠实安静的听众，兴致大发，扑到她的身上，动作灵敏如年轻人。

往日里的温情画面，再次于她脑海里铺开。回国时，她因忙于策划，容不得自己闲下来，如今，回到这宫中，看着年幼的孩子，终于有了不可排遣的孤独感。这种感觉，在罗马时是从未有过的，尽管那时她与恺撒的生活也算不上放纵。然而现在，她的本能告诉她：她需要男人。于是她在宫里逛了一圈，看遍了那些斯斯文文的年轻男人，不禁觉得自己荒唐万分。那些男人怎么可以与恺撒媲美？怎么做得了她的男人？最安全的做法还是在需要时找个奴才，他胆敢闲言碎语，便永远闭了他的嘴。

她标志性地甩了甩满头的卷发，也暂时甩掉了那些念想。她转身抱起男孩，指着窗外的船让他看。当孩子问她那些船开往哪里时，她说，罗马帝国。

II

密探、间谍、特工、放债者都接二连三地从罗马归来了，为女王带回了一连串的消息，这些消息关乎着她个人的命运，乃至埃及的未来。在整个地中海，要说消息灵通，无人能与埃及女王匹敌。她的臣民继续源源不断地将货物运往意大利换回黄金，同时不忘为女王收集这个国家各方面的讯息和情报，以助她从中了解意大利政坛斗争的新动态。女王急于掌握罗马军事力量的格局以及他们彼此之间的牵制力。只有充分吸收掌握了这些错综复杂的信息，她才能大差不差地推测出事情的走向，继而推测出各相关人士可能会做出怎样的决定。

事实也证明，克里奥帕特拉所做的这些努力不是无用功。凭她父王尚在世时对罗马的描述，她那敏锐又想象力十足的头脑只能大致地勾勒出罗马的轮廓。如今，她已经能准确地推想出事情发生的经过，当事人的面部表情、肢体动作，甚至是他们说话时的语气以及停顿等。克里奥帕特拉密切关注的远远不止是男人，对罗马那些有影响力的女人，她也是了如指掌。

恺撒昔日的情妇塞维利亚已一跃成为现世的尼俄柏。她的家活生生就是这场内战的缩影：她的一个儿子和一个女婿一心想为恺撒复仇；而她的另一个女婿却与谋反者为伍；她还有一个儿子——布鲁图。家庭成员之间因此势不两立，自相残杀。克里奥帕特拉可以感受得到这位老妇人得知自己的儿子亲手杀了他亲生父亲时，内心承受了多大的打击。也许是不久前自己与这位夫人有过相似的经历，克里奥帕特拉不禁同情起她来，尽管她很少显露同情。

然而，她手下的探子关注最多的还是福尔维娅。她对权力的欲望会在这非常时期得到前所未有地迸发。年少时，她就见识过众多白白断送了性命的才子。及至与安东尼结婚后，她又只能在旁诱导丈夫与恺撒交好。所以近几年来，她一直被动地扮演妻子的角色，洞察周遭一切，时刻提醒安东尼作为恺撒身边的红人应该做什么。但随着恺撒一死，她便着手投身到更大的权力游戏中。她以一己之力就足以让安东尼告别花天酒地的生活，让他燃起更大的政治野心，不甘屈居人下，从而努力成为罗马的统治者。福尔维娅首先赢得了她弟弟卢西乌斯的支持，然后二人联手改造酒色之徒安东尼，将他对声色犬马的渴求转变为对地位权力的追逐。其实安东尼内心并不是没有野心，只是这份野心在恺撒出色的领导下收敛了起来。

　　安东尼并没有妄自菲薄、自轻自贱。只要听到有人提起年轻的屋大维，他就会摆出将帅之风，对此不屑一顾。他从来也不肯听命于屋大维或是李必达，更不用说那些叛乱分子。只要对他们视而不见，置若罔闻，他们就成不了气候。安东尼目之所及，无人能在他之上。但即使他位高权重，要想改变历史前进的方向，还有很长的路要走。这位酒神不具有宙斯的能力，因而也不可能将自己的形象投射到时空中去。然而他的老婆福尔维娅却有此番雄途抱负，她竭尽所能助他脱离纸醉金迷，催促他一步步地登上恺撒空缺的王座。安东尼在她的教唆下果然长进了不少，他甚至认为只要模仿恺撒就能与恺撒比肩媲美了。

　　福尔维娅的挑唆，让克里奥帕特拉不安起来。女性的直觉告诉她这种挑唆不仅会危及安东尼，她也将难逃其害。虽然她的梦想已成过往，但她必须与罗马保持同盟关系，而非成为敌对。从记事时起，她就一直将此铭记于心。她希望安东尼只是一个执政官、一位打击叛乱分子的将军。如果他真的想靠一次胜仗就登上恺撒的宝座，与民心背道而驰成为罗马的独裁者，那无论对他自己还是对克里奥帕特拉而言都会是一场灾难。

　　对克里奥帕特拉而言尤其如此。届时事成之后，福尔维娅将会如她所愿，赶走安东尼身边的所有女人。正如克里奥帕特拉不信任福尔维娅一样，后者也不信任这位埃及女王。

尽管她们有着共同的敌人屋大维，但这不足以让她们成为朋友。虽说福尔维娅年龄不到二十时，就两度成为寡妇，如今看上去却同克里奥帕特拉相差无几。在她的前两次婚姻中，她已经尝遍了男欢女爱，在天资和经验方面皆可与克里奥帕特拉媲美。罗马新近发生的事情足以让她怒火冲天。她一定会不遗余力地助安东尼登上王位，然后让她的孩子成为王位的继承人，而不是那远在埃及的恺撒里昂，尽管他的母亲一直宣称恺撒里昂应该子承父业。克里奥帕特拉之所以如此确定，是因为在一次社交聚会上，克里奥帕特拉从福尔维娅的目光中看破了她的别有用心。在克里奥帕特拉和那个人老珠黄又没有诞下一子的卡普尼娅之间，福尔维娅定会选择后者成为恺撒的遗孀。克里奥帕特拉年轻漂亮，还为恺撒育有一子，尤其是克里奥帕特拉也许能轻而易举地讨得福尔维娅丈夫的欢心。如果安东尼是克里奥帕特拉在罗马唯一的朋友，那他的妻子则是她的劲敌。

克里奥帕特拉掌握的所有情报都说明福尔维娅确实有影响时局的能力。每个月，福尔维娅都会发布印有恺撒图章、姓名和住址的最新公告。她的一脸纯真样定会让一些人上当受骗。尽管那些人会私下里聚在一起嘀咕。这个女人就这样乐此不疲地以恺撒之名编造大量的特赦令和放逐令。她甚至还进行了权钱交易，仿佛只要有钱了，元老院的法令和裁决就是一纸空文。恺撒的家产数目惊人，但也只够安东尼还债和高价收买支持他上台的人。

然而，安东尼还没有强大到可以掌控局面。最后，他的两位执政官却站在了反叛者阵营，这将他逼上了绝路，大败于摩德纳，只能狼狈逃往意大利。与此同时，福尔维娅在罗马也因为犯欺诈罪被西塞罗指控，西塞罗的言辞堪称无懈可击。西塞罗一直以来就是个墙头草。恺撒遇害当天，他就写了篇文章，声称自己只对一事表示惋惜，即未能参加葬礼，一睹恺撒最后的风采。但不到一个月，他又写了一封感人肺腑的信，说自己对安东尼的崇敬有如江水，滔滔不绝。可没过多久，他又觉得还是屋大维厉害些，于是又大肆赞美了屋大维。西塞罗虽巧舌如簧，但毕竟手无缚鸡之力，所以他总是讨好这个，夸赞那个。虽然这与他的过人天赋并不背道而驰，但他的声誉却因此大打折扣，最终也为此丢了性命。

　　但这一系列的坏消息并没有动摇克里奥帕特拉对安东尼的信任。她的直觉远比西塞罗的可靠。出于对恺撒和恺撒里昂的爱，克里奥帕特拉的这份信任绝不动摇，更不会随着舆论摇摆。埃及以外，屋大维仍是她的敌人，因为他随时可以替代恺撒里昂。这一点是她在恺撒遇刺之前就已经意识到的，在她生前的最后十四年里，这一看法从未有所改变。与此同时，她对安东尼前途的关心也与日俱增。他一天还是屋大维的敌人，她对他的关心就会增加一分，即使这二人曾经关系不错，安东尼曾经对于她而言也可有可无。但现如今却不一样了，从克里奥帕特拉得到的情报来看，吃了败仗的安东尼才是和她心往一处想的人。

密探告诉她安东尼是如何翻越阿尔卑斯山，寻找老朋友李必达的部队。安东尼曾经有恩于李必达，助他与恺撒和解，所以他信得过李必达。安东尼出现在李必达军队面前时，身着一身黑衣，蓬头垢面，满身泥浆，俨然是一个受尽了邪恶迫害，却依旧对恺撒忠心不二的人。他和李必达的军队之间仅隔着一条小溪，士兵们久仰他的威名也爱戴着他。正当他慷慨激昂地演说以赢得他们的支持时，李必达无计可施，只好命令部下敲锣打鼓来淹没他的声音！与此同时，福尔维娅也在罗马露天广场做着同样的事情。她利用发表演讲之机，指责屋大维，说作为恺撒的继承人没有为恺撒报仇雪恨，也没有将恺撒的遗产分发给人民，却在追击恺撒的得力战将安东尼。克里奥帕特拉听闻此消息时，竟然对这个充满野性的福尔维娅产生了一点好感。克里奥帕特拉对罗马人虚伪阴险的本性了如指掌，即使是远隔重洋，她依旧能把这一切尽收眼底。她能想象得出来那四个派别都想把对方引出来然后吞并。西塞罗在滔滔不绝地告诫大家不要引发第六次内战，尽管他本人在前五次内战中的表现还不赖。冷酷的屋大维，作为恺撒的年轻继承人，让恺撒的房门大开，允许人们随意进出，从而取悦他所厌恶的罗马人。但实际上他却像他放债的祖父一样，把恺撒的财产都小心翼翼地藏了起来。罗马市民只能拍那些上过战场的老兵们的马屁，仿佛他们无所不能一样，以期从他们手中买到武器。这一切的一切在女王看来都荒唐万分。

然而几周后的消息却显示，因为他们不愿向自己的战友动武，敌方军队意图和屋大维达成协议。克里奥帕特拉听到这个消息后脸色煞白。如果这些意欲为恺撒复仇的人都投奔恺撒的养子屋大维，她又能有什么办法呢？就在安东尼战败并流亡的不到半年的时间里，事情就已经发展到了这种地步。另一方面，敌方军队已在北方集结，一旦屋大维和叛军达成协议，再加上李必达的军队，新的三巨头将会诞生。十四年前，恺撒和他的敌人庞培以及富有的克拉苏就曾达成三头政治。而如今这群互不信任的独裁者们又开始借鉴这一模式，形成新的联盟。其实他们都想借签订虚假协议来争取时间，好把对手赶尽杀绝。对那些还有用途的士兵来说，这就像一场闹剧。毕竟作为士兵和缴税人，他们是在用血和黄金为将帅们的利欲熏心买单。

这真是人性的堕落啊！接替恺撒的是他的一个侄子；接替著名独裁者庞培的是一个放荡的中将！重建三巨头模式的各方想当然地认为自己是未来的恺撒。屋大维更是夸张到在自己名字的前面加上了盖尤斯·尤利乌斯·恺撒的名字，希望三十年后人们只记得他这一个恺撒。

心痛万分的克里奥帕特拉无语凝噎，只能听着间谍向她报告三巨头结盟时的情形：各方部队集结在博洛泥亚附近的小河岸边，见证三巨头结盟的时刻并保证结盟安全进行。李必达被送往河中央的小岛上向岸边发送信号，安东尼和屋大维接到信号后各自乘船前往。在士兵们的雀跃声中，他们互相搜查身体，以防对方暗藏武器。士兵们认为这种关系是一种契约，所以他们派出代表来到这些刚和解的对手面前，说服他们联姻，让屋大维娶福尔维娅和第一任丈夫生的女孩为妻。那个孩子只不过八九岁左右。二十六岁的福尔维娅以岳母的身份拥抱二十岁的屋大维时，肯定巴不得孱弱的他早些去世。而屋大维却可能暗自忖度着：如果娶的是这位风姿绰约的岳母，没准会更有意思。

而对于这场婚事，克里奥帕特拉并不看好。对于这新形成的三巨头，她的看法同样如此：李必达脾气很暴躁，不愿被人打扰；安东尼花天酒地；而性情冷酷的屋大维表面上过着节制的生活，肚子里却是满满的坏水，他神经紧张显得病态十足，胆小又残忍。这三个男人，无论是精力还是想象力，都比不过福尔维娅，却好像是恺撒的继承人一样，欲将罗马瓜分殆尽。

这三位当权者当即草拟出了一份长长的名单，其上是他们谋划要暗杀的两千多名富有的敌人。好在克里奥帕特拉不在这名单当中。没过多久，克里奥帕特拉听闻了西塞罗之死，这让她颇为高兴。据说，士兵们是在垃圾堆中找到了他的尸体的，然后将他的头颅锯下。福尔维娅见到时，又是朝他头上吐唾沫，又是用发卡刺他的舌头。在女王眼中，这真是些小人行径。此外，罗马送回来的线报还称：元老院的人全都逃之夭夭，各自保命去了。有的元老院议员乔装打扮成奴隶，为逃避检查竟躲到厕所里淘粪；有的为了不让司法官拿走财产，将钱财分散给亲戚；有厌恶丈夫的女人不惜将自己丈夫加入黑名单。这些做法都让克里奥帕特拉感到恶心，因为促使他们这般疯狂的，并不是强烈的复仇心理，而是极致的贪婪。克里奥帕特拉能够想象得到，这些暗杀的背后是二十万雇佣军，只要统治者一声令下，他们就会进行残忍地杀戮。

已经把复仇当作是家常便饭的女王也许还会妒忌福尔维娅，因为她能亲眼看到许多和她作对的人身首异处。福尔维娅的一个富有的邻居鲁夫斯，因为之前拒绝将房子卖给福尔维娅而死于非命。一次宴席上，有人向安东尼进献了一颗头颅。安东尼虽不认识这个人，却觉得这事可能与自己的妻子脱不了干系。复仇成功的福尔维娅心花怒放，竟将鲁夫斯的人头又放回他家门前。她日思夜想的房子终于到手了！之后，安东尼和屋大维坐船前往希腊，清剿谋杀恺撒的凶手。因而罗马只剩福尔维娅和任她摆布的李必达，她的权势与日俱增。

这场恺撒继承权争夺战不仅震撼了整个罗马帝国，也让远在埃及的克里奥帕特拉不得不选择一支军队，而她的心中早就有了答案。但如果这场继承权争夺战的战火蔓延到非洲，那么埃及的利益将会危在旦夕。眼前，谋杀恺撒的凶手卡修斯正统领八个军队驻扎在叙利亚。如果他下令向埃及索取一笔和恺撒五年前要过的等量的黄金，那女王该如何是好。本来有一支军队靠埃及足够近，可以保护女王，可是他们的首领是多拉贝拉。虽说他是叛军的敌人，但他同样也是安东尼的敌人。他请求保护女王，于是女王就把当年恺撒留在亚历山大城保护罗马利益的四支军队交给他领导。但不知是多拉贝拉背叛了女王，还是被卡修斯俘虏，女王的一万两千罗马士兵落在了卡修斯手中。

埃及的形势已经迫在眉睫。女王难道不对敌人的到来而心生恐惧吗？女王已经接到卡修斯的命令：她必须为他提供帆船。而女王的手下塞浦路斯已经给了他一些船。克里奥帕特拉现在能做的只有赶紧加强自己的舰队战斗力。可是，如果卡修斯从叙利亚出发，沿着古老的沙漠路线进军怎么办？许多埃及的征服者们，包括最后的征服者亚历山大都走过这条古道，到那时还有谁能保护埃及和亚历山大城这个开放的港口城市呢？她好像能看见卡修斯站在她面前，或是更远，站在台伯河对面；或是倚靠在埃及皇宫右手边的柱子上，用当年睥睨恺撒的眼神打量着她。

如果他心生戒严令，想肆意地细看命不久矣的她——恺撒的情妇，她又能怎么办呢？尼罗河水已经降到几十年来的历史最低点；继而引发了埃及遍地的饥荒和瘟疫，这些都只能作为借口来应付卡修斯，为自己赢得一些时间。

但是神灵似乎没有站在谋杀恺撒的那帮人那边。当卡修斯向埃及步步紧逼时，布鲁图的一封加急信传来，召集他去马其顿，布鲁图正在准备与三位当权者殊死决战。究竟哪一边会获得胜利呢？克里奥帕特拉也不知道哪一方更强大。

事实上，很难对腓利比战役的胜负下定论。两方互相对峙，都十分紧张。布鲁图性子急，他在进攻完屋大维之后，屋大维吓得躲进了芦苇丛。如果他那天去支援在安东尼那儿遭受重创的卡修斯，他本可以赢的，但是他却没有这么做。

安东尼居然没有当场杀死屋大维，安东尼的心慈手软让克里奥帕特拉和福尔维娅都感到十分惊讶，甚至愤怒。不过，他们当中只有一个人注意到布鲁图自行了断时用的武器正是两年前刺入恺撒身体里的那一把匕首。布鲁图的死和随后发生的十几起自杀事件，在克里奥帕特拉看来是神灵显示出它们的威力，开始复仇的表现。

每当克里奥帕特拉对未来事态的变迁有所预感时，她总能看见在天空中代表她的那颗星星。恺撒遇刺后，她便能看到这颗闪闪发亮的彗星了。

Ⅲ

腓利比战役六个月后的一天，一位优雅的罗马人来到了亚历山大港。埃及女王从没有见过他，他叫迪丽乌斯，是个神秘莫测的人，他既是一位哲学家，又是一个拉皮条的。这次他作为安东尼的信使出访埃及。

三巨头执政时期，安东尼管理罗马东方各行省。他喜欢那些地方，因为他想念希腊，那里不仅有他年轻时的记忆，还有恺撒留下的遗产。他还没有进攻波斯的打算，因为他在这方面从没有把亚历山大大帝作为自己的楷模。在恺撒遇刺的那天晚上，安东尼从恺撒家拿走了一大堆资料，有手稿、数据、地图、行军路线草图、各港口名称、所需公牛马匹粮草数量等，这些简直就是一位即将出征的将军战前应该准备的一切文件资料。安东尼是恺撒忠实的继承人，他绝对不会故意破坏恺撒留下的这笔举世无双的财富，总有一天它们会派上用场。但是现在，安东尼首先想征服亚洲东南沿海地区，

克里奥帕特拉传：一个女王的故事

那是他年轻时生活过的半岛和岛屿。他向往那些地方，他离开那里太久了。尽管恺撒的遗恨还激荡在他的胸中，南方的奇珍异宝、漂亮的女奴和香醇的美酒还是强烈地吸引着他。

这次出乎他的意料，南方有不少公主在等他。卡帕多西亚和弗里吉亚那些小国的国王们一个个竞相设宴款待这位狄俄索斯式的英雄。安东尼却认为让这些国王在他的帐篷外等候会更让他快乐。当他揭开那些公主薄薄的面纱时，他意识到宴席开始了。所以安东尼继续往前，穿越希腊群岛。现在身边没有罗马的敌人，也没有异国的敌人，他安顿好军队后，请来一些小丑和歌舞演员来逗乐，把长矛短剑搁置一边，扎上常青藤。

这种歌舞升平的日子没有维持太久。安东尼把身边的女人和恺撒钟爱的女人克里奥帕特拉进行了一番比较，十分苦恼。他决定要让自己这个二号人物变成头号人物，好配得上她。但是恺撒还是给了他很大的压力。恺撒先前未见过她时，不也传唤过她么？她不是也赠送了四支军队给恺撒么？有人说，她参加了此次兼并活动，不知是真是假。但可以确信的是，她曾给卡修斯送过四支军团，结果便是他在腓力比战役中失败了，也折了很多良将。

可是安东尼不会简单地指责埃及女王，安东尼是十分尊重她的。所以他派遣他手下一名勇敢的使者——迪丽乌斯去会见女王，让他将邀请与传唤结合，把她带到他的面前来。但是这位迪丽乌斯一见着女王的面就举手投降了，他能够预见会发生什么，所以最好的办法就是面带微笑，引用波塞冬劝说赫拉时用过的那句话："穿上您那件最华丽的衣服去西里西亚吧！"

克里奥帕特拉笑而不语，她在等待再次召唤。不出她所料，接着她又收到了好几封信。她这么做倒不是真想拒绝邀请，只是想显示一下自己的高贵。如果她拜访当前罗马的三位执政者之一，那也只能是一次短途旅行。简而言之，她会考虑这件事。七年前，当恺撒召集她的时候，她只身一人住在沙漠边缘一顶破旧的帐篷里。现在，她是住在凉爽的宫殿里，所以她当然要认真考虑这件事。

"千万不要得罪罗马人。"父亲在他清醒的时候不止一次地告诫她。然而罗马人害得她在亚历山大城从来无法长久地享受或生活，难道这就是命运吗？又或者这仅仅是个人感受问题？安东尼不是恺撒，这是十分清楚的。在这个世界上，除了恺撒里昂，她再也找不到恺撒的影子了。然而，这个大胡子狄俄尼索斯身上就不会有一些恺撒没有的优点吗？陪他坐在一辆用两头狮子拉动的马车上招摇过市是什么感觉呢？在这个世界上，她还有很多事情没有去尝试过，但是他的热血、情诗勾起了女王的好奇心，指引着她的道路。

克里奥帕特拉像恺撒出征前那样自信。但是安东尼要见自己，作为一个陌生地方的贵宾，她也不能不顾及影响。他那么强壮，她又那么美丽。哪怕只是激怒了福尔维娅都让人开心，此行也就值得了。所以她决定去一趟，拿定主意心甘情愿地开始这段探险。她知道，安东尼是唯一真心拥护恺撒的人，因而他不会对恺撒里昂漠不关心。

但是她该以何种形象出现呢？肯定不能像当初见恺撒一样把自己裹在毛毯里了，如今她已身为人母。她已经能预见将要发生的那些事，因此做了相当充分的准备。

同时，她骨子里理性的一面促使她进行一些思考。她必须与这个分管地中海南部地区的罗马执政官交朋友。她必须讨好这个男人。这件事就这样定下了。她的骄傲不允许她穿山越海去见召唤自己的那个罗马人。为了再现当年去罗马时的尊贵，她把黄金、奴隶、珠宝、装饰物都聚集起来，然后把这些能装满一个屋子的财宝，装在好几百个小箱子里，之后又让数不清的奴隶用他们汗流浃背、黝黑发亮的肩膀把这些财富从皇宫搬到港口。这些珠宝整整装了十二艘战舰。那时候的作家极尽华丽的辞藻，描述了克里奥帕特拉动身前往塔尔苏斯时带的这些宝贝。

途中，克里奥帕特拉按照她讲究实效的方式，盘算自己能从这位罗马人身上得到什么。克里奥帕特拉从恺撒、安东尼的敌人和她自己的间谍那里，掌握了不少关于安东尼的信息。从这些资料可以看出，安东尼继承了他妈妈的好脾气，但同时也继承了他爸爸的不切实际。这是由他的生长环境所决定的。他的父亲挥霍无度，他的母亲整天以泪洗面。他没有受过太多的教育，他在雅典念书时中途辍学，想要到叙利亚当骑马指挥官。当克里奥帕特拉的父亲见到这个只有十四岁的孩子时，他真挚的眼神瞬间吸引了他。他因而成为她父王的皇室成员。后来在他成年时，又得到了恺撒的青睐。

恺撒不仅选了他，还对他十分信任。因为他觉得自己地位牢不可破，不可撼动，因而任何人都不会觊觎他的位置。但是说到忠诚，它真的存在于这世上吗？如果这世上真有忠诚、富有作战经验，又勇气可嘉的人，那也一定是凤毛麟角。从这些层面来讲，安东尼几近完美。恺撒遇刺后的几个夜晚，他接连召开令人振奋的讨论会，屋大维和他简直不能相提并论。作为恺撒的外甥屋大维理所应当复仇，但是他只会犹豫不决地接近西塞罗和其他敌人。

克里奥帕特拉在船上越是思考，越觉得安东尼像一个小丑，可能这也是为什么他过去常和演戏的人混在一起。至今，她还能回想起他在恺撒葬礼上的声音，一会儿提高音量，一会儿又像是在窃窃私语。像是在舞台上表演一般，他向众人展示恺撒的二十三道伤口。最后，如同戏剧的高潮，他又展示恺撒血淋淋的身体。其实谁都知道，只有安东尼和克里奥帕特拉两个人是真心为恺撒之死感到难过，不愿见到这种悲剧发生在恺撒身上。

这个大男孩的脑袋里有着多么滑稽的想法啊。他和恺撒和解后，刚走进家门，就接到急报说恺撒已死，敌军正在逼近。于是他急忙赶往前线，伪装成一个奴隶，在头上披了一块黑纱去见他的妻子。福尔维娅见状，尖叫着说："这不可能吧？"头顶黑纱的安东尼则悲伤地指了指那封信，示意她打开。只见信中说道：安东尼保证不再和可爱的基西丽西同床共枕了。然后他一把扯掉了头上的黑纱，和福尔维娅在房间里打闹起来。这是福尔维娅亲口告诉克里奥帕特拉的。

还有一次，安东尼要把五十万塞斯特斯钱作为礼物送给朋友，心怀不满的管家只能带着责备的神情把一大堆钱放在安东尼身边，他看见了却说："怎么这么少，再去拿两倍钱来啊！"

克里奥帕特拉在路上把安东尼的性格特征都回忆了一遍。她回忆了安东尼所做的所有事情，她发现这些事没有一件会发生在恺撒身上。比起安东尼，恺撒更像一个皇帝；安东尼更像是一个小丑，一个孩子，一个败家子。但也正因为这些，他很有女人缘。

说到女人，福尔维娅真是块路障啊！安东尼本来就十分不可靠，再加上凶狠的福尔维娅在他身边，他定不敢和别的女人来往。然而福尔维娅现在远在天边，克里奥帕特拉得意道："看这种影响力能维持多久。"但是她又想起福尔维娅也憎恨屋大维，在这一点上，他们三人是十分一致的。一旦安东尼能把他对美酒的兴致变成斗志，他能做成任何事。这点福尔维娅很早就认识到了，一个世纪后的大哲学家普鲁塔克也认识到了。他写道：安东尼还没学会怕老婆之前就已经落到了克里奥帕特拉的手里，福尔维娅为了自己的成功已经将他驯服，在这点上克里奥帕特拉应该感激她。在交出他的时候，他已经喜欢遵从别人了。

普鲁塔克在埃律西昂写书的时候就点明，如果克里奥帕特拉看到自己精辟的文字，一定会面露微笑。

　　　　　　　　　　克里奥帕特拉传：一个女王的故事

IV

安东尼坐在宽阔的广场上，身边带着他从未离身的利剑。它挂得很松，因为任何会让他想起铠甲的硬物都会让他承受不了。坐着的椅子是从罗马运过来的。作为三位执政官之一，他执掌着生杀大权，所以他能坐上审判席。的确，没有谁把这种权力授予他，不过凭着自己掌握的权力，他控制了罗马的半壁江山。第三号人物李必达掌握的地盘已经很小了。

塔尔苏斯是里塔海湾一个繁忙的港口，位于海港的东部，同时与地中海毗邻，与塞浦路斯岛和古城安提阿隔海相望，是亚美尼亚、米底亚和波斯等小亚细亚王国，也就是当时被人称作安息人国度的那些王国西进时的必经之地。塔尔苏斯也因此成了军事要塞。塔尔苏斯位于一座小岛上，在塔尔苏斯山的山脚，那些想去塔尔苏斯的人需要把船驶入一条叫西奈斯的小河里。这条小河长满了芦苇和纸莎草。沿河可以看到一个湖，它为塔尔苏斯增添了几分魅力。

日落时分是一天中最为凉爽的时候，安东尼于是在广场的阴凉处坐着。一个士兵结结巴巴地告诉他说，奇迹发生了，阿芙洛狄特来了，此时她正沿着西斯河慢慢驶来，马上就要上岸了。

安东尼既是士兵也是滑稽演员，他是不相信神话故事的。他当即命令手下把那个神秘女人带到他面前来。可是骚动却越来越明显，人们跑着、叫喊着，鼓乐喧天。信使来来回回报信，士兵拿好武器系好马鞍跨上战马。所有人都十分好奇，但是毫无疑问的是，这个奇怪的女人和她的奴隶们都走不了了。安东尼也从座椅上走下来，好奇又恼火地走向了海岸。

"她沿着西斯河溯游而上。"普鲁塔克写道。莎士比亚也是基于此番陈述来写自己的故事的："她的船尾是由黄金做的，船帆是紫色的，船桨是白银的。船桨在竖琴和笛箫的伴奏声中整齐地在水面上划动着。女王，身上穿着维纳斯的衣服，躺在铺有金丝绸缎的睡椅上，活生生一幅画作。在她的周围，站着几个俊俏的男孩，为她扇风。少女们则装扮成温瑞伊得斯和美惠三女神的模样。有的做着划船的动作，有的则像是在整理船帆。各种香味从船上飞到岸上引得岸边水泄不通，挤满了准备一睹女王芳容的人。"

但是，这个时候人群中闪出了一条通道，安东尼出现了。克里奥帕特拉于是示意船上所有的灯笼上下舞动，一时间，五颜六色的灯光交相辉映。夜光和灯笼的光完美融合，忽明忽暗恰到好处地衬托出女王嘴角的笑意。她静静地躺在那儿，白皙纤细的手和安东尼那黑褐色的粗糙的手相握。安东尼既是一个士兵，也是一个滑稽演员，所以他完全能欣赏克里奥帕特拉指挥的这场表演。

当天晚上，塔尔苏斯城举办了一场盛大的晚宴。一位希腊作家这样描写女王为款待安东尼设的宴：所有的杯盏碗碟都是金子做的，同时镶嵌着珍贵的宝石。它们无一不是艺术大师精心雕琢的杰作。墙上装饰着金边的紫色帷幕，十二艘战舰已准备好迎接这位三执政之一和他的随从。当安东尼惊叹于这盛宴时，她却微笑着说抱歉，因为来得匆忙，若是照顾不周，还望原谅。如果明天他们还来，宴会一定会更加的盛大。同时她还请求他把目所能及的所有东西都收下，权当作她送的礼物。第二天的宴席果然更加盛大，她也再一次把能看到的一切送给了安东尼当礼物。同时，每位高级将领也收到了一份礼物，礼物就是他们所坐的椅子、所用的金质酒杯和碗碟，一顶轿子和几个轿夫。第四天，每一个宾客都收到了女王送的塔兰特的玫瑰。除了地面上厚达一英尺的花瓣，女王还吩咐人在天花板上悬挂了很多花环。

夜深了，阿瑞斯终于上岸了，克里奥帕特拉心想：安东尼好像年轻了二十岁。他看上去有使不完的力气。这趟远行是值得的啊。虽然国库确实为此空了不少，但是埃及至少是保住了。下午安东尼睡醒之后，新一轮的宴会还没开始。女王躺在水上漂浮着的宫殿里，安东尼则坐到她的旁边，告诉她罗马一别后发生的所有事。克里奥帕特拉静静躺在那儿，手支撑着头，仿佛看到了恺撒。曾经恺撒也坐在她的躺椅旁，和她一起沿着尼罗河溯流而上。但是她是不会告诉安东尼她所想到的事情。这样是理所当然的，在接下来的几年，除了鼓励安东尼，剩下的时候她都不会和安东尼提起恺撒。

确实在爱情方面，把他和恺撒相比较完全是多此一举。起初，安东尼接替恺撒娶她为妻时，他内心深处总是忘不了恺撒，他总是感到一种无名压力。因而他要求自己必须充分表现出男人气概，好像只有这样才能向她也向自己证明，他能够超越恺撒，虽然在大家的眼里恺撒是无法超越的独裁者。他们在罗马第一次见面时，安东尼就对这位女王留下了深厚的印象，如果她不是恺撒的情妇，地球上没有任何一种力量能够阻止他去爱这个女人，女王自己也拒绝不了他。现在他自由了，恺撒已经死了，他拥有半个罗马，现在他可以展现出一个独裁者的风范，像恺撒那样。所以他利用每分每秒在女王面前展示自己。如果他看到女王的笑容，那么他就对自己的男性魅力充满信心了。

世上不会再有这般夺人眼球的一对了。正值四十岁的安东尼，尽管在年轻的时候放纵自己，但是他仍然像大力神海格力斯那样充满活力。二十八岁的克里奥帕特拉是一位身材苗条的成熟女性，也像一位亚马逊女战神，只不过是一位已然成熟且生过小孩的女战神了。他们二人都觉得自己风华正茂，并相信自己能给对方奉献出最优秀的一面。在阵阵婚礼乐声中，他们结合了，时而激情澎湃，时而缠绵不分，时而再次奋起：多么完美的两性结合啊！这定能让这二人所在民族的众神都拍手叫好！

婚礼盛宴，长达一周。结束后，安东尼终于真正感受到自己的高贵。在冷水的沐浴下，他意识到他最后唯一需要得到的是恺撒的情妇，如此才能成为真正的恺撒，然而当他的种种想法被酒温暖，昏暗的光蒙上一层色彩时，他深信这个女人身上有着能够使他成为恺撒的万能钥匙。

自从恺撒被谋杀的那个夜晚，安东尼就感受到内心的空虚，在福尔维娅的唆使下，他只能毫不犹豫地向前走，但是现在他的内心突然被一个巨大的漩涡给填满了。以前他在下达命令之前总是会莫名其妙地停顿，去聆听有没有熟悉的恺撒的命令，而如今，这些停顿已不复存在了。安东尼成了自己的主宰。

克里奥帕特拉同样感受到一阵空虚，然而对于她来说，她想要得到的是肉体而不是精神上的满足。在扭曲的理性的操控下，她居然装起乖来，只为让一个情感经验丰富且上了年纪的男人发泄情欲。可不知怎的，她感受到了欺骗。如今她和安东尼困在同样的漩涡里。安东尼对于她熟练多样的做爱方式感到惊讶，而她却总像是被这个人身上的激流所裹卷才那么热情奔放。当她精疲力竭地躺下来的时候，她总会想起两个狮子的故事。恺撒遇刺后，她就一直压抑着自己。如今，她的生命再次飞入云端。新的生活即将开始。

表面上看，女王此行的目的达到了。到达塔尔苏斯后一个凉爽的下午，安东尼坐在斜躺着的女王身边，看似不经意地提起一件事。他原本打算对此大做文章，对她横加指责，但是现在只是一带而过。对于这件事，克里奥帕特拉早就有所准备，她巧妙地把话锋一转，反将了他一军。她问他，他是不是认为她帮助了卡修斯？竟然把自己手中的罗马军团和埃及的战舰送给谋杀恺撒的人？但事实是，她是将船只和人马送给多拉贝拉的，但被海上的风暴耽搁了。为了弥补，她不顾自己随时被卡修斯俘获的危险，亲自带船去追，直至到了爱奥尼亚海才作罢。若不是因为海上又起了风暴，她也身体抱恙，打死她也不会放弃的。她的所作所为应该被人们感谢。被诘问的人应该是他，他为什么在那么危险的情况下，没有采取有效的措施来帮助她呢。

安东尼有没有相信女王史上没有记载，但是阿庇安对这一段的描述是正确的："安东尼拜倒在她脚下不仅是因为她的美丽，更是因为她过人的才华。"他发现自己突然被一种青春的激情卷进她的怀里，尽管他已经四十多岁了。这时女王忽然计上心头，说国内还有三个人在威胁她的势力，第一就是恺撒死后不知从何处冒出来的阿尔西诺，现在她已经逃到米利都的阿耳忒弥斯神庙，第二则是那位已经幸免于难的塞浦斯总督，第三是一个年轻人，他口口声声说自己是淹死在尼罗河里的托勒密的儿子。这些人一个都不能留。安东尼同意了，他的手下立即兵分三路去寻找这三个人，很快就提着他们的脑袋回来交差。安东尼则把这三个人头带到女王的面前。

现在，托勒密家族的这位女王终于可以高枕无忧了。为了她的这个王位，她结果了自己的两个弟弟和两个妹妹。现如今，偌大一个托勒密王朝就只有她和儿子恺撒里昂了。鉴于此，她想和安东尼再生一个孩子，她同寻常的女人一样，也渴望能多多地生儿育女。

天真幼稚的安东尼经常会提到福尔维娅。在克里奥帕特拉看来，福尔维娅虽与自己年龄相仿，但已经和三个男人生了四个孩子，并且亲手养大了他们。现如今，福尔维娅正年轻气盛，想要掌握国家的政权本就不足为奇。她时刻关注安东尼和屋大维，并且希望后者早日死去，尽管他们曾经组过联盟，他还是她的女婿。腓力比战役之后，屋大维一直重病在身，安东尼也巴不得他死了，好早日摆脱他的羁绊。在意大利打仗时，屋大维在战场上的懦弱无能众人皆知，相较于他，安东尼则赢得众多的称赞。

安东尼接着说，那些回到罗马的军团都想得到出征前就曾经许诺分给他们的土地，他们的要求已经成为一种新的危险。李必达只听福尔维娅的话，安东尼指挥不了他。福尔维娅反对屋大维没收人们的财产，因为他们是属于她的阵营。福尔维娅的弟弟卢西乌斯编造出许多手谕来，假借安东尼的名义发布。福尔维娅还扣留了两个本该属于屋大维的军团作为担保，屋大维针锋相对地编写了关于福尔维娅的淫秽讽刺短诗，命人在军队里四处传播。克里奥帕特拉让人读几句短诗，听罢，她大笑，安东尼也用他那低沉粗犷的声音附和着她的笑。克里奥帕特拉让安东尼再反复说几句挖苦他妻子的话，直到他们俩笑得前仰后合才作罢。那些奴隶们蜷缩在角落里，他们面面相觑，因为他们从来没看见女王这么开心地笑过。

聪明的女王知道，在这种环境下，说动安东尼前往她的国家和城市更加容易些。在一次次的晚宴之后，她是越来越喜欢安东尼了。他为什么还要待在这样的一个小地方呢，特别是冬天快要来了。安东尼已经拟定了进攻波斯的计划，他的一些军队已经向北部前进。对于这个计划，他并没有说太多。因为每当他提及这个计划时，克里奥帕特拉总是想方设法地把话题岔开。克里奥帕特拉心知肚明，安东尼之所以想征服波斯，无非就是为了模仿恺撒。他并不是真心想做这件事的，女王因而也能够不费吹灰之力地就劝服他推迟了出征时间。至于其他方面的危险，女王从安东尼告诉她的事情可以判断出，安东尼与屋大维撕破脸的可能性并不是很大。福尔维娅一介女流，再怎么闹腾，若是没安东尼的帮助，也不可能与屋大维发动战争。安东尼已经下定决心尽可能地延长三寡头格局，多多忍让他的盟友。

安东尼真的就此般胸无大志，预见不到他和女王的这种行为会导致的后果吗？她已经说了她的归期，也指出相较于波斯那些飘忽不定的金银财富，埃及的宝贝更有温度。况且他又是她的心头肉，不动一兵一卒就可坐拥那金山银山，更何况掌握这些金银的女主人正在盛情邀请他呢。如果他将来还有恺撒那种想步亚历山大大帝后尘的打算，这次亚历山大之行正好可以求得出征前的一个最好的护身符。话说到了这种地步，恐怕已经没有什么能够阻挡这位穷苦却不失诚实的罗马人成为女王的宾客了。

安东尼答应会和女王一起去亚历山大城，他的目的，用普鲁塔克的话来说，"掉进穷奢极欲的深渊，在追求荣华富贵的同时，却作出了最大的牺牲，失去了宝贵的战争主动权"。

V

古老的托勒密皇宫里再次显出勃勃生机。马车夫和兵器盔甲铸造工、清运垃圾和赶苍蝇的工人、箍桶匠和调酒师，还有许多做饭炒菜的厨子们都在潮湿的拱顶地下室里忙着。奴隶们总想指使别人做这做那，好像自己很高贵。待他们爬到上面的大厅里，跪在地上叩头时，等待他们的或许是一顿拳打脚踢，是一点赏赐或是一大堆没完没了的盘问，有时又会被派去做一大堆的活儿。如果他们的主人走开了，他们需要在那里等待他们回来，有时等到天黑，甚至第二天早上，他们的主人已经把他们忘了，他们在大理石上睡着了，直到被内侍踢醒。呻吟着，啜泣着，他们步履蹒跚地回到潮湿的拱顶地下室，回到他们同伴那里，等待下一次伺候主人。

每位工匠都马不停蹄地准备着。"肯定有一大批客人吧？"一位年幼的学徒不解地问厨师的领班（他后来把这件事告诉了普鲁塔克的父亲）。领班笑笑说："没有，还不足十个人呢。但是我们要保证能够随时上菜。哪道菜要是没做好，立马就应该倒掉。那个罗马人也许现在想吃晚饭了，大概再过二十分钟就要上菜；但也有可能会晚一些。如果他要喝点酒或者找点别的什么乐子，那么做好的饭菜就要先等等。"

像巴克斯酒神一样，安东尼尽情地享受着他的假日；他身边只有三两个士兵，自己也没穿铠甲。他大概穿的是希腊的服饰，典雅的鞋子，就像牧师和学者穿的那样；他打打猎，钓钓鱼，在缪斯庵同一些哲学家待在一起，讨论一些在雅典读书时记得的问题，听听大家的意见，时不时打个盹儿，又醒过来，跟上大家的节奏，探讨解决天上地下所有的问题，最后又邀请学者们与他在晚上一同喝酒。但无论他在海上还是在马背上，或是骑着一头骆驼走在沙漠的边缘，女王总是伴他左右，满足他所有任性的要求，从不疲惫，从不懈怠，总是时刻准备好做任何事情。早上在安东尼熟睡的时候，女王就与她的内阁大臣们开始工作，处理好上百件繁杂的事务。除此之外，女王还要花费几个小时的时间在恺撒里昂身上，去满足他的各式要求。这几个月，即使是恺撒里昂也只占了她生活的一小部分，她几乎把全部精力都投入到这个男人身上。这是她第一次这么不遗余力地去讨好一个人。她要在这个罗马人的记忆里种下所有酒神式的作为，那些狂欢的经过，那些对福尔维娅的男人的调教和管束。她想要他完全被自己占有，因为克里奥帕特拉已经完全坠入情网了。

　　这位身材健硕的罗马人，高兴时会把女王抛向空中，再稳稳接住，手臂并不会因此下沉一点点。这个粗犷的男人，在亚历山大城游手好闲，随时都想与女王亲热，所以有时他会扯过一块布挡住奴隶们的视线，抓住女王与她一同嬉戏；晚餐时，他会突然把她带离餐桌，然后带着笑容回来；这个不要脸的色情狂，似乎认为这些才是高雅的行为，他对别人的咒骂就像嘴里的葡萄那样一串接着一串。在这些疯狂的日子里，他已经完全占有了她。她那位爱吹笛子的父王遗传给她的性格也开始显现出来。

　　如果说过去的十五年里，她因缺少合适的伴侣而将自己的热情压抑在心底，那么现在，即使在寒冷的严冬，她完全释放了自己的天性，投向这个罗马人，好像她要证明自己与他一样有活力。这是她有生以来第一次，也是最后一次，一连好几个小时不顾自己的形象和端庄，像个年轻的野兽一样在他怀里放飞自我，或是把他拽到自己身上，直到把他弄得筋疲力尽。尽管如此，她从没喝醉过，有个传言说她手上有枚紫水晶戒指可以保证她千杯不醉，这个传言神乎其神好像大家都见过一样，但事实上没有一个人真正见过。

　　正是因为克里奥帕特拉有过人的酒量，所以她才能维持着女王的形象，也使亚历山大城的大臣们明白，可以与女王一起饮酒作乐，但不能过线，女王的贞操只属于一个人。但安东尼竟然在醉酒时说他很遗憾女王不能与他人寻欢。克里奥帕特拉不得不在他清醒的时候提醒他，与他在一起的是一位尊贵的女王。

有时他们二人会扮成仆人半夜在大街上闲逛，寻求一种快感，会故意敲别人家的门把人们吵醒，这些熟睡的人醒来到窗户前查看发生了什么事，甚至会跑出来打他们，有不少人都能认出这两个人究竟是谁。普鲁塔克说："尽管有些亚历山大人不喜欢这种玩笑，有些人却很喜欢，他们说'安东尼在亚历山大负责扮演喜剧角色，将悲剧留到罗马去上演'。"有时女王会这样捉弄安东尼：有天安东尼怎么都钓不到鱼，她就雇了一名车夫潜到水下把鱼放到他的钩子上。有一次女王甚至亲自潜到水下，放了条咸鱼在他的鱼钩上，让安东尼大笑不已。这件事也传遍了亚历山大每个角落。

安东尼和克里奥帕特拉还成立了"无与伦比俱乐部"，这个俱乐部里的成员都是亚历山大城的富翁。成员们要在固定的日子轮流宴请其他的成员，并要想方设法使自己的宴会比其他人更奢侈、更有趣。尽管每举办一场这样的宴会就要花费大量的金钱，但举办者认为女王的人脉会使这物超所值。每次安东尼参加这样的宴会，都会躺在躺椅上浅酌，向大家讲述些故事，每每让克里奥帕特拉震惊于这个谦逊的人竟然能说这么多话。他会躺在那儿，赞美他的第一任妻子安东尼娅的美貌，指责卑鄙的多拉贝拉无情地夺走了她；但他又得意扬扬地说早在他和福尔维娅结婚之前就背着他的朋友克洛狄乌斯暗通曲款了。现在这两个男人都已经死了，只有他还活着，喝着罗迪亚老酒，他们在罗马的所作所为于他而言只不过是滴在地上的几滴酒罢了。安东尼在"无与伦比俱乐部"总是这样夸夸其谈。

有一个人他从来没有提起过，那就是恺撒。

VI

在地中海的对岸，有安东尼的另外一位妻子，福尔维娅，尽管她已在三个浪荡子身上浪费了不少青春，可她的活力不亚于克里奥帕特拉。让她感兴趣的与其说是酒鬼安东尼，不如说是三寡头之一安东尼。所有的罗马人都热衷于谈论安东尼的埃及生活，福尔维娅也不知道是该用威逼还是利诱来引安东尼回意大利。安东尼天生就是个没什么信用的人，对待女人一向是喜新厌旧，福尔维娅对此一清二楚，她也明白自己和女王的差距。如果安东尼继续向南和东行进的话，他会在那和克里奥帕特拉或是其他女人待上数年；他真有可能将妻儿抛之脑后，自己快活一辈子。所以只有一个办法能将这个男人叫回来，即利用政权危机。为了逼迫安东尼从其他女人的怀抱中脱离出来，福尔维娅下定决心发动一场内战。

这不是有魔鬼才出现的情况，这只是对先前计划的应急方法；如果不是因为嫉妒，她不会走上这条荆棘丛生之路。

她的计划如下：以安东尼之名义与屋大维决裂，让安东尼别无他法，只得赶回罗马处理事务；无论他是讲和还是开战，他一定会因为这条消息离开那讨厌的埃及女王，回到罗马来。

福尔维娅派使者送去的一封加急信，果然使亚历山大皇宫的悠闲生活泛起一丝涟漪。因为军团在财产分配问题上产生了分歧，福尔维娅率先在意大利采取了极端措施，她调动自己和安东尼的军队占据了十八个城市，然后均分了财产。这一做法引起了屋大维部队的不满，从而揭竿起义，政变威胁到福尔维娅的安全，她不得不在众多骑兵和议员的陪同下逃离罗马，躲到普仁斯塔城堡里。在那儿，福尔维娅像位将军一样敛财、招兵买马，到军队中做鼓舞人心的演讲，直到追兵把她和现任普鲁吉亚执政者的安东尼的兄弟围困住。

克里奥帕特拉从信中得知这些变故，心中满是嫉妒和恼恨。她想起了恺撒在埃及作战时，她是多么忠诚地与他并肩作战，做他的女战士。但现在发生在意大利的又算什么事呢？是什么能让一介平民福尔维娅变成将军挑起战争？事实无非是福尔维娅想夺回自己的丈夫。看在安东尼的份上，克里奥帕特拉本不该希望福尔维娅输的，然而现在，她很想福尔维娅输。

不久后，最新的信件带来了这场战役的结果：普鲁吉亚执政者——安东尼的兄弟投降了，屋大维答应不杀他，但作为报复，他一把火烧了整座城市。而后又举行了一次血腥的审判大会：这天刚好是恺撒遇害两周年纪念日，屋大维在罗马恺撒纪念堂前处决了上百名骑士和议员！与此同时，屋大维自己的信使抵达亚历山大城，主要目的是向安东尼解释这场战争的发动者不是屋大维而是福尔维娅，他本意只想与盟友和平相处。安东尼和克里奥帕特拉读到这封信时，两人都明白屋大维想要和解的真正原因是他惧怕海上霸主塞克斯都·庞培。

这一猜想很快被证实：福尔维娅带领三千骑兵分乘五艘船，从布林迪西逃往雅典；安东尼年老的母亲也与她一起，她们受到塞克斯都·庞培的保护！其他的消息也接踵而至。这次的内战让波斯人不断做出新的动作，他们已经打入了小亚细亚地区，逼得叙利亚的许多国王与他们签订合约，他们现在向罗马政府强硬施压，而波斯的军队正跨过幼发拉底河向叙利亚挺进。

听到这个消息，安东尼立即警醒起来。他必须整军东征了，而且是立刻出发！女王没有理由不帮助他。即使是号称渴望和平的屋大维小胜一局又怎样呢？他又能拿埃及怎样呢？女王所拥有的一切都是安东尼的，她有两百艘船，她的财富能够满足他军队的一切开支。

然而克里奥帕特拉的内心又十分矛盾，她前不久刚怀孕了。如果这个男人一直都在外打仗，她和她的孩子该怎么办？他的品性能给她安全感吗，他的品性给过她希望吗？安东尼绝不会原谅福尔维娅，仅是因为嫉妒就置他于现在这种境地。如果说安东尼返回罗马，意味着克里奥帕特拉在她与福尔维娅争夺安东尼的这场较量中输了，但这同时也意味着克里奥帕特拉赢了，因为福尔维娅再也得不到安东尼的心了。但这世界上的女人那么多，安东尼很可能把她们俩都忘了，爱上第三个女人，直到这个女人也怀孕，从而得不到他的喜欢为止。

女王突然意识到她与安东尼的愉快生活将要结束。她可以预见自己将会独自面对愤怒的埃及人，抚养两个同母异父的罗马人的孩子；狡猾的亚历山大人会容忍她到什么时候，尚不确定；这个罗马人离开后，皇宫中心怀鬼胎的家伙们会不会利用这件事来反对她，也还不确定。她和第一个罗马人的爱情始于刀光剑影，结束于歌舞升平——她与第二个罗马人的爱情该不会反其道而行之吧！

克里奥帕特拉心想，安东尼一点儿也不关心恺撒里昂。他在罗马有一个儿子，这孩子现在也许在雅典。如果哪天安东尼看到自己的妻子和老母抱头痛哭，一双儿女也跟着哇哇大哭，这会对心软的安东尼产生多大的影响呢？一切都是未知数。

当安东尼来向克里奥帕特拉道别时，克里奥帕特拉告诉他他们已经有了爱情的结晶，他听完哈哈大笑，并祝她和孩子好运。他不再与她一体；他的心思已经完全在军队上了；接踵而来的情报和命令让他晕头转向。他的心早已漂洋过海，落在波斯人身上，他可恶的妻子身上。

VII

　　克里奥帕特拉屈膝坐在窗台上，看着她的第二位罗马情人扬帆起航，她已没有了送别第一位罗马情人时的笑容。那时，那个世界主宰还邀请她去罗马，分娩时还一直守候在她身边，直到她顺利生产；他注视着那个赢弱的婴儿时，头顶上方正好有一道彩虹挂在天边，如梦如幻似在天堂。而今距那时只不过七年，她却好似过了一个世纪；现如今她已找不到一个像他一样头脑清楚的人来治理这乱世了，到处都是混乱不堪，连她自己都深陷其中。

　　为什么？她并没有想过这个问题。她没有去寻求这一切究竟多少是源于罪孽，多少是注定如此的答案。她天生就不愿自我反省或是追悔过去。一切都是顺其自然。现在她独自一人待在父皇留给她的皇宫中，坐在她自己的窗台上，怀着一个将士的孩子，现在这个将士正驶回他海外的妻子那里，也许这一别就是永别。当然，他曾把她紧拥在怀中，承诺他一定会回来。然而在他做出承诺到真正归来的时候，这中间隔了多少天，这些天里他肯定会遇见无数个女人，况且他还要与屋大维抗衡，不是与他和平共处就是一较高下。他们之间还横亘着外国人民。即使这些因素都不存在，他们之间至少隔着一个地中海，这是无可否认的事实，它能淹没船只，正如命运能毁灭一个人的意志。

不久后她就会诞下自己的第二个孩子，也许是个女儿，恺撒里昂的妹妹。按照托勒密家族的传统，十年后恺撒里昂会娶自己的妹妹为妻，埃及皇族将有一半罗马血统，但克里奥帕特拉自己将何去何从呢？一个三十多岁的女人，难道要在一个夏夜被送给一个快成年的叙利亚奴隶，去教他如何爱一个人吗？这个国家必须安定和谐，国家的财富也必须得到保障，否则作为一国之君，她将失去自由！只要罗马人不反对，她就必须要缔结一些新的同盟，最好是罗马人中最有权力的人。这个人会是安东尼吗？

她现在有些感谢安东尼的离去。他像暴风一样把亚历山大城搞得乱七八糟；他对皇宫和亚历山大城有自己的一套，动摇了原来的派系，但同时也使原来对罗马颇有好感的一些人改变了看法。小摊贩们很喜欢他，皇宫对一些小商品无节制的需求让他们和手工艺人忙得不可开交，赚得盆满钵满，甚至普罗大众也能从他的奇思妙想中获益。安东尼在罗马从未像在亚历山大城这样受欢迎过，他享受亚历山大人的喜爱。甚至连一直对罗马文化嗤之以鼻的缪斯恩也对他讨厌不起来；然而也没有人对他怀有一种真挚的敬意。克里奥帕特拉在心中将他与恺撒暗暗比较之后，得出结论：这是因为安东尼与恺撒是完全不同的两种人。

然而她依然看重作为三寡头之一的安东尼的影响力。她意识到，从长远来看，与这位东方世界霸主做朋友才是明智之举，比做他的情人更为明智。他离开后，她似乎对他没什么影响力了。唯一能将他们联系在一起的只有那位占卜师了，因为他们俩都迷信。她派占卜师跟着安东尼，他很会利用埃及秘闻为自己赢得政治资本。克里奥帕特拉还得到了探子们在希腊沿海收集到的情报。然而有一条消息让她感到很困惑。

安东尼夫妇在雅典的重逢很不愉快。福尔维娅面色苍白，精神萎靡，眼神涣散；克里奥帕特拉可以想象得到此时福尔维娅多想把手指插进那个饱经沧桑却依然高大健硕的罗马人的大胡子里以示亲昵；也许她现在正在这么做，这么长时间他躲到哪里去了呢？如今全世界都听命于罗马人，可他为什么还是要待在那个埃及女人身边。但克里奥帕特拉似乎听到了福尔维娅突然爆发的尖利叫声被罗马赫拉克勒斯如雷般的男中音打断：谁给她的权力破坏他与屋大维的盟友关系，派兵占领那十八座城市，驻扎城堡要塞，谁给她的胆子盗用毫无心理准备的丈夫的名义去下达这些不成熟的命令？

克里奥帕特拉仿佛隔着地中海听见了这两人的声音；她似乎可以看见他们在大厅里争执不休，擦肩而过时甚至会向对方挥舞拳头；克里奥帕特拉心想，没准安东尼真会动手打福尔维娅。克里奥帕特拉很满意，她的目的达到了；但同时她有点儿不放心，在不增强对手实力的前提下，安东尼能找到一个合适的契机与福尔维娅离婚吗？如果他们俩真离婚了，福尔维娅不会对他下毒手吧？要知道福尔维娅什么事都干得出来，福尔维娅气急败坏时简直就是个疯子。

但是现在另一个女人出现了，克里奥帕特拉刚刚得知屋大维又玩了个花招。塞克斯都·庞培，庞培大帝唯一在世的儿子，曾用他的船只将安东尼的妻子和母亲庇护起来，如今他自然是福尔维娅的盟友。而按照海盗疑神疑鬼的性格，他极有可能扩充安东尼的军队。屋大维是庞培家族多年死对头恺撒的侄子，他向塞克斯都派了名信使传话：他愿迎娶他的侄女克里布尼亚为妻，以缔结两方友好的邦交。事实上，克里布尼亚不仅比屋大维年纪大，两次丧偶，甚至还刚怀孕，也许是她刚去世的丈夫的遗腹子。屋大维因此专门废除了丧偶需满十个月才可婚配的法令，与福尔维娅的女儿离婚，举办盛大的婚礼迎娶了这个身怀六甲的女人。罗马人从此又多了些笑料谈资。

屋大维现在刚愎自用的性格很大程度上是权力世袭造就的，他在十九岁那年毫无准备地就得到了这份权力。屋大维本来十分腼腆善良，体弱多病，适合做个哲学家，但这份权力像看不见的雷击一样改变了他的性情。以前他那冰冷的眼神常常会落在路过的女子身上，还会派人将她们从家中掳来；随后几年他甚至叫手下把这些女人扒光，仔细查看她们是否真为处女。

安东尼还在生福尔维娅的气，听闻塞克斯都的背叛时更是怒不可遏，像疯子一样冲出雅典，甚至没有向妻子告别。他要向那些背叛了他的人复仇，可是他的部下不愿与昔日的战友兵戎相见，但是安东尼还是逼迫他们为自己战斗。就在他所向披靡一路高歌猛进的时候，希腊传来消息说福尔维娅去世了。福尔维娅才刚刚三十岁，对权力的欲望在憎恨和复仇的情绪下不断膨胀，耗尽了她所有的精力，葬送了她的性命。

福尔维娅的抱负是消极、充满怀疑的；而恺撒的则是积极、富有热情的。安东尼想要通过权力保证自己能够享乐，屋大维总是想潜意识里化解周围的敌意。只有克里奥帕特拉是想保证做出选择的绝对自由权。

福尔维娅之死并没有让克里奥帕特拉感到快乐，反而是让她感到警醒。福尔维娅的死亡肯定会让安东尼和屋大维这两人的关系更加紧密，这也正是他们两人所期望的。但恺撒里昂怎么办呢？她自己又该怎么办呢？如果安东尼被别人劝服让埃及成为罗马的行省之一的话该怎么办？这两位执政官的友好关系对她来说是个威胁，这个威胁很快就来了。

突然之间，那些理性的士兵统一起来，强烈要求自己的首领通过外交手段谋求和平。过去的十五年里，一直是罗马人与罗马人打仗。他们跟随那些赫赫有名的将领们南征北战，只不过是满足各个派系领导人的政治权益，打着各种各样的口号，说什么"终止混乱""拯救国土""为家人而战"，最好听的莫过于"捍卫私有财产"，但实际上私有财产从未受到过威胁。

最后，士兵们的要求似乎得到了满足。一项新的协议在布林迪斯签订，比三年前的那项协议更清楚地说明了该如何瓜分恺撒的遗产。李必达只分到罗马在非洲的领地，安东尼分到东至阿尔巴尼亚的领地，屋大维则掌管意大利和整个西部地区。一个罗马人怎么会同意这样的协议呢，除非他打心底里认为自己不是个罗马人了。把罗马城留给自己的敌人，自己却成为流亡在外的殖民地总督，即使这些殖民地不少，但那又有什么用呢。

当这份和平协议签署完成后，安东尼和屋大维认为劝说庞培大帝最后一个儿子塞克斯都·庞培签订一份协议会变得容易些，这份协议将西西里岛和撒丁岛划给他并归他管辖。然而他比任何人都不愿意受到束缚。在那不勒斯湾的时候，他邀请他的新朋友莫纳斯到船上玩，莫纳斯问他如果他愿意当罗马帝国的君主的话，他可以替他把安东尼和屋大维都抓来。塞克斯都沉默了一会说："你应该在问我之前就把这件事做好！现在已经不可能了，因为我已经做出了承诺。"

公元前三十九年初，内战似乎已经结束。十四年来，意大利人第一次相信和平已经到来。迪奥·卡西乌斯在他的一本书中写道："这三位执政寡头最后在舰队和士兵面前达成了协议，拍手称庆互相交换平安吻。此时，海上和岸边同时响起了经久不息雷鸣般的掌声。千千万痛恨内战的军人和平民发自内心的欢呼声在群山间回荡，久久不绝。许多人呐喊着，直到晕倒在地，甲板上的士兵等不及船只靠岸就跳进海中向岸边游去，岸边也有他们的亲人跳进大海迎接他们。许多已经不抱希望的人惊喜地发现他们失联的朋友们还在世；还有一些人看到了他们以为再也看不见的人，他们不敢相信自己的眼睛，又希望自己没有看错。直到叫了对方的名字，听到了对方的声音，才敢相信这是事实。

许多人高兴地热泪盈眶。有一些人坚信自己的儿子或父亲还活着，到处跑着打听，他们看起来像是疯了，他们期望着能找到自己的亲人，害怕自己已经永远地失去他们了。他们悲痛欲绝，大声哭喊，犹如逝去的亲人就躺在自己面前。人们就在这样的大喜大悲中沸腾了一整天，直到深夜。"

VIII

克里奥帕特拉每天都在期盼着孩子的出生。签订罗马和平协议不久后，又一位信使来到她面前，但他不敢开口。克里奥帕特拉勒令他说话时他才终于说出口：安东尼在罗马与屋大维的妹妹结婚了。

一切就这么顺理成章地发生了。按照两位执政官的性格和双方的利益，不这样做才是不正常的。从他们第一次结盟以来，他们俩没有见过，但从另一方面来说，他们也没有相互写过攻击对方的信件。福尔维娅为了夺回自己的丈夫不惜让整个意大利都陷入战争之中，但他们俩今天谁还会去追究死去的福尔维娅的责任呢？塞克斯都·庞培与他们喝酒时，总是会说到些埃及的谈资，安东尼就会有些恼火，屋大维在这方面就小心得多。屋大维会等一段时间，秘密地将他的想法传达给下面的军官，这些军官把屋大维的话散播到士兵中间，又把士兵的话传回到屋大维那。这样屋大维就可以假惺惺地说是那些士兵希望安东尼做自己的妹夫。不过这似乎有些难办，毕竟中间还隔着个埃及女王。

安东尼没有否认克里奥帕特拉不是自己的情人，但同时他也补充说毕竟她不是自己的妻子。有了这样的说法他就可以慰藉自己的良心，原谅自己的不仁不义了。

对安东尼来说，答应这门亲事只有一个目的。作为将军，他的地位并不牢固。他马上就要回叙利亚了，他需要从屋大维那要到一支军队。既然他要进军埃及，一门新的联姻对他来说似乎更有利。安东尼十分相信事情发生前的一些征兆。在举行和平协议庆祝活动时，他和屋大维有过多次军事演习。也许是在多年的声色犬马中他发福变重了，而身材苗条更加年轻的屋大维总是赢得胜利。这时那位埃及占卜官，克里奥帕特拉的心腹和密探跑过来说："安东尼，巨大的好运在等着您呢，但前提是您得摆脱屋大维的阴影！避开这个年轻人，他的神灵与您的神灵相冲突。跟他保持距离您的神灵才会英勇无敌，反之您的神灵会被削弱。"

既然这样会威胁到他的利益，怯弱的安东尼决心将局面扭转过来。很明显屋大维的妹妹就可以中和他们俩的神灵。显然她是他的守护神，即使他去了叙利亚也能保证他离那个埃及女人远远的！他在国内屡失战机难道不是克里奥帕特拉的错吗？他允许福尔维娅借着他的名义发号施令难道不是她的错吗？他的孩子马上要降生了，恺撒就是他的前车之鉴，但是现在他与女王的冒险就该结束了。

福尔维娅与屋大维娅的前夫竟然是同时死去的，这难道不是上天的旨意吗？罗马人都知道屋大维娅是个美人。她从未勾引过他，因为她是个恪守妇道的人。但如果有人去教这位圣洁的人去做些让她脸红心跳的事会怎样呢？他以前听说过有些女人天生害羞会脸红，但他从未接触过，这是他新的体验。屋大维娅的品格比她弟弟好，他们是同母异父的兄妹，不是那个放贷者的孙女。她现在还怀着马塞卢斯的第二个孩子。在婚礼上她只能尽可能地坐着避免被人看出来，要不然别人会笑话说安东尼要让这个孩子做嫁妆呢。毕竟她的哥哥屋大维的军队才是嫁妆呢。婚礼结束后，安东尼就可以出发了。

屋大维的婚礼和他的妹夫安东尼的是同一天。自从屋大维与塞克斯都和解后，塞克斯都的侄女就成了累赘，现在他又看上个比她更漂亮的女人——利维娅。因此他又离了一次婚。利维娅也从离婚的丈夫那带来个嫁妆，就是她在神庙求子求来的身孕。所以这两位执政官可以在同一天的这场婚礼上相互取笑了。

所有这些事情克里奥帕特拉都是从信使那得知的。她冷淡矜持地问他，福尔维娅死的时候安东尼有没有掉眼泪；那天他有没有喝酒，如果没有的话，他什么时候喝了；这件事发生后，他有没有去找歌妓；他为她举办了什么样的葬礼；他是在福尔维娅去世后多久结婚的。

但克里奥帕特拉独处的时候，她压根无法冷静下来思考自己的处境。她的身体状况让她很虚弱，以前的那些斗志现再也无法激励她了。她不知道是今晚还是明晚分娩。她的处境更令人绝望，她也不像以前有耐心了。她把恺撒里昂叫来，告诉他以后不会再孤单了，问他一些孩子气的想法，然后吻了吻他。有一段时间，她老想象这个孩子是恺撒的，他的灵魂通过某种方式使她怀了孕。她又尝试着回忆安东尼的脸庞和身形，回忆他作为她情人时的模样。她想起有一次他用士兵式夸张的表情告诉她这次准能生个男孩。

后来克里奥帕特拉一想到自己毫无保留地献身给安东尼，还主动勾引过他，就气愤不已。她躺在地上，撕扯着衣服，还用拳头打那些想扶她起来的仆妇。精疲力竭后，她躺在地上呻吟着；她无论用什么姿势都无法安宁。然后她小声地呼唤着安东尼的名字，有时甚至她遗忘已久的母亲的名字也从她的双唇中溢出来。她意识到自己是多么的孤单，为了王权不惜屠杀自己的弟弟妹妹才会落得如此下场。但她不明白自己为什么会两次将罗马人领进宫，导致现在自己要抚养两个不同生父的孩子。一个孩子的父亲遇刺身亡化为灰烬，而另一个孩子的父亲却在载歌载舞地庆祝自己的婚姻。

突然她仿佛看到了仇敌屋大维那阴森的双眼，就混在安东尼家的舞者里。她尖叫着让仆人马上把恺撒里昂带来，不许他们离开半步。恺撒里昂被吓到了，不敢与母亲相认就跑开了；她把仆人们都遣走，独自一人待着。她又梦见自己与安东尼同卧，扯着安东尼的胸毛，扯得他痛得叫了起来，扇了她一巴掌。

Charpter IV

第四章　阿瑞斯

激情裹挟着悲伤。

啊，内心煎熬、饱受损失的人啊，谁能使你安心？

时光匆匆，都去向了何方？

哦，可又是什么使你如此动人，是命运？

——歌德

I

克里奥帕特拉在亚历山大独自执政了三年（据我们推算，为公元前三十九年至公元前三十六年），并没有插手罗马的事情。和她父亲统治的年代一样，航行的船只依旧来来往往，把满载的尼罗河谷小麦运到奥斯蒂亚港口，随后返航，或许还会捎带上一船西班牙银器或高卢木材。运动员和卖艺人，商人和银行家，雄辩家和思索者都是这衰落的王国与凋零的共和政体之间活生生的纽带，却又在两个国家的历史上各自独立地呈现出来。短暂的和平让两个国度以及其他地中海地区的百姓都得以稍许喘息。在这三年里，尽管克里奥帕特拉确实生活得更充实，但仍跟恺撒统治时期地中海沿海的其他女王差不多。

若说还有哪点不同，那就是她一个女人，一个被遗弃了的情妇，带着三个没有父亲的孩子，要不是托勒密的势力帮她把敌人震慑住，赶得远远的，她早已成为众矢之的。哪怕算上她所有的势力，周遭环境对她来说仍有威胁。如果某人恰巧是生活在亚历山大大帝朝堂中的满腹牢骚的贵族，那么为了建立一个新的朝代，去毒死一个既没有合法继承人又没有衷心拥护者的女王会是多么简单啊？还有什么事能比支持罗马的屋大维，与这个讨厌恺撒里昂并视其为唯一对手的人达成共识来得更简单呢？这三年里朝廷的种种阴谋变故并没有记入史册，我们无从考证，但综观全局，我们可以推断出女王的一些想法和感受，她必定曾在谨慎小心与奋起冒进、满怀希望与心灰意冷之间踌躇徘徊。

这位如同阿玛宗（古希腊女战士）一样无所畏惧的女子，曾在战争年代吃过变质的军用面包，睡过满是破洞的帐篷，但同时她也是同龄人里胃口最大的女人。不知道有多少奴隶和阉人在默默地侍奉她。当她躺在世上现存的斑岩水槽之一的斑岩浴池晨浴时，六个侍女手持热浴巾等着为她擦干身子涂上圣油。接着她躺在亚麻枕头上，面前立着一面大镜子，镜子反射出乳绿色的光，她习惯性地用一只手撑起头，让侍女打理她那栗色秀发（尽管外面流行金发，但她从不染发或者漂白）；她既没有像罗马贵妇们一样为凸显自己而戴上高耸假髻，也没有像少女时期一样披散卷发。如今，就如半身像那样，有七道短波的秀发紧紧贴着头，与鼻子的线条自然衔接。头发在脑后较高位置扎个结，只留一小缕妖艳的卷发轻搭在左眼之上，褪去希腊发式的朴素单调。这是女王间流行的风格；但只有那一缕卷发是克里奥帕特拉的风格。

　　　　克里奥帕特拉传：一个女王的故事

她对福特斯的衣服没什么好感，一件袍子真就跟面纱似的，总能吸引那些和她说话的男人的注意，因为他们都想窥视藏在下面的酥胸。淡粉色的面纱使她白皙的肌肤似乎呈现一片绯红，仿若正压抑着欲望。一个女仆牵起一条米利都丝绸长衫，要么是番红花的金黄色，要么是宝石般的天蓝色；要是她一时兴起想穿长袖裙的加冕服，为了节省时间就必须有两个仆人服侍。如果有仆人没能适时对上袖孔，克里奥帕特拉就会赏她一脚，因为她不想脏了自己的手，所以从来不会用手打奴隶。而这一踢却被保留下来，成为古埃及法老的标志性动作。

　　她喜欢穿一件有腰带和搭扣的长袍来迎接尊贵的外宾；因为扣子和腰带会令男人渴望解开，吸引他们的注意力，引发他们的想象力，以至于使他们分心，那么商议谈判就更好说了。她穿的鞋是一种大脚趾独立出来的小巧皮高跟，这让她看起来更高挑；在特定的日子里，如果要接待重要使节，即使她并不想和这个男人有什么暧昧关系，迷信的她也会在鞋底藏一份爱情秘咒。

　　她喜爱用香柏油，因为这种油会让她想起沙漠里的干燥闷热；但是在这个特殊的早晨，要是负责香水的仆人没能猜出她的心思上错了香油，她抬手就会把瓶子甩到地上，摔得四分五裂，香柏油的味道愈发浓烈，仆人们都吓得惊慌失措。没征求过意见的首饰是不能直接呈上来的；而是先将许多条项链一同放在她面前，由她摆摆下巴，选出中意的那条。她偏好黄晶石，那诱人的金黄色，光泽熠熠，总令她想起蜂蜜来。而有些日子她除了冰冷微亮的银项链什么也不想戴，这时候她便是想念恺撒了。

克里奥帕特拉梳妆时，那对孪生兄妹常会冲进来，身边跟着一溜串的猫和驯服了的猴子，还有一群仆人。孩子们了然于胸，母亲化好妆后，就不能再碰她了；他们的老师不知道自己是否应该约束他们，也不知道自己有没有胆量去约束他们，因而颤抖起来。克里奥帕特拉小心翼翼地抱起男孩儿亚历山大。他是三个孩子当中最像她的，他遗传了她的高鼻梁，可爱的嘴巴也长得愈发像她，尤其是那轻盈修长的身形简直和她一模一样。而另一边，小克里奥帕特拉浑身上下却都是安东尼的影子，小女孩身宽体阔，仿佛她父亲的缩小版，这一滑稽的现象经常把大家逗笑。这两个孩子的角色互换也让克里奥帕特拉感觉好笑。她也看见过这小女孩挥鞭抽打仆人，下起命令来得心应手；而亚历山大则是个纤瘦儒雅的好学孩子。她想，要是自己是男子肯定就是这个样子了，但她从未想要自己变成男子。

克里奥帕特拉会见大臣们的那间不大不小的厅室平时必须空着，她不在时其他人不得擅入；批阅公文时，她无法忍受有仆人在场，能陪着她的只有恺撒里昂一个人。

恺撒里昂十岁了，已经和他母亲一般高了，长得酷似他的父亲，用诗人荷马的话来说就是："从长相到声音都一模一样。"他身躯挺拔，拥有帝王相貌，谈吐温和体贴，还带

　克里奥帕特拉传：一个女王的故事

着一种诚挚态度，而这也可能是恺撒步入上流社会之前身上就体现出来的吧，到晚年得子时，他也变得越来越诚恳。这份诚恳正是恺撒里昂从父亲那里继承到的精神财富，也让克里奥帕特拉更加希望将来恺撒里昂能继承王位。因此，从自身的心性品德和父母家世等方面让恺撒里昂感觉到自己要像母亲当年一样，早点学会一切，积累知识。

　　克里奥帕特拉亲自传授恺撒里昂治国之道。埃及王国及其首都的复杂形势，所有种族和经济问题，本国的各种产品以及对外的销路，还有地中海沿岸各统治家族、皇室间纷繁复杂的关系，所有这一切都需要他务必尽快学习、掌握。正因为这样，她决定让恺撒里昂每天早上出席朝会，这样她以后也不必再浪费时间，让大臣们熟悉这未来的国王。同样作为一个女人，她感觉到恺撒里昂的存在即是她的力量支撑。童年的回忆、家族的悠久历史都让她觉得是时候物色一位年轻男子帮自己治理国家，一位丈夫来作自己的精神支柱，和她一起统治埃及。而她也的确已经悄悄地把恺撒里昂看作自己的保护人，就好像是在政务上恺撒一直帮着自己，只不过实际上是以他儿子的形式。

　　早课中，恺撒里昂首先要接触的就是王室成员，他要学会辨别他们的身份地位，比如皇亲国戚、女王的亲信、首要附属国等统统都是这个王国的显赫人物。他们上前朝女王和恺撒里昂鞠躬。接着还有很多文官，正如历代法老统治的时期一样，他们多得像利比亚沙漠里的沙子。文官首领的地位就相当于一位内阁大臣，他宣读前一天的决定，而这决定在他官方的记载——星历表中，会逐渐变为法律条文。随后来的是议员们，会提出影响亚历山大的法令，而他们的主席团则负责执行这些法令。因为亚历山大仍享受着"自由之城"的优待，在希腊人看来，亚历山大处在"埃及之外"。恺撒里昂要学会区分各个部落和家族，以及他们的资质和特权所带来的一系列的数不清的法律程序；希腊人使尽一切特权和阴谋手段来对付埃及人；具有合法身份的犹太人在埃及不下百万，而且很多人还获得了公民权利；当国都公民获得权力时，亚历山大人变得傲慢自大，而其他埃及人则为此心生怨恨；希腊人嫉恨着马其顿人，尤其是那些自称为马其顿人的亚历山大人，因为即使是现在，埃及王国根基建立的两千五百年之后，王室仍然坚持己见，认为埃及的发源地正是亚历山大大帝的出生地，每个人都想证明他们来自马其顿。

当伟大的祭司们穿着祭袍，带着提案进来时——大祭司，亚历山大大帝的祭司，地位仅次于女王——恺撒里昂试着去理解亚历山大的希腊人和埃及人所一同守护的这种混合礼制，神权政体。他们也虔诚地信奉着古埃及神灵，因此伊希斯也就是阿佛洛狄特，普路托即塞拉皮斯。当女王向神职人员布尔问好的时候，恺撒里昂察觉到女王的虚情假意，而当她阅览神殿宝物清单时，又十分专注，仔细到最后一只金碗和银匙。紧接着便是一位警官前来报告一些引起骚乱的琐碎事件。他向大家讲述了前一天由几个扁豆贩子在市场上闹出的骚乱是如何被摆平的，又解释了为什么应该给卖瓜子的商贩提供靠近湖边的摊位，因为这是竞争带来的麻烦事。

然后恺撒里昂就会靠后站着，聚精会神地听着王朝最高官员之一的体育官，身着红袍，脚蹬高白靴，汇报着埃及运动员在帕加马比赛胜利的消息，随后又表示，大量上等食用油即将运达，摔跤运动员按摩时需要用到这上等甘油，希望女王能批准调用一些。接下来，尼罗河的行政长官前来，用地图和示意图来解释，哪些河道被淤泥充塞，哪些河道需要拓宽，为什么底比斯上游的蔬菜收成差，以及需要用哪些税收支付新添的那几百个水车的钱。此后，负责经营王室垄断产业的管事向女王献上了几本记载每月纸莎草、小麦、油和盐产量的账簿。现在恺撒里昂已经知道，国家专营垄断是他未来有一天将要继承的王室财富的重要来源，也是权力的根本。而且克里奥帕特拉还告诉他，这也是自由的源泉。恺撒里昂还发现王室银行、造船厂和地产商的主事们是计算分红的，因此，当所有经商者变得富有时，他们在埃及所做的一切都多多少少为托勒密王室的宝库送上了金银财宝。

但是恺撒里昂看见罗马人觐见时最为激动。有时为了某份大的小麦交易合同，他们就会来拜见女王，又或者他们只是想要公布来年的工作名单，并以此为借口想亲眼目睹这位著名女王的风采。在罗马有关她的传说可是一直都在盛传呢。这些罗马人总是狂妄自大，且常常纠缠不休。恺撒里昂注意到，女王在和罗马人做交易时经常故意抬高数值或者提出苛刻的要求，但最终她都不得不做出让步，比原先预想的还要差得多。这时的恺撒里昂就会觉得，他比她母亲在面对罗马人时更有优势。尽管他很崇拜自己的母亲，但恺撒在他心里更伟大更崇高：因为在这群罗马人当中，恺撒的名号比托勒密王室更能令人心生敬意。

就在王室司礼长在拜谒大厅介绍来访使节和外宾时，恺撒里昂的雄心壮志油然升腾。他学着如何通过他们的武器和衣着来区分身份：是色雷斯人还是比提尼亚人，是吕底亚人还是波斯人，还有来自红海的穴居人，来自尼罗河上游的努比亚人和迦拉太人，甚至是中国人。随后恺撒里昂心里对母亲又重生敬意，因为他听见母亲用许多外宾的母语直接与他们交谈，这让外国使节们和不少埃及人都惊讶不已。

在每天下午两点至六点，天气最酷热的时候，恺撒里昂是见不到他母亲的，而她也不见任何人。这段时间，她既不想做女王，也不愿当母亲。她就在自己最喜爱的那张卧榻上自在舒服地躺上几个小时，旁边放着缪斯昂最近出版的莎孚诗集新编和一面镜子。偶尔逗一逗华贵的宠物猫或者拿起一卷莎草纸，读一读近来出自最新政治喜剧的淫秽小诗，撩拨起一丝丝罗马情愫。然后，她会命人将她曾安插在罗马的间谍送回来的情报信拿过来细细阅读，接着把信放在修长的指间掂一掂，仿佛想掂出新的真相。拧眉深思，她想着塞克斯都有可能具备足够的力量去削弱屋大维的势力，从而提高安东尼的力量吗？然而又一道阴影横在他们之间——安东尼在

克里奥帕特拉传：一个女王的故事

罗马的妻子——克里奥帕特拉把信撕得粉碎。她是不是应该把这个女人毒死？不，她否认了这个想法不下百次了。随后松了口气突然躺下，吓坏了一旁的猫。

有时多舌的阉人和王官的间谍会窃窃私语，陪在女王身边的不是猫而是一个年轻的奴隶，他不常来，每次待的时间也不长，而且就像惯例似的都会在一个地下室里消失。

迎着日落，要是克里奥帕特拉想驾车外出，她会带上恺撒里昂，自己穿上一件有拉哥尼亚绸带的紫色长衫，不戴帽子，只打一把小伞。但是守卫在她身旁的马其顿护卫都带着白边毡帽，手持亚历山大大帝时期横穿东方世界所用过的，和克里特岛之弓一样令人闻风丧胆的巨型长矛。他们先路过缪斯昂和图书馆，阵阵马蹄声总是引得不少表情呆滞的脸贴近窗户向外张望。恺撒里昂看见，女王也会朝他们示意。不远处他们能看到赛马场和骑术学校，还能听到公共澡堂里年轻男子们跳水和互相打趣的叫喊嬉闹声。

在亚历山大主干道的十字路口处有一道四门重楼，这是埃及的四柱殿。他们到这里时缓缓驶过。女王一边驾车穿过人群，一边用她那双如猎人一般敏锐的眼睛捕捉朝廷议员未曾提到的事情。这里只有一座庭院是高于街道的，而且肉店老板的牲口棚和街道旁的阴沟都散发着难闻的气味，对这里的拥挤、肮脏和贫穷，克里奥帕特拉并没有太多嫌弃。因为她在罗马就已经明白，平民的脾气会同沸腾了的锅炉似的爆发，她就算再鄙视、再看不起，也还是能嗅到里面的愤怒。

在这个城市，恺撒里昂求知若渴，他观察着露天长廊里吹玻璃的人，亚麻纺织工，以及其他的男男女女们。这个有好几层的建筑是造纸工厂，恺撒里昂知道这一点是因为他看见门外成堆的莎草纸，而且那天早上他曾听到管理部门对这商品销售的各种讨论。金匠们正忙着吹火管；银匠们正用锤子敲打着银器，不时发出急促悦耳的击打声；鱼贩子们在街边呼喊叫卖；但铜匠那儿最吵闹，他们砰砰不停地猛敲各类铜盘和脸盆。恺撒里昂觉得，女王路过时，铜匠们好像又加倍猛捶起来，只是他不知道他们这样做是出于爱还是出于恨。

　　即使到了晚上，恺撒里昂也不得空闲。他要奔波在城堡的各大花园里，去一一回应上流人士的致意和问候，还要学着观察那些所谓的哲学家们的言谈举止，其中有部分是在下午给他上课的人。他还需了解赏多少钱给歌女才算合适，什么时候退席才不失礼等。但到了晚上，他能听见窗外有些女人就着音乐在花园里唱着淫秽的歌曲，又或者会有某位解剖学家和某位审判长的谈话声从花园的一角传出来，一边嚼着拜占庭的咸牛肉，一边大谈着希俄斯的奶酪配利比亚葡萄酒口味好，还是配叙利亚葡萄酒更浓郁。

　　就算再晚些时候，女王也会经常看到恺撒里昂还在依着灯看书，然后他们会一起谈心，聊到傍晚在花园里听到的最近发生的趣闻时还会一起大笑一阵。离开前她送给他一个吻，而就在这时，他看见了她手指上的紫水晶，但他从未告诉母亲他曾听到的关于这个紫水晶的威力。有时，她会在镜子前

　　　　　　　　　克里奥帕特拉传：一个女王的故事

坐上好久，思索着自己人生中已经铸成的笑话。

"真可笑！"她自言自语道，然后稍稍向左转了下头，打量起右耳新做的珍珠耳坠。"一位势力强大的女王，一个集美貌与狠毒于一身的女人，却几乎过着寡妇般的生活，那是因为她找不到一个可以一直取悦她的男人。那马官有着一双笔直修长的美腿，但他的眼睛太突，都快弹出脑袋了，而且还自恋得很。那舞女向恺撒里昂撩动裙摆卖弄风情，逗得他一下子满脸通红。那么把他托付给谁才是最值得的呢？一个健康无病的妓女比娇滴滴的公主更可靠……如果把食盐的价格往上抬半个德拉科马（罗马钱币），那就可以把今年食油的亏损补上了……塞浦路斯买的莎草纸怎么又减少了？……我们双倍的花匠……米利都的想法不错，但是谁能保证我的船在进港之前都平安无事，不被海贼劫走呢？为什么现在这么平静，就是因为这早晚都是隐患，每个人都害怕它发生。……恺撒里昂笑起来真像他父亲啊！……孩子们以后肯定想喝酒，不想喝牛奶了。真好笑……明天可以让她们把这缕卷发往左弄弄，靠近眉毛……"

Ⅱ

与此同时，安东尼正在雅典逍遥自在。他的妻子，屋大维娅婚后几个月才把另一个女孩儿生下来。这孩子是她已经故去的前任丈夫的孩子。产后她又恢复了纤细的身材，很符合安东尼的品位。而在这个需要表现的时刻，安东尼显得很仁慈大方，给她小女儿起名为安东尼娅。在此之后，把一个清教徒式的女人调教得不再像清教徒曾一度让安东尼觉得非常有趣。这个让女人觉得难以忍受的男人似乎已经把她甩到一边了，但每次只要几个小时，他就能把她带入他所谓的"生的乐趣"的漩涡里。屋大维娅就像一个严肃正经的女家庭教师，被一个俊俏男生强迫着违背意愿地去享受、去欢笑，而事后又感到难堪和窘迫。

只要是能让自己和妻子获得快乐，有什么不能做的呢！在体育比赛中，身为体育官的他会突然走到两个摔跤选手中间打断比赛。这个大块头还用一只手把其中一个人举过头顶，任由他在上面挣扎，引得台下观众激动尖叫。他曾经把城门的守卫都撤走，然后带着一群学者或小丑上街闲逛。他还曾邀请全雅典的公民都来参加一场运动盛会，而这场盛会全由政府掏钱。他命人在会场上方搭建了一个适合喝酒的休息区，是个悬挂式的吊台。在这里，他可以和自己的朋友一边躺在蕨草铺成的榻上喝酒，一边享受着长笛和铃鼓的优美合奏。

当安东尼得知，他那个难以相处的小舅子远在意大利时，心中很是欣慰。安东尼每次见到他都觉得浑身不自在。现在，他听说这个青年人竟然自诩为"神之子"，这让他决意要超过他。一天夜里，他领着一队闹哄哄的人，喝得醉醺醺，举着火把，突袭了雅典卫城，还自称是重生的酒神狄俄尼索斯。随即就要庆祝他和雅典娜的秘密婚礼。同时，他要求市政府支付价值百万的结婚礼物，对此一个议员嚷道："天呐！汝父娶汝母，塞米利亚，都未曾受到一份贺礼！"安东尼笑着回答："但是雅典人还是得付的。"

自从安东尼的部将们在波斯帝国前线打了胜仗，沿岸的各国统治者们都惴惴不安，纷纷来找安东尼和谈。他非常得意于给这些小国的首领们分派职务：他任命希律王为朱迪亚国王，大流士为本都国王和利考尼亚第三国王。他说这些国王都只是人，而他是神。尤其当他喝醉时，他对这一点更是深信不疑。

关于安东尼的事情，克里奥帕特拉一清二楚，但这三年来她似乎没有给他送过一封信。古代文官也只记载了一次单独对话。在聊天过程中，有人提到被他抛弃的情妇以及那对孪生兄妹怎么办？据说他是这样回答的："我不能把我整个军队押到一个单身女人身上。我的祖先大力神跟我一样为了建立新的王朝，在很多地方留下了血脉。"要是这段话传到克里奥帕特拉耳朵里，她丝毫不会惊讶。

克里奥帕特拉继续保持着远观者的态度。一旦有了传消息或者写信给安东尼的想法，她就会强迫自己打消这个念头。她觉得作为一代女王，自己的地位远比安东尼这类平民来的尊贵。他能荣升为恺撒的亲信部将完全是因为他在军事领域的特殊才干而已。但有时，她小女人的心态会让自己感到害怕，可她仍能及时保持头脑清醒，在任何情况下都不联系他。在内心深处，她非常自信地预感到不久以后，安东尼一定会回来的。

屋大维和安东尼这对新姻亲之间的一次不合曾经让克里奥帕特拉又萌生希望，可这传闻也就这么平平淡淡地过去了。塞克斯都·庞培觉得自己被羞辱了，因为屋大维突然和他的侄女离了婚。身为庞培大帝的儿子，他时刻准备着好好教训一番恺撒家族的人，而这次是个绝好的时机。他打破承诺，率领军队在墨西拿附近海域首次发动了海战，给毫无防备的屋大维来了个措手不及，打得他溃不成军。屋大维匆忙应战，结果还是损失惨重。这个年仅二十五岁的年轻人，恺撒大帝的继承人，最后完全没了主意，结果不顾还在酣战中的军队，自己主动放弃抵抗，落荒而逃。他一路逃至海岸边，因为没有舰队，便恳求安东尼的援助。

而安东尼自己对屋大维也有不少请求。冬末时节，他扬帆前往布林迪西见屋大维，然而这时候的屋大维已经重新站稳脚跟，不愿依照承诺来见他了。如今这是屋大维第二次失信了，他们之间的怨愤又深了一层。两次下来都没有引发内战，没有其他原因，只是因为对战双方都想再争取点时间。

屋大维娅则扮演了中间调停人的角色。安东尼没用多长时间就让屋大维娅怀孕了，这是他一贯的做派。他给第二个女儿也取名叫安东尼娅。即使这样，他还是急急忙忙地又让屋大维娅怀上了，因为他还想再有个儿子。在这种情况下，他的妻子不能再像个情妇那样风情万种地吸引他了。但只要他开始厌倦屋大维娅，他就一定会记起亚历山大的激情与欢愉。他看着自己的妻子，突然感觉对她身上的美德有一种正面的反感。安东尼找来一个朋友去诱惑屋大维娅，而当她拒绝这个朋友时，他显得十分生气。在他看来，屋大维娅会拒绝并不是出于对他这个丈夫的爱意，而是因为她身上的那种作为"古罗马人"的傲慢品性罢了。而另一个女人，虽然他已经抛弃了她，但仍能不断听到她的消息。她是个一口气能生下两个孩子同时也能保持迷人身段的尤物。真的没有什么事是她做不到的，可屋大维娅就只能做个家庭主妇了。

对安东尼来说，离婚是不可能的，那样等同于直接和屋大维决裂。而且为什么要和她离婚？他们之间只要隔片海就足够了，各自相安无事，万事大吉。况且只要他不去亚历山大，那她就可以和他们的女儿以及不久要在罗马降生的儿子一起平静地生活了。再者说，安东尼那幸运的妻子还可以在罗马给他写信，互相问候。

毫无疑问，安东尼不仅想得到克里奥帕特拉，他还想保留自己作为老单身汉的自由。然而当他把眼光投向埃及时，就被政治联盟的巨大优势所吸引。安东尼如果想成为一个能够威胁到罗马的权威人物，就必须好好利用接下来的几年。一方面，屋大维仍想和远方的安东尼继续保持友好关系；另一方面，两个人又不止一次地相互抗衡，屋大维娅的一句话很好地描述了现在的情况：一旦她的丈夫和她的弟弟开战，那她将会是这个世界上最不幸的女人。

因此，三巨头在塔伦特姆重新协定了未来五年时期的共同执政。安东尼调了一百三十艘战船给小舅子用来对抗庞培。相应地，他得到了两支军队作为回报来支援他攻打波斯。波斯战争至今仍断断续续，没有结束。为了满足安东尼的迷信心理，他们特地举行了一场宣誓仪式：屋大维的女儿同安东尼和福尔维娅所生的儿子订婚。这么一来，26 岁的屋大维就将自己的女儿许配给了曾跟自己订过婚的姑娘的弟弟。

如今安东尼脱掉白鞋，换上了将军的装束。他的耳朵里再次充斥着来自波斯的挑战声，这号角已经被酒神的鼓点声掩盖得够久了。依照执政律例，安东尼将军不得不发动战争，因为新三头政治不带有任何明确的倾向，其发展也没有必然的趋势，不可能永久掩盖三个执政官之间的竞争和矛盾。在该制度垮台之时，他必须参与战斗，那么这就需要他一直保有篡夺政权的实力。安东尼把恺撒留下来的那些文件一直带在身边，没有委托给任何人，一直守护着它们所蕴含的象征意义。的确，在最后的几年里，当罗马帝国的动荡引得波斯人前来攻城略地时，这些文件再次显示了其突出的实用价值。

可是为了和波斯人开战，钱必不可少，哪怕只是一支中等兵力的军队也要花不少钱。尽管财政大臣已经容许用更多的铁和铜造币，但军队里还是会出现一连几个月没有军饷的情况。当然在意大利屋大维可以将没收的土地赏给士兵，以此作为解决军饷问题的权宜之计。但是因为叙利亚能搜刮到的战利品很可能不足以支付军队开支，所以安东尼不得不付现金。在这东方世界，哪里还能找得到钱呢？埃及国库？他曾经是这个世界上最富有的女人的情人，这点身份现在一点意义都没有了吗？克里奥帕特拉的财富是打败波斯的关键所在，而安东尼掌握着克里奥帕特拉的关键。当安东尼喝完酒，酒气上冲至头时，他想象着克里奥帕特拉赤身裸体地躺着，身边还有一袋金子。

安东尼拔营起兵。他在科孚岛与妻子道别。他大概是像个父亲一般轻轻地拍了拍她的脸颊，可又有些心不在焉地嘱咐她好好照看孩子。随后他遵从神谕，带了一株神圣的橄榄枝和一罐著名的漏壶泉泉水出发了。但首先他必须去清一清那些地处大海和波斯之间的沿海小国，揭露他们在这三年来一直酝酿着的对付罗马的，尤其是对付安东尼的阴谋诡计。

屋大维娅和他道别时尽显母性光辉。她是一位忠贞的妻子，曾不顾亲戚们的愚笨和猜忌，把那些无依无靠的孩子都收养了。目前有福尔维娅的孩子和她自己的女儿们，但到后来，她所履行的抚养人的义务越来越多。当她和丈夫道别时真的不难过。对她来说，安东尼似乎就是个可爱的疯子。她身上"古罗马人"式的责任感要求她为她的家族和国家牺牲个人利益，在思想上，她是个伟大的牺牲者。

屋大维也注意到了他们的告别。虽然嘴上没说什么，但是他看着安东尼朝东行进，心里却抱着一丝希望。这两位从此再没见过面。屋大维不用再担心自己的妹妹会成为这场交易的牺牲品了，即使当初他是有意为之。如果他重申庞培的权力，在意大利独揽大权，而把安东尼留在冬天军队无法穿行的地中海；如果他能在罗马静静稳固自己的地位，那么到时候他的姐夫也就只能在公共评论中中伤他的胜利了。因为他知道，安东尼到哪儿都比自己受欢迎，到哪儿都被认为是更有才干的大将军。但总有一天，这个只有两股势力相当的三头执政联盟必将终结，剩下最强者独掌大权。

III

"柏拉图曾将某种激情喻为不守规矩的骏马，这回又脱缰了。安东尼不顾及任何名誉、利益和审慎，就直接派丰迪尤·卡皮托把克里奥帕特拉带到叙利亚。"普鲁塔克在解释安东尼这么做的原因时如是说。

没有人想到安东尼会这么做。他派人把克里奥帕特拉带来一点儿也不奇怪，只是差不多四年了才来找她有点令人惊讶。或许读者想看到的是这个骄傲的女王陛下果断拒绝了他，然后这个懊悔不已的罗马人立即动身赶到女王身边的戏码吧？但根据记载，这个故事的发展要更加现实些。安东尼是位将军，还有庞大的军队跟着他跨洋渡海。他们的目的地在东方，当然不能突然调转方向朝西方行进。而另一边，克里奥帕特拉虽是在位统治的女王，但她出行自由，想去哪里都可以。这一切都极力驱使着她尽快出发，早日到达那个唯一能解她孤独之苦的人身边。何况在她心里还藏有政治上的以及私人的动机，同时身为埃及女王和三个孩子的母亲，种种考虑都促使她朝着同一个目标迈进。

当她再一次向着地中海东海岸扬帆前进时，她的感觉与五年前的大不相同。这个躺在红帆布下的女人，不单单想为被谋杀的丈夫报仇，还想要保护自己富有但兵力不强的国家免受其他征服者的掠夺。此外，她想以巧妙的方式达到这些目的，也是因为她在潜意识里，渴望去体验一种从未有过的欢愉，而这也激发了她的玲珑狡猾以及傲人一等的性感妩媚。于是这个无畏的女子开启了自己的冒险之旅，颇有阿佛洛狄特女神的气韵。

现如今，矗立在船头的克里奥帕特拉七世，已三十七岁，尽显成熟魅力。她的母乳已经哺育了三个孩子，一位有如神力的力士也曾在她的腿间承欢。她的胸脯愈发丰满，将粉红色的长内衣撑得高高的。随着青春韶华的逝去，她的身上闪现出生活中睿智博学的气质以及权势上掌控一切的欲望。她的目光更加坚定，女王气质愈加明显，就连她的发髻也越绾越高。只有她的嘴唇依然魅力性感，像两只飘在窄湾里的小船，令人忍不住想要一亲芳泽。没有人会相信这样动人的小嘴会开口骂人。

她对权力的追求在恺撒出现时就暴露无遗，随后又在这些年的各种危险、责任、摩擦以及与附属国的种种矛盾中愈演愈烈。她年轻时有世界上最强大的男人撑腰，但后来孤独的生活则使得她那天生的羞怯感随着时间推移消失不见了。

脑海中再次觉醒的自我意识让她又一次看到了扩大权力的可能。可是现在，人类的各种阴谋诡计已经取代了当初神圣而美好的梦境。

和酒神共度的那个冬天教会了克里奥帕特拉什么是疯狂，而疯狂之后的美好结局便是有了一对儿女。但当她冷漠无情和愤世嫉俗的一面出现时，往日的浓情蜜意都消失不见了，仿佛那只是一段小插曲。当屋大维娅突然出现在视野里，成为她情人的妻子，而且是在安东尼历经生死冒险之后随便娶的妻子时，克里奥帕特拉确实曾一度想和安东尼决裂，不再往来。但她的理智迅速让她改变了想法，因为这罗马人现在仍是半个世界的统治者，将来有可能威胁到埃及。这么一想，心里的嫉恨也就没那么多了，理智最终战胜了她想要复仇的欲望。就在安东尼新婚之时，克里奥帕特拉为他生下了一对龙凤胎。在很长一段时间里，这对儿女赋予了她生命力，就如同深情挚爱里的山盟海誓一般将她心中的怨恨转化成了一种优越感。既然她能委身和一个罗马人私通，那么安东尼在没有看清自己的帝王运数之前就迅速娶了另一个罗马女人也就没什么好惊讶的了。这不是平民百姓都会做的事情吗？

在这四年时间里，克里奥帕特拉一直关注着安东尼。作为一个被抛弃了的妻子和处境危险的女王，克里奥帕特拉渴望他能回到自己的身边也是情理之中的事。现在统治着世界的两个男人中有一个就是她儿子的死对头，那么就算是为了自己的儿子，哪怕她不再爱着安东尼，也必须投靠他，寄希望于他。再者，她比他聪明多了，明白他的天性就是如此，所以很多时候，她都选择忘记所有的怨恨，接受事实，想着恐怕也只有自己能接纳他的缺点了。而且金子的魅力会比美貌低吗？她的祖先在过去的三百年里积累的财富就是为了让他们的后代能有朝一日发现，当一切都不起作用的时候，只有金子能买到自由。

克里奥帕特拉站在甲板上，一边紧紧注视着此去东行的目的地，一边想着这次决不能再以阿佛洛狄特似的满是爱意的形象出现在安东尼面前。他肯定会想再次拥有她，但她的首要条件是他必须先给她安全感，因为三个孩子需要父亲，她的王国也需要联盟。"千万不要与罗马为敌！"她父亲曾这样教育她。克里奥帕特拉已经深陷其中，日日夜夜都想着与罗马结盟，共建一个一统世界的帝国。可接下来，自以为是的布鲁特斯就将匕首刺进了恺撒的身体里，连同他所统治的那个世界一起受到重创。从那以后，她就一直追随着庞大的罗马帝国。如果今天只有一半的罗马能掌握到她手中，那么其他罗马人势必也会对她俯首称臣。因为她不会再看见有地位比她高的人了。克里奥帕特拉想要统治更大的领土，想要更多的人忠诚于她——比她父亲曾拥有的还要多。

但是克里奥帕特拉十分了解安东尼。她感觉得到，自恺撒去世后，安东尼和她一样，已经不能在制定新目标和新计划的时候像恺撒那样做出明智而合适的选择。她从不相信恺撒的才干会随着他留下的那些文件就此转移到那个骑兵队长的身上。她也从不会冒险把自己心中有关亚历山大的梦想寄托在安东尼身上。她知道，和他重逢之前，他还是那个可爱、优柔寡断的人。如果以后不得不和他协商，她将亲自带头掌控局面。克里奥帕特拉能否成功怂恿他离开波斯还不确定，但她的主要任务就是不让他回到罗马。事实上，他似乎对罗马也没太多感情。如果她能说服这个带着些许希腊人脾性的罗马人脱离那个拉丁世界，那么他就能让她荣升为地中海南部沿海地区的女主人，而下面唯一要做的一件小事就是：他必须成为埃及国王。

船头海风轻拂，克里奥帕特拉反复推敲着这些想法，恺撒里昂就立在她身旁。当年恺撒什么都没做，只是机缘巧合下偶然登上了埃及土地，这才促成了克里奥帕特拉心中所有有关世界帝国的计划，恺撒里昂正是那个男人到来的见证者和继承者。对恺撒里昂来说，这趟旅程是为了见识一下新的世界。作为随行者，他是母亲战略决策中不可缺少的部分，也是她的骄傲所在。各地的百姓都必须学会尊敬他们未来的君王，这位身形挺拔、神情严肃的十四岁少年。在克里奥帕特拉大胆的设想和想象中，她的地位远高于地中海的所有人，对这样一个女人来说，绝不可能把那对兄妹还给回头的情人。她知道这位酒神是处处留情，只看得见那些小人物可笑、低贱的一面。但真的与他们见面时，他就努力地瞪大醉眼，尽可能保持清醒，想着是时候寻欢作乐、繁衍子孙了。克里奥帕特拉没有将他们的儿子带来，而是换成了恺撒的儿子，因为这样肯定能引起他的兴趣。

女王带着一份包含她所有要求的计划，朝着地中海的某个具有决定性意义的方向前进。从这里开始有三条指向不同方位的路，每条路通向不同的征服者。女王下令检查她所有的衣物，决定了每件裙子应该搭配什么胸针和耳环，以及怎样巧妙地使用各种颜色和珍贵珠宝来增加她的魅力。恺撒里昂在她身旁站了好一会儿，眼神空洞地盯着这些虚有其表的东西，感到实在无聊，随后又转身看看船只的运作。

IV

最近安提俄克城里发生了几件稀罕事儿。安东尼从未操办过宴会，但这次他本想以一场盛大的夜宴来招待埃及女王，让她知道罗马人也知道如何举办庆典，所以接下来的几周他绞尽脑汁，想尽一切办法搜罗来他在埃及女王宴会上见过的一切。但是为了避免他们罗马人的特性被太多异域情调所掩盖，他就在许多东西的细节上添加了更多男性色彩。可是当女王骑着马，和她那身形修长、看上去倒像是她弟弟的儿子一起，在身着华美制服的守卫们的护送下浩浩荡荡地进城时，安东尼顿觉自己所有的布置和准备都相形失色。两天后女王的大加赞赏才让安东尼安心，也觉得这应该算是一场史无前例的华丽盛宴了。

克里奥帕特拉好几个晚上都与自己的旧情人保持距离，这反而让安东尼觉得很新奇。体内难以遏制的旺盛精力让他很想在他俩单独相处时直接扑上去，就如同小别后的夫妻又如胶似漆一般。但是他发现，克里奥帕特拉变了。倒不是她对他没感觉了，只是她不愿再表露心迹。她没有像当初在雅典的福尔维娅那样，对他劈头盖脸地一通指责。这个女人仅仅是朝他笑一笑。而当安东尼带着一半恳求、一半威胁地扮演起大力士，对她毛手毛脚时，她则突然大笑起来。克里奥帕特拉虽然没动一根手指，但他却只好收手，眼见没捞着什么好处，也只能跟着一起笑笑。

第二天两人就举办了婚礼。两个人的言谈举止都淡淡的、冷冷的，不带什么感情。安东尼同意用两人的共同名义铸造钱币，但就自己的题字，他想用"独裁者"而非"国王"。这样一来，就算他成了埃及女王的丈夫，也能保留罗马地方总督的头衔。克里奥帕特拉也认识到这样做的好处，况且提前预防确实很有必要。如果安东尼在埃及称王，势必要昭告天下与屋大维娅离婚，那么三头执政才刚刚建立的五年协议将被打破，和屋大维之间的战事也就不可避免了。克里奥帕特拉从看到这个巨大营地的第一眼就知道，现在让安东尼从波斯战争中退出来已经太晚了，将所有军队带到埃及更是不可能了。她只不过对安东尼所要求的战事开支点了头，就仿佛看见成千上万个塔兰特币从她的国库里消失，被尽数挥洒到波斯战场上，为此她心里感到丝丝不安。这下好了，安东尼思忖道，只要满足了她的要求，以后就不用担心钱的问题了，毕竟她是世界上最富有的女人。一场政治交易就这样摆在他的面前。

如今到了第三个夜晚，每个礼堂都乐声激荡，人头攒动。安东尼手底下和女王随行人员中的几百位股肱之臣纷纷坐在一起，共同举杯畅饮，在叙利亚香醇浓郁的葡萄酒中结下手足之情。营中最好的舞女也被请来，却被这里过盛的男性气息弄得局促不安。他们用六七种语言坚定地表达着爱与友情，虽然语言不通，但每个人都心领神会。叙利亚贵族也和其他人一样应邀前来，但他们只是静静地微笑着。他们曾在古老的城池里向很多征服者示好又结交，但最后又都兵戎相见。

在一间小房间里，克里奥帕特拉站在一个大桌子旁，桌上点着几支蜡烛。一张巨大的地图在她面前徐徐展开，四个仆人各牵一角。恺撒里昂身着马其顿骑兵制服，脚踩高筒靴，手擎毡帽，站在桌子较窄的一端。在两盏蜡烛中间，他俯身把头贴近地图。安东尼坐在一旁，靠他只两步距离。厚重的紫色披风让安东尼略感难受，可今天作为这里的最高统治者，他又不得不穿。坐在大扶手椅里的安东尼一边靠着椅背，一边注视着埃及女王。他从没见她这么漂亮过。从宴会开始他就注意到，在座宾客中所有小国国王都时不时艳羡地盯着他貌美的妻子，目光贪婪。现在身边除了恺撒里昂和几个奴隶之外，就剩自己和克里奥帕特拉了，他终于可以好好看看她了。

她穿了一件银色长袍，搭配上高跟鞋，整个人看起来很高挑。在烛光的映照下，她的珠宝项链闪闪发光，而发间王冠上那颗全世界最精美别致的钻石更是熠熠生辉。此时的克里奥帕特拉在这位沉默的纵酒者眼里就像如梦似幻的异域女神，即使是他所能想起来的那些个罗马贵妇都不能与她相提并论。尤其是她研究地图时的认真模样，让安东尼为之沉醉，无法自拔。克里奥帕特拉手握翎羽笔，好像闹着玩似的，在陆地和海洋上画上些模糊的圆圈，又标记些数字。她知道自己所营造的效果，故意留给安东尼时间，好让他陶醉在自己的魅力下。随后她转过头朝他微微一笑，然后摆摆下巴，示意他看向地图。这时候安东尼才回过神来，起身站到她右边。这时恺撒里昂依然站在女王的左边。因此这幅描绘了整个世界的地图就如此展现在这位罗马人、埃及人和亚历山大之梦的继承者的面前。有朝一日，这个图中的世界会将他们三个人紧紧地联系在一起。

然而面对这副巨图，克里奥帕特拉女王以安东尼新娘的身份向他要求新婚礼物：一千五百年前法老王就曾拥有的那些旧省区。她要赢得这些省地，送给自己的埃及子民，尤其是要给那些整天在内阁对她喋喋不休的马其顿首领们看看，他们已经梦想了几百年的帝国是什么样子。为了达到这一目的，克里奥帕特拉不顾所有的反对意见，坚持完成自己与罗马的联姻，而这也将使她的权势达到顶峰。在船上的时候，克里奥帕特拉就把这件事反复琢磨了很久，然后解释给站在一旁的恺撒里昂听。这孩子一直保持沉默，面无表情，仿佛恺撒的灵魂正通过这孩子极力保护着身处这场征服战中的埃及女王。对她所要求的那些土地，即使还不算罗马的真正财产，也因掌管者的归顺而成为其附属领土。

克里奥帕特拉身着银色裙袍站在那里，亭亭玉立，右手轻柔地挥舞着翎羽笔，时不时用它在地图上轻点一些地方。她没有念出它们的名字，只是静静地说："这里……这里……还有这里……"她所指的那些地方包括：西奈半岛、阿拉比亚佩特拉的部分地区、卡尔基斯封邑、约旦河谷的部分地区、杰利科、撒玛利亚和加利利的部分地区、腓尼基的沿海地区、黎巴嫩、塞浦路斯、克里特岛的部分地区，以及西里西亚境内金牛官所在的那片锡矿富集的斜坡一直往西到杉木林的地区。

安东尼就站在她身边，而她一直在比画着，直到他的手臂不小心擦到她。这时候安东尼在心里感叹起来：好厉害的妻子！随后他立即抬起胳膊拦住了她，好像是在暗示说，她如果再不停下，他就要被她的勃勃野心吓晕了，但这并没有影响到她。克里奥帕特拉微笑着捡起翎羽笔就朝前扔了出去，这翎羽飞过刚刚她用笔"征服"的一些零碎地区，正好砸到一个奴隶的头上，但这奴隶纹丝未动。

安东尼点点头，表示他同意上面所有事情，但除了两点。首先，他不可能从希律王那里收回所有土地，因为自己最近才封他做了朱迪亚的国王，因此他必须要从中收取杰利科的租金。其次，马尔库斯国王是肯定不会交出西奈半岛的，他也必须在希律王的担保下成为埃及的承租人才行。当然这两个地方只是和其他地方有稍许的不同而已。

克里奥帕特拉这时候注意到恺撒里昂的情绪有些激动，她有些后悔让他待在这里听他们的讨论了。虽然她已经教导过他，有些时候做点让步才是明智的选择，但他现在能够理解吗？在这种高压到连空气都很稀薄的氛围里，哪怕一点儿争辩甚至意见不合都不能有。既然安东尼已经答应一起联合，几乎满足她的所有愿望，那么就已经好得不能再好了。在这种盛大时刻，再去计较租金的事就说不过去了。因此，她也和安东尼一样，静静地点点头表示同意。随后她突然用一只脚跟转了起来，开心地笑了。安东尼注视着她，但恺撒里昂却皱起了眉头。

她揉了揉这男孩的头发，又轻轻地摇了摇他，接着就挽起丈夫的胳膊，三个人一起回到大厅招待客人。

　　　　　克里奥帕特拉传：一个女王的故事

V

　　两条消息震惊了整个罗马城。安东尼在大部队朝着波斯行军之前就签订了震惊世界的《安提俄克条约》，还与埃及女王举行了婚礼。罗马市民都感到一阵可怕的冷颤。但安东尼的传信人以他的名义解释道，罗马的伟大之处，不在于埃及女王从罗马这里获得了什么，而在于她为罗马带来了什么。安东尼每到一处地方建立新王朝，那里就会有十来个国王前来奉承。他为埃及所做的也就仅仅是扩大了这个国家无比慷慨的名声而已，为此他费尽心思，极尽溢美之词。

　　屋大维可不信这一套。他还犹豫着要不要在内阁里指控他随意结盟的事情，可这么做就等同于承认这次联合虽然手段有些卑劣，但实际上还是有点威力的。他和庞培后人的几次战役都不如意，所以他的势力还不足以寻找借口和安东尼决裂。这一点安东尼很清楚，可他就是有胆量再娶一个妻子来激怒他这个小舅子。甚至支持安东尼一派的人还这样回屋大维：恺撒自己当年不也曾要求内阁引进一条允许一夫多妻的法律条文么？埃及法律不是罗马法律，可是如果安东尼想带他那埃及妻子来罗马也没人会阻拦。

如果有任何一个罗马人因为安东尼成为异国国王这件事而对于三执政之一的任命表示不满，那么就会有人拿出一枚新造的钱币给他看，在那上面并没有提到什么埃及国王。这是让埃及成为罗马的一个省地而不被埃及人所察觉的最巧妙、最和平的方式了。为了让事态发展得更加清楚，安东尼一边让人把他再次结婚的消息散播出去，一边又给他的罗马妻子以及她弟弟屋大维写了一封态度温和的书信，写得好像什么事情都没发生一样。他心里的跳梁小丑终究敌不过这样一个冲动：他开始斩钉截铁地说自己这么做是合情合理的。他说自己是罗马的一员，还要找到某种方式来证明自己的清白。但很快他又忘记了罗马，开始以西勒诺斯的深沉腔调自吹自擂，他要满足自己的生理需求，尽可能让更多的女人为他生育后代。

然而这次，他一连几周都没喝酒，一直保持清醒，不这样做怎么能完成重大的任务呢？或许这世上还没有哪个人见到过这番检阅方式，新婚之后，安东尼立即就向自己的第二个妻子展示了自己的军队，共有六万罗马步兵，一万骑兵，一些西班牙人和高卢人，以及附属国国王提供的三万步兵和战马。这是恺撒曾在他的描绘中计划建立的军队规模。在地图上，安东尼将恺撒曾经打算走的进军路线指给自己的伴侣看。一条更长，或许也更安全的线路是由北出发，这样一来，罗马军队和东方的军队在进入小亚细亚之前就不能汇合。他们会行军至阿拉斯，在那里他们很可能会遇上赫赫有名的波斯骑兵，曾任骑兵长的安东尼倒是很想会一会他们。

一天傍晚，安东尼把恺撒的路线指给女王和恺撒里昂看，然后又与自己设计的路线作比较。克里奥帕特拉并没有集中注意力听他说。后来她静静地退到一边，退到安东尼身后，直到能看见恺撒里昂，观察他是如何向身边这位将军慎重请教的。这让和蔼可亲的安东尼十分欣慰。他点点头，把这个男孩想了解的全都告诉他。随后，男孩问起有关山区的问题，问到如果天气恶劣，严寒的冬天将他们困在山上怎么办？战马在哪里能吃到草料？安东尼认真且饶有兴趣地听他说完，然后按住他的肩膀，引导他俯下头去看一幅特殊的地图，并指着上面的道路和河流，解释说因为有这些道路和河流，粮草可以从平原运到山区。说完他就大笑起来，拍了拍恺撒里昂的胸膛，多说了一句：你还挺有军事头脑的！

站在暗处的克里奥帕特拉欣喜地看着这一幕。和安东尼交流着的不正是恺撒重生的灵魂么！她感觉到，当初她来安提俄克城想嫁给疯狂的情人时，从她脑海中闪过的一条条想法都在此刻得到了证实，这也证明当时的想法都是对的。

克里奥帕特拉陪着安东尼和他的军队一直走到幼发拉底河。在朱各玛，他们喃喃低语，互相道别。安东尼无比紧张的心情第一次感到放松和愉悦，因为她回心转意了。他的内心也得到了平复和满足，因为他的妻子再次怀孕了，这位身强体壮的人就需要这样的保证。现在她和孩子都启程回埃及了。

然而在回家的路上，死亡正悄然等候着克里奥帕特拉。她穿过黎巴嫩到大马士革，然后沿着约旦河谷来到杰利科。在那儿，希律王接待了女王。他当初含糊不清的态度骗过了安东尼，如今却和克里奥帕特拉就之前划给埃及的一小块朱迪亚地盘争论不休。他计划在她前往耶路撒冷的路上进行谋杀。这一点儿也不难，因为那时候这条路弯弯曲曲，很容易设下伏兵。而且他觉得这一刺杀能够向安东尼施压。然而到最后，他还是没敢动她。据约瑟夫的记载，希律王还曾对外散布谣言，宣称美丽动人的埃及女王企图勾引他，但他坐怀不乱，不为所动。因为这两条可怜的计谋和那一片后来归属埃及女王的凤仙花丛，希律王就这样在克里奥帕特拉的一生中匆匆而过。

如果那时的女王就此香消玉殒。当然，也连同她的孩子一起，不仅是埃及的历史，就连罗马的历史都要被改写。这位酒神式的统治者可能还要再和冷漠的恺撒侄子共事好多年，而屋大维娅也要再为他生半打孩子。

可事实是，克里奥帕特拉在自己的皇宫里顺利生下第三个儿子。这么一个女人可能只能生儿子吧。如果要生女儿的话，至多也就是和男孩一起降生，全当补足重量用的。又和四年前一样，孩子的父亲远在异国。但现在他至少是女王合法的丈夫了。朝臣们都会，或者都应该向她表示祝贺，而且祭司们也要献上感激的祈祷。只有恺撒里昂闷闷不乐。

他不明白，为什么安东尼明明要奔赴战场又偏偏这样对她。当初恺撒是一直等到自己出生才出发的。而且他为什么这么害怕称自己为埃及国王呢？他为什么还要顶着一个异国头衔？同时做埃及国王和罗马人有这么难吗？

VI

　　安东尼的波斯一役完全就是一场宏大的模仿行为。恺撒曾梦想再续亚历山大大帝的辉煌，而安东尼模仿的就是马其顿将军。恺撒预估这一战要打三年，而安东尼刚打几个月就不耐烦了。恺撒看到王冠近在咫尺，但他又把它推开，因为他打算在波斯东部胜利后再做打算。但是安东尼，除了美人美酒，还为另一个王冠冒险呢。恺撒准备用一场辉煌胜利让人们叹服，但同时他也考虑着一马一鞍，而安东尼却把恺撒遗留下来的几张纸当作护身符。这是因为在安东尼的心里，热烈的情绪如一团激烈燃烧的火焰，但同时也易灭。而恺撒是一团持续燃烧的火，而且永远不会被它伤到。

　　波斯一役让安东尼有机会向后人一展他的英雄气概。他这样的性格，在行军前进的时候，总是会冒出一些奇思怪想，在面对一丁点异议时又会迷惑不安，在灾难中只要他还没有被打垮，他就能挺身而出，顽强面对。安东尼曾两次在战役中都展示了他的男子气概。随着罗马军队一路向东,整个西亚,远至巴克特里亚都为之一震。波斯和米底亚的邻国亚美尼亚国王与这两国交恶,他的帮助对安东尼的计划起着举足轻重的作用。亚美尼亚国王热烈地欢迎了安东尼,为他出谋划策,提供军队,既没有原因,也没有动机背叛他。这个国王阿塔瓦斯德斯不仅是一位国王,也是一位战士、哲学家和诗人。

我们清楚,在米底亚,安东尼没有耐心了,他突然宣布,在冬天之前他将回到地中海去。普鲁塔克觉得,安东尼行事鲁莽,未经深思熟虑,就像被附身了一样。但是想回到他那充满魅力的妻子身旁绝对不是决定性原因。安东尼并不难取悦,在战场上也有一些女人为他服务。原因可能是庞大的帝国吓坏了他。只凭恺撒的精神而没有恺撒的命令,让他觉得心力憔悴;同时他也想逃离这些突如其来的的重压,回到相对简单舒适的时光。可以清晰看出,其实他真不是能完成恺撒征服世界的替身。他不过是恺撒的得力助手罢了,而且恺撒的雄韬伟略也不是安东尼手中的几张纸能代替的,同时无法代替的是恺撒的雄心壮志。安东尼正在慢慢走向灾难。

波斯通常会在春季作战,安东尼为了把握时机,没有在亚美尼亚过冬。他一路命令军队,紧急赶往米底亚的都城,以至于他那载着攻城炮的牛车被留下了,因为在米底亚没有找到硬木来代替或修理这些攻城炮。结果整个车队被敌军包围堵截,而安东尼只能借助几架登城梯进攻,结果围城失败。

亚美尼亚的盟军突然消失，安东尼军队身处异地，孤立无援，只能撤退，在撤退途中，又被城中的军队大败。安东尼下令处死了十分之一的未尽职责的兵团，又下令只给他们小麦，不给大麦。这对罗马人来说简直是奇耻大辱，因为小麦是给畜生吃的。

他们碰巧遇到一个与世隔绝的罗马人，他是上次克拉苏带领罗马攻打波斯兵败留下的，他可以帮助他们往亚美尼亚河方向撤退。这数千士兵本是想收复古罗马的失地，他们想象着凯旋时走在罗马街道上的风光无限，现在，他们却只能跟着一个罗马人，而且许多将军和士兵们都认为这个人是个叛徒，一路跋涉着回去。冬日，他们被困在山中，挨饿受冻，饥寒患病。

安东尼展示了他的卓越之处。普鲁塔克记载："士兵们爱戴他们的将军是有很多方面的原因的，安东尼出身高贵，口才雄辩，有责任心，胸襟宽大，而且谈话幽默风趣，这些都是士兵们喜欢他的原因，并且在这个特殊时刻，他体恤伤者，供其所需。"因此，伤病者比安然无恙的士兵更乐意为他效命。这个国家有种毒树木，饥饿的人吃了之后会失去理智，发疯，会翻动他们见到的每块石头，酒是解药，但是没有酒剩下了，于是那些人都死了。盟国的士兵中有一些间谍和挑事者，之前都相安无事，现在突然遇到麻烦了，他们好像有种民族优越性一样，控告其他人。最后这群人走向了安东尼的马车，他们想偷他的金杯子，被发现后，安东尼处决了他们。在此生死危亡之际，安东尼开始怀疑那个罗马向导了，他此前还一直承诺把军队带出这里，带到埃拉科赛斯去，在那里，不仅有水，而且还有盟国的庇护。在最后快抵达的日子里，原本神气威武的军队现在就像一群强盗一样，军队里最英勇年轻的精兵死的死，伤的伤。安东尼让他的执盾手发誓，当他下令时，他们一定要立刻刺死他，砍下他的头颅，这样他才不会落入敌军之手，或是被认出来。如果他第二次战败，他一定要下这个命令。

最终，在撤退的第二十七天，士兵们注意到了空气中一股凉意，知道他们靠近水了。数千名士兵，饥渴难耐，猛冲向河流。幸存下来的人觉得他们得救了，但是这支精兵损失了一半的兵力。"哦，一万士兵啊！"安东尼在撤退时曾经这样哭嚎过。的确，只有像色诺芬那样的传记家才能让第二次波斯之役像第一次那样流芳百世。

　　克里奥帕特拉得知此次战败的消息，心情复杂。从她自身的名声来说，她觉得委屈。如果考虑到恺撒的名声，以及他们在亚历山大的联合胜利来看，她对她的第二位罗马情人感到失望。但是，如果她考虑她自己的命运，作为埃及女王以及四个孩子的母亲，她没有什么理由去抱怨。她唯一担心的是如果波斯一战大胜，那么安东尼会再一次成为罗马的胜利者。他会在罗马举行胜利庆典，一时间，他就会发现罗马的种种好处，还有他那位罗马妻子的贤淑。此外，作为罗马城里最具风趣的人，他定会流连沙龙酒馆，寻找能与之共度一日的女人们。那么埃及女王对他来说又是什么呢？他已经征服领略过她的美，以及托勒密家族的财宝遗产。安东尼一直过着这种模棱两可的双重生活，而这种生活会削弱他的地位，那为什么还要继续呢？

　　随着岁月更迭，孩子临世，克里奥帕特拉变得越来越现实，也想得更实际了，她一定要盼望，就算是为了自己，安东尼也要打场败仗。因为那样的话对埃及才会有利！安东尼狡黠机智，自然能应对打败仗的冷嘲热讽，因为罗马将军经过长久的耳濡目染，自然能凭借口舌反败为胜。克里奥帕特拉通过线人了解到了波斯一战的种种细节，包括世界各国对此的看法，当然各国只有一些含混不清的报道。但是如果她的朝臣了解到此事，或是了解到事情的详细经过，她就会把一张新的埃及地图放在他面前，这是安东尼赠送给女王大片土地后的埃及新地图，让他无话可说。

就像古埃及人一样，埃及的君主从没有当过军人。当亚历山大大帝这颗星光闪烁的彗星滑落时，只留下天际上一颗遥远的恒星，三百年来，他的继承人们无不借用他的光芒，至今为止，无人能超过他。无论是在财富上，生活奢华上，还是在个人学识上，克里奥帕特拉都可以与古代的法老平分秋色。但是亚历山大人看不起埃及人的这种泛神崇拜，同时他们也厌恶埃及后人们的厌战情绪，他们觉得可耻，可是埃及人却很享受。

对于埃及人来说，他们的女王不废一兵一卒，仅仅通过如何做女人就能使国土扩大，国家富足，仅凭这点，她就是无所不能的。而且她可以对罗马的执政官施展魔力，使得罗马政权就像瘫痪了一样，那可是伟大的、人人想讨好的罗马政权啊，那是唯一应该惧怕的政权。未来似乎掌握在恺撒里昂，这个严肃的年轻人手中，他象征着恺撒和托勒密两个家族，同时由他的两个半罗马弟弟共同执政，这样，克里奥帕特拉保障了她的王朝政权。而那些贵族，亚历山大党派领袖又如何去动摇她的王位，仅仅凭借安东尼在遥远的波斯兵败吗？埃及没有人能够指责她。唯一能这样做的人不在埃及，在罗马，他就是另一位执政官——屋大维。

但是屋大维也有足够的理由诅咒安东尼战场失利，尽管在波斯战事期间，他曾在寺庙大肆献祭祈求罗马军凯旋。但是私下里他也曾诅咒过安东尼，因为对他而言，一个取得胜利的安东尼对他来说威胁更大。屋大维已经利用一场争吵干掉了李必达，并将其非洲领地占为己有。他是一个非常懂得让别人为他打战的人，他让他的朋友阿格里帕将军大败了庞培的最后一位儿子。内战持续了六年，仅比恺撒的战役短了一些，但这也让整个意大利南部和岛国惶惶不安。毫无疑问，一切都应向胜利者臣服，同时元老院宣布屋大维可以任意加封他想要的任何荣誉。他才是一个二十七岁的年轻人，但他统治着四十三个军团，数千名骑兵，六百多艘战舰。然而他自己从未亲自赢得一场胜利，他没有一丁点儿恺撒的气血精神，反而他像极了他那放高利贷的祖父，他残忍，贪婪，是个狡猾的投机者。

克里奥帕特拉对她的对手了解得十分透彻，不仅他的所作所为，还有他的谋划，他的所思所想，她对他的仇恨一直在她耳畔回响。她打心底看不起屋大维，即使穿着威武的铠甲，被一群真正的战士簇拥着，但是他仍是胆小，粗鲁的。

克里奥帕特拉听闻他模仿恺撒，赦免偷税者，抑制贵族，还准备在普拉台建造一座神庙，因为贺拉斯曾吟咏他的功绩便对其授以荣誉，这些都让克里奥帕特拉感到好笑。但是，当克里奥帕特拉听闻屋大维在广场上的讲坛上设了一个安东尼的战车，并在忏悔庙中树了安东尼的一座雕像时，她的眼中流露了一丝憎恶。因为早在几个月前，屋大维就派密使给亚美尼亚国王，一再向他表明自己将背弃安东尼，他的盟友和连襟。克里奥帕特拉从小见证了太多罪恶，因而不知何谓良心，她会把每一个挡道的人都置之死地，但这种背信弃义之事，她从来都不屑于做。

跟这个罗马人签订协议是不可能的了。但是既然只有他能代替罗马，那么她必须改变这十五年来的执政方式了：她必须放弃他父亲的那一套，重新制定新的政策。她必须想尽一切办法让另一个罗马人——她的丈夫安东尼成为埃及的国王，让他和恺撒里昂一起执政，只有这样，这个在亚历山大的罗马人才能对抗罗马。

在克里奥帕特拉看来，让安东尼完全听命于她的时刻来了。对她来说，这位失意将军的求援声远比胜利的号角要动听得多。现在安东尼又回到了叙利亚的海边，在距离西顿不远的一个叫"白毛"的要塞处，他不断地向她派遣使者，寻求帮助。她的船前往他们的第三次约会地点，只是这次，她的船上，没有地毯，金碟，弹琴的歌姬，伴奏的男子。这次她的船上装满了士兵鞋子、制服、袜子、武器，还有数袋黄金。托勒密家族的财富似乎无穷无尽，就像安东尼旺盛的生育能力一样。

此时的安东尼日夜在酒桌前借酒消愁，嘴里咒骂着，发誓下次一定要把波斯人和亚美尼亚人一并歼灭。但是据普鲁塔克记载，安东尼也会离开酒桌，跑到海岸边，去看他期盼已久的女王的船队来了没有。最后，克里奥帕特拉终于到了。罗马所有的兵团都很感谢她，他们的将军也不断赞扬着她，是她拯救了所有人。但是没过多久，安东尼就恢复了以前的德行，沉溺于安逸，但是他的复仇欲却逐渐增强，至少要报复一下那个背信弃义的亚美尼亚国王。

但是现在这个曾经让女人们，甚至包括埃及女王，都乖乖听话的男人，居然遭到了第一次拒绝。他想要向东，女王坚持往西。他想要顾全自己的名声，而不是他的妻子，但是她想把他带回埃及。两人在爱巢中吵得天翻地覆，在吵得不可开交时，两人开始亲热，但是亲热结束后又是一场激烈的争吵。而敌人为了迫使安东尼结束这场危机，采取了果断的方式。在叙利亚一片混乱吵闹中，士兵们不知道他们应该往哪个方向前进，他们分成了几个战派，每日对安东尼的指责更加严峻。一天，从雅典来了一位使者——尼格尔，他是一位罗马贵族。他是屋大维娅派来的。屋大维也有他的奸细，他知道是时候让安东尼做出最终抉择了。在紧要关头，他派来了他的姐姐，带着部队、武器、衣物，让他姐姐转送给她的丈夫，也是他作为朋友给他的帮助。

屋大维还在一封安抚信中补充道，他已经安排好一切，不会让罗马人知道波斯一战的结果。

　　对于安东尼这样一个命运的宠儿来说，有什么能比这封安慰信更能给他致命一击呢？屋大维早就知道安东尼看到会是什么反应，即使他姐姐会被羞辱，他也不在意。只要在两人闹翻之际，能引起罗马人对安东尼的憎恶就足够了！

　　现在这位巴克斯酒神的命运面临一种可笑的结局。他的两位妻子，几乎同时从不同的方向穿过地中海，来到她们这位不忠诚的丈夫身边，为了劝诱他回家，无论是向北还是向西，都是他的家，都有孩子们在等着他，两个人都带着数只船，船上装满了为他那支败军准备的鞋袜和衣物。其中一个，带着黄金，另一个，带着两千配备精良的军队。一个以王位相赠，另一个则能提供给他家乡的温暖。屋大维娅的船上还有一个比武器衣物更贵重的货物，那就是他丈夫熟悉的世界——罗马，罗马广场，朱庇特神庙，竞技场，元老院，平原上凉爽的别墅，阿比安威大道上的小酒馆，胜利的呼号，党派熟悉的话语。那里还有他自幼就熟悉的母语，还有恺撒的神庙。因为有家乡和祖国的牵绊，屋大维娅认为自己一定有希望能征服安东尼，把他带回家。

　　但是他的另一个妻子，克里奥帕特拉也有一个难以超越的优势。这优势不是她的金钱，不是她的王位，也不是她的出现，而是勇气和斗志。如果屋大维娅有克里奥帕特拉的勇气和斗志，那么她就可以来到安东尼的营地。这样，两个女人起码能面对面站在一起，他们的浪漫故事也可能会更丰富一些。但是这位罗马女人太高傲，把家族地位看得太重，以至于不屑与人争夺。但是做这些事对女王来说毫无压力，她是一位战士，也是一位爱河中的艺术家，只要她觉得是对的，她就会去做。但是那个爱国的罗马女人却做不到，因为她的尊严会受到公民的评判。

克里奥帕特拉太老到了，对付这样的事情毫无压力。如果这是个赌注，有一大笔奖金的话，克里奥帕特拉一定能得到这笔钱。她几乎不吃东西，为了看起来消瘦憔悴。普鲁塔克发挥着他诗人的想象力写道："他一走近，克里奥帕特拉的眼神中就流露出一种愉悦惊讶的表情，他一走，她就沮丧悲伤。有时她哭了出来，然后她又故意偷偷地擦掉眼泪。"与此同时，她又给安东尼的那些军官们送些钱财，她对他们笑脸盈盈，有时甚至会对他们许下承诺。这样，他们就会告诉安东尼这两个女人谁才是真的爱他的，而女王如果得不到他肯定会伤痛不已的。

因此，安东尼给他雅典的妻子送去了封信：她可以立刻就送给他军队和供给，除此之外，她哥哥还欠他一些船。但是不用她亲自来这一趟了。他马上又要再次进攻波斯了，他不忍她来此气候不宜的地方受罪。她可以替他向她哥哥和孩子们问好。当他从波斯凯旋时，他们就可以高兴地团聚了。

尼格尔向安东尼鞠了一躬，也向一旁沉默的女王鞠了一躬，然后告别了。但是安东尼的军队就在叙利亚过冬，春天时再和他一起前往亚美尼亚。然后安东尼就和众人告别，与女王一起起航去亚历山大城。

但如今亚历山大城已是物是人非。"无与伦比俱乐部"如同过眼烟云，同酒神巴克斯的冬季狂欢一同消散而去。一直以来，安东尼都自认为是埃及女王的丈夫，而非埃及的国王；是埃及的独裁主，又是罗马的总督。身处此种尴尬的境地，他一直试着寻求一种心理平衡。但这种努力又会扰乱他花红酒绿的生活，从前他是一刻也离不开这种生活的。

不可否认，埃及王宫里有的是笙歌燕舞，无限春光。在娱乐方面，克里奥帕特拉点子众多，可以提供任何形式的娱乐方式，高雅庸俗都不在话下。再者，王宫里还有那三个活泼可爱的孩子；她也才三十几岁，尚年轻。但他安东尼呢，他已年近五旬，岁月让他的身体愈发沉重臃肿。即使有时间静下心来过相敬如宾、耳鬓厮磨的生活，克里奥帕特拉和他都能觉察出彼此间的不适合。尤其是激情过后，他更是觉得力不从心。他因此会面色抑郁地离开，混迹于那群罗马军官中，好像已经脱身于亚历山大城。至少在这里，他可以用拉丁语同那些军官交谈。但是这些闲谈常常会转到罗马和屋大维身上。罗马毕竟还住着他们的亲戚朋友，是他们的根。回到罗马，也许他们不会像现在这样富有，也不会有那么多美人享用，但至少他们可以漫步于鹅卵石铺就的街道上。尽管它比不上亚历山大城的普拉提亚大街，但随着时间推移，他们对罗马的怀念越来越浓。与此同时，他们时刻能觉察出埃及王宫里内侍们射向他们的如剑目光，他们对那些人也是一样的不顺眼。

安东尼的朋友兼秘书普朗卡斯，曾在舞台上扮演过小丑格劳思科。当时，他身穿蓝绿色紧身裤，头顶灯芯草，满身挂满了海藻，身后还拖着条鱼尾巴状的东西，在台上蹦蹦跳跳。见状，埃及那些围观的王公大臣，指指点点地说，好歹他也是罗马的贵族子弟，为何要这般作践自己？而当时在场的那些罗马人，心里盘算的却是普朗卡斯这番表演能从他雇主安东尼那里挣来多少银子。安东尼却是相当开心。这场表演机会本该属于他的，不料却被普朗卡斯那小子夺了去，但他大人大量，不会斤斤计较。他丝毫未察觉到埃及那些王公大臣们对这表演的反应与态度；克里奥帕特拉却将一切看在了眼里，记在了心上，并且做出了适当回应。她任命罗马元老院的一名议员为埃及皇家织布馆馆长，又任命罗马的一名军官为马戏团的团长，至于她的丈夫安东尼，她给他安排了很多与军事有关的任务，其中最为重要的一项便是拟定一份征服亚美尼亚的作战计划书。该场作战应以速战速决为宗旨，且必须取得胜利，这样安东尼就不必再为波斯战争一败耿耿于怀了。克里奥帕特拉于是想出一条妙计去对付那诡计多端的亚美尼亚国王。她派出使者到亚美尼亚，邀请那国王明年同安东尼一起征伐波斯。她像一位大导演一样，把一切可以利用的人和物都派上了用场。那么那对双胞胎应该发挥何种作用呢？小亚历山大应该向国王的女儿求婚，这样他才能完全放下戒备心理。

一切均在有条不紊地进行，恺撒里昂则全程只是静静旁观。他不清楚自己对安东尼的感觉，所以总是静静观察他的一举一动，希望能够得出一个确切答案。但考虑到他为恺撒做的事情，恺撒里昂还是十分敬重他。然而鉴于他同时也是罗马人，他的表现还是更加严肃正统些比较好。恺撒里昂对罗马人的性格有极大的兴趣，在这方面也下了很多功夫钻研学习，因而在内心里逐渐有了一种认知，那就是罗马人应当是高贵的。然而所有罗马人中，只有他的父亲恺撒做到了高贵。如果上苍真的要求罗马人同埃及人一同掌管埃及，那么这些罗马人就必须比他们托勒密家族的人更有本领。他意识到，托勒密的历代先祖们，当中也不乏奸诈懦弱之徒。至于他的母亲，肯定可以称得上是位伟大的女王了，否则堂堂恺撒怎会拜倒在她的石榴裙下？恺撒也定是亚历山大大帝之后最伟大的人，否则，他也入不了女王的法眼。恺撒里昂虽然年年纪轻轻，但已经能够这般分析了。虽说他还未接触斯多葛哲学思想，但是善良、勇敢、权力、仁厚等品质已经唤醒了他幼小的心灵，让他有了他们家族向来就有的成熟理念。既然他已经有了此般成熟的思想，他的继父安东尼又该如何取悦他呢？如果他还是一心一意要去做他的罗马人怎么办？要是他抛弃了母亲怎么办？不，应该不会，安东尼之所以来到埃及，不外乎有两种原因。其一是为了埃及的金山银山，其二便是倾慕母亲的美色。这就决定了他安东尼不敢肆意而为。当然安东尼这个人其实也并不是一无是处，他身上也有许多值得学习的东西。然而每次他向安东尼问起恺撒的事情时，他总是会支支吾吾地搪塞过去，不知想瞒些什么。恺撒里昂对于英雄总是充满崇拜之情，但在他看来，安东尼是和"英雄"二字搭不上边的。但是目前安东尼正为来年的波斯战争做准备，他一心备战的样子却让恺撒里昂喜欢得不得了。安东尼也察觉到那孩子态度的改观，心里也是不胜欢喜。

　　让小亚历山大同他女儿结婚的借口很快就把那亚美尼亚国王引诱出来了。尽管他心中仍是疑虑重重，但还是骑马而来，刚刚一到，就被镣铐束缚起来。有史书记载说，那镣铐由银制成，但究竟有何象征意义——是对他的国王身份表示尊敬还是对他的诗人身份表示尊敬，没有人说得清。一国国王被另外一国囚禁，自然会引发战争，但安东尼不费吹灰之力就把他们打败了。这场战争迅速演化成一场空前的掠夺，安东尼的军队很快就把亚美尼亚金塑的女神雕像砸了个粉碎，然后瓜分一光。之后，掠夺愈演愈烈！安东尼非但不制止，还很开心那些士兵自己犒赏了自己。

更让他开心的是，随着亚美尼亚战争大捷的消息散播，他安东尼在罗马又威名大振了。同时也达到了另一个主要目的，那就是惹怒屋大维。随后，安东尼又放出消息说要出征波斯。过往和波斯有过不快的米迪亚国王当即说要助他一臂之力。与亚美尼亚一战后，小亚历山大婚约作废，恢复了自由身，此番为回报米迪亚国王，克里奥帕特拉又让他和米迪亚国王的女儿订了婚。这距上次订婚不过短短几个月时间。

亚美尼亚战争只持续了短短数月。克里奥帕特拉也如愿以偿地看到了安东尼取得胜利。她由此得出结论：安东尼这个男人啊，论喝酒，千杯不醉，毕竟他过去一直与酒为伴；但是只要一点点的胜利就可以让他头昏脑涨。他带军回到埃及女王身边时，已经证明了自己是位了不起的将军，他甚至觉得自己可以和恺撒相提并论了。他自认为是天之骄子，因此无论上苍恩赐些什么、妻子送些什么，那都是理所当然。

安东尼知道自己的妻子有多么漂亮，有多大的权力。至于她有多么聪慧，他却不甚了解。事实上，早在三巨头签署《安条克协议》时，克里奥帕特拉就在处心积虑地将幼稚轻浮的他从罗马带到埃及来，现在似乎是到了摊牌的时间了。在他和恺撒里昂之间，必须选出新一任的埃及王。

IX

　　遥远的大洋彼岸，屋大维娅正默默抚养她的孩子们，当中有四个是安东尼的。她已下定决心不再像那个时代的一些妇女一样决心要干出些什么，以留名青史。她不求名、不求利，不去张扬自己的道德情操，只求能够好好守护那群纯真的孩子，让他们在仅有的关注中成长。弟弟屋大维的作为，来自四面八方的谎言，开始让她向往起那种默默无闻的生活。如此看来，她丝毫不像罗马最有权势之人的姐姐。自那以后，她的名字很少成为人们茶余饭后的谈资，她的生命中也再没有男人出现，尽管她同克里奥帕特拉年纪相仿，长得也倾国倾城。

　　或许，在她身体里住着一种冷漠的性格。这种性格在她弟弟身上却完全没有体现。亦或许，她先前接触的哲学和宗教观念，教会了她用逆来顺受的态度去接受一切具有讽刺意味的不幸，她自己还认为这都是命。不论事实如何，她的端庄、自命清高都在那个时代里落了伍。而那落伍也正是她热烈渴望的。屋大维初登皇帝宝座，号称奥古斯都大帝时，屋大维娅作为姐姐有了一圈耀眼的光环。而屋大维也对姐姐的美德加以利用，把那美德打造成他一整个家族的标志。因此后来，安东尼随克里奥帕特拉去了埃及时，屋大维着实高兴。然而当他兴致勃勃地要求独守空闺的姐姐离开安东尼家以表反抗时，却惨遭拒绝。他的对头安东尼也是在相同的时间里，被另外一个女人冷冷地拒绝了。也许有人会说，罗马内战一切皆由屋大维娅而起。这样说来，屋大维娅又有了留下来的新理由。她独自一人在家中把孩子拉扯成人，时不时地接待来访的客人。如果安东尼想要推荐谁或者帮助身在罗马的某人，就马上给她写上一封情真意切的信，而她也照办。安东尼把这一切都当作是理所当然，从不知他那罗马的妻儿为此付出了多少。而这正是安东尼遭人唾骂，屋大维娅受众人赞美的原因。

不过说起反复无常，罗马的百姓还真是和安东尼一样不相上下。过去两百年间，他们饱尝战争之苦，因而分外珍惜上苍恩赐的那份胜利。所以安东尼亚美尼亚战争大捷的消息传来时，他们歌其功颂其德地写了很多诗，安东尼也因此变成了人们眼中的大英雄。再加上较之屋大维，安东尼更贴近平民百姓，所以一下子又有很多人爱戴起他来。

屋大维向来都是与民为敌，因而能够嗅知任何的民心变动。他当即恢复了原本已经中断过一年的比赛。同时还在大桌子上摆满了礼品让观众们凭自己的本事抢，结果这哄抢却演变成了一次又一次的群殴事件。而他也因此达到了举办这活动的目的，证明了自己有多么受欢迎。与此同时，他也开始招兵买马，把驻守罗马本地的军团数量扩张至三十个。他还去了一趟元老院，向众元老提及了埃及扩充版图的危害，但他始终没有对安东尼发出过正面的攻击。

远在埃及的安东尼听闻了此消息，哈哈大笑。当即从亚历山大城派出自己的使者，去往罗马的元老院。时值夏季，在海上航行的速度很快，不消几周，那使者便成功将信送到了，信的大意是说，他只是把原本就属于别人的东西归还给别人，况且那些小国的国王对此也没有表达异议。屋大维见此则改变了自己的战略，改守为攻。他罢黜了李必达，并把他掌管的行省据为己有；又从庞培儿子手中夺过西西里岛和撒丁岛的掌控权。同时他还把半个意大利分封给自己手下的那些老将，本该给安东尼的那些船也被扣留了。安东尼的党羽指责他这般做法时，他酸溜溜地说，如果安东尼能够把已经分出去的亚美尼亚和埃及的土地分给他一半，他也能把船只归还给他。此番话赢得了一片掌声。但没有人知道屋大维和他的那些朋友们都贴身带着短剑匕首，以防任何不测。相较于当初的恺撒，他们显然明智多了。

安东尼得知此消息时，又是一阵哈哈大笑。他当即想再发出傲慢的消息，灭灭屋大维的气焰，但被克里奥帕特拉及时拦住了。堂堂埃及只是罗马的一个省份？屋大维真是一派胡言！克里奥帕特拉决心要向世界公告谁才是埃及的主人。因为她十分信任安东尼，于是便向他指出了他那冷静的敌人屋大维究竟在掩盖些什么。她提到了他们的孩子，以及该怎样给他们一个安稳的未来；她还给他看了一些书信，证明屋大维携带武器进了元老院，以此打破安东尼还能平安无事回到罗马的幻想。她必须让他明白，即使他回去了，等待他的也只是锋利的匕首。同时，她还用事实证明，屋大维不仅限制了安东尼的兵权，还在不遗余力地扩增自己的兵力。除此以外，她手里还有众多其他消息，姑且不论它们的真实性，但它们均能从一定程度上证明屋大维在罗马的影响与日俱增。对于安东尼与米迪亚新缔结的盟约，克里奥帕特拉赞不绝口，在将来的波斯战争中，这绝对是块安全的跳板。她还强调，要坚持发展对外贸易，近年来对外贸易持续高速发展，给埃及带来了无穷无尽的财富。为了把安东尼引到她的立场上，她还大加赞美了亚历山大大帝。最后，她还向他坦白了每张地图上的信息，解释了每个标记的意思。整个过程中，克里奥帕特拉一直在隐藏自己的情感，但她美妙的声音还是充分表达了她那提议的无尽诱惑力。很快罗马的军官们就听到了这个消息，心中大为所动；他们马不停蹄，只用几日时间就赶制出了一份声明，当中详尽地安排了安东尼接下来的每一步行动，以及一场盛况空前的舞会。名义上，这场舞会是全民狂欢；实际上，这只是创造一个机会让埃及一位顶尖的喜剧演员登台演出，让安东尼好好乐一下。

而安东尼呢，心中还是在担忧女王的胜利马车行驶速度太快，如若听而任之，等待他的会是深渊。他依旧对自己双面角色的信仰坚信不疑，想同时做罗马人和埃及人。他并无称帝之心，一方面他生在罗马，在那个国度里，王位已经被取缔了百年；另一方面，上次他向恺撒献上王冠，却一再遭到拒绝的记忆仍然在隐隐作痛。可能正是这一切让他对王位敬而远之的吧。再说了，克里奥帕特拉并没有表示他一定要接受这个王位。

她心中眼中更多的还是恺撒里昂。能够活着，亲眼看到他登上王位，把埃及治理得井井有条，本就是她一直努力的事情，也是她幼时梦想的延续。毕竟恺撒里昂就是恺撒啊。但是恺撒里昂身体里一半是埃及血统，一半是罗马血统。他的加冕仪式除非有罗马人在场，否则一点象征意义都没有。这种情况在埃及还是第一次发生，因而需要一个强有力的罗马人在场，而安东尼便是不二人选。此举既顺民心又符合历史潮流，充分展示了克里奥帕特拉在同时期君主中超群的治国才能，将东方古老的传统与女性身上特有的品质完美地融合在了一起。

在那场盛况空前的舞会上，走在最前列的是祝捷游行的队伍。从未见过此般场面的亚历山大人，真的是大开了一次眼界。而对于那些罗马人来讲，此举也是意义非凡。因为自罗马诞生之日起，这还是他们第一次在别人的国土上庆祝自己的胜利。先前他们一直梦寐以求的是，从朱庇特神庙开始游行，一路走向竞技场，好让元老院的那些议员们以及罗马的百姓们一睹自己的英姿。这是任何一位凯旋者都应得的荣誉。任何一位从心里认为自己是罗马的人，也会把这一天当作人生中的大日子。

今天这阵仗真的是有史以来第一次。一位罗马人坐在由四匹马拉着的双轮马车里，把在罗马延续了几个世纪的荣誉感转移到了埃及都城崭新宽广的大街上。沿街而站的百姓们使用着希腊语和一些更加陌生的语言，挥舞着手势，兴高采烈地欢呼着以表祝贺。亚历山大城此前从未有过此般别具风味的庆典。庆典全程，女王都和安东尼坐在马车上，满面春风，陶醉在这化装舞会般的喜庆氛围里。

在明亮的晨光中，游行的队伍从天官出发，路经洛奇亚斯山岗，到达亚历山大广场。接着穿过花园，经过主街道、亚历山大大帝之墓和托勒密历代先王的墓，朝体育馆和缪斯庵方向行进。尾随于游行队伍的，是亚美尼亚国王和他的妻儿。不过，这次他们戴的不再是银制的镣铐，而是金的。紧随于其后的，是安东尼的四驾马车，后面跟着一群亚美尼亚囚徒。在这之后，就是头戴花环王冠的王公贵族和埃及士兵，士兵们手里举着折弯的波斯剑，处于这一游行最后方的则是罗马军团。

克里奥帕特拉端坐在那宽敞的露天宝座上，等待着那凯旋的将军安东尼。他也领着一众囚犯，翩然而至。那亚美尼亚国王便是这囚犯中的一员，却自恃自己是个诗人，怎么也不肯给女王下跪，甚至还直呼其名。见此情形，夫妇俩交换了眼色，意识到明天不能取他性命，必须饶他不死了。这位国王最终得到了赦免。事毕，众人席地而坐，享受这盛况空前的宴会，饮酒作乐，直到第二天还不省人事，加冕仪式也因此不得不延期举办。

几天以后，在亚历山大城郊一块宽广的土地上，一场规模甚是宏大的加冕典礼开始了。场地上立起了六尊宝座，其中有两尊大的，由金制成；其余四尊小的，由银制成。午后时分，一长串马车率先开始游行。马车上的人无不打扮成西斯诺斯的模样，从车上的酒桶酒罐里舀酒给周围的围观群众；之后来到的是一队半受束缚的大象。美酒、大象向来都是埃及人的好朋友。一众表演之后，轮到安东尼上台演出了。这次他扮演的还是他最爱的角色狄俄尼索斯。只见他身披紫色金边披风，手举酒神手杖，尚未花白的棕色卷发上缠着由常春藤编成的花冠。坐在他身旁的是埃及的阿佛洛狄特——伊西斯女神。这位女神头顶她父王留下来的双顶皇冠，眉间直立着一条金蛇。她一动不动地坐着，活像埃及神庙里的神像。人们不禁想起了十五个世纪之前的法老时期。那时期的女王们也会穿着这样灿烂夺目的伊西斯服饰来展现自己的美貌。十五世纪后的今天，只有克里奥帕特拉一人独坐着，今天的女神只有她。

与女王相对的是站在第一尊银制宝座前的恺撒里昂。如今他已十三岁，成为个子高挑的翩翩少年。他身穿马其顿披风，头顶着那已有三百年历史的王冠。亚历山大大帝之后的历代先王都戴过这顶王冠。然而恺撒里昂随身佩戴的武器却是一把罗马短剑。至于那对六岁的双胞胎，因为个头还很小，所以站的地方比较高，这样的话，人们才能看到他们。小亚历山大一身亚美尼亚装扮，穿着束腰套衫和波斯样式的裤子，头顶着三重冠冕。小克里奥帕特拉穿着一身白色丝制的衣服，头顶一顶野性十足的利比亚皇冠。站在最后一顶宝座上的，是两岁的小托勒密。他脚蹬高靴，身穿短外套，是标准的马其顿人的装束。为了保证每个孩子的安全，他们的身边都站着一位穿着制服的卫士。

一阵急促的喇叭声之后，那位狄俄尼索斯于一片嘈杂中，大声地开始了自己的演讲。他提到了自己取得过的胜利，列举了两年前在安条克送给女王的那些国土。整个演讲过程中，他只字未提罗马，只是大谈着自己取得的成就。接着他宣布说，一个新的纪年法将从此时此刻开始，大家可以从所有的硬币上看到"埃及、塞浦路斯、叙利亚之王克里奥帕特拉开辟了一个新的时代！"接着，他又宣布，此时站在众人面前的恺撒·托勒密从此荣登"王中之王"，与其母亲克里奥佩特拉一同执掌埃及；与此同时，小亚历山大荣登亚美尼亚、米迪亚国王宝座。他那双胞胎妹妹克里奥帕特拉则被册封为利比亚女王。至于最为年幼的托勒密，他则登上了腓尼基和西里西亚国王的宝座。

在漫天的鼓声中，那三个孩子穿过身边的卫队，奔向他们的父母，急切地想要以新身份拜见他们。夕阳渐沉，投下柔和的光辉，又为这庆典增添了几分色彩。

然而克里奥帕特拉依然一动不动地坐着。像是每年的塞拉匹斯神节一样，她专心致志地扮演着受众人供奉的女神。她听着人们歇斯底里的欢呼声，心里却自言自语道：他无须掩盖本性去演什么狄俄尼索斯。她没有注意到孩子们跑向她时踉跄的脚步，也无暇顾及众多的牧师、大臣、那些自幼时起就熟悉的面孔，以及那壮观的皇家表演。她的眼里只有一个人——恺撒里昂！

他也如磐石般，一动不动地站着。紧锁的双眉下，一双墨色的眸子绕过千人万人，定定地看着自己的母亲。他真切地感受到了何谓加冕。安东尼封他为"王中之王"，万人因而兴高采烈地呼叫时，他突然感受到一股莫名的重量。王冠啊，那可不是一件装饰品，也不是什么面具和玩物啊。至于他身上佩戴的那把罗马短剑，他先前和母亲争执过好长一段时间，她本想让他佩戴一件马其顿风格的武器。他虽深知自己这一生无论如何都同托勒密家族断不了联系，是亚历山大大帝的后人，但他总觉得自己同恺撒要更亲近些。恺撒是他的生父，托勒密家族的任何一位成员与他相比都要黯然失色。在他眼中，只有恺撒配做母亲的情人。有朝一日，他会拔剑出鞘，为母亲保卫家国。

知子莫若母。恺撒里昂紧锁的眉头、他的所思所想，全被他的母亲看在眼里。尽管他们之间隔着众人，但她目光锐利如剑，仿佛能够看穿这一切。她为这一天的到来已做了多年的准备，如今终于胜利了！她年幼时就有的梦想终于在此刻到达巅峰：恺撒终于登上了帝位！她运筹帷幄的胆识、对于命运炙热的信仰、对于美与权力的追求，以及在过去二十余载里所经历的风风雨雨，都于此刻在这个孩子身上得到了回报。这孩子同他父亲一样，眸如点墨，正注视着她。在落日的余晖里，他头上的王冠，闪着微弱的红光。

突然女神的身体震动了一下，似乎看到了什么让她害怕的东西。她好像看到屋大维了，就在恺撒里昂身后，目光冷如刀剑！

Charpter V

第五章　桑纳托斯

他，生而为王，一句话决定苍生的天堂和地狱。最终，走下了宝座，进了坟墓。

——歌德

I

　　勇者的命运即使会烟消云散，也能展现出别样的美丽。

　　陷入危机时，弱者会垮掉或走向自我毁灭，强者却会站出来武装自己，与诸多敌人相抗衡，最终直面命运本身。在经历无数次的激战后，他的勇者之心终于能在凉爽无梦的晚上得以放松。而随着清晨的到来他又投入到新的拼搏中，他的思想闪烁着光芒，总能精神奕奕地面对那些新的困难，并最终克服所有困难。每天他都同有形的、近在咫尺的人或物战斗着，都能感受到他们与自己擦身而过。每天他都挣扎着再前进一点，即使被迫后退，对强者来说也只是一个新的开始。

　　但是突然在某个瞬间，一道来自天外的声音穿过往常充满敌意的喧嚣声在他耳边炸响。天，开始阴沉，远处隐约的雷声仿佛透着一股奇异的力量；敌人的声音在耳边嘈杂着，他看到了远处山群处的团团黑云。这位勇者已做好准备，迎接最后的战役。起先，一支难以掌控的军队使他乱了阵脚。

如果还存有一丝理智，强者就知道应该放弃努力、接受失败，因为已经没有什么策略能帮他赢得时间了。然而他却鼓起所有的力量，以期自己变得更加强大，迸发出超能力，从而扭转乾坤。

即便是再勇敢的女人，也几乎不可能拥有这种大无畏的精神。想要在庞大的权力面前保持岿然不动，也是需要特殊天分的。天性使得女人比男人更加警觉，女人更愿意选择迂回曲折的道路来躲避必将到来的命运，从而得以晚一些面对结局。因此相较于男人最后的挣扎，女人则显得没有那么悲怆了。女性所独有的犹豫不决、敏感、想要保护孩子的母性光辉，以及希望和解的心理都为她们指引了一条免于遭受致命一击的道路。

克里奥帕特拉现在不得不直面命运，她要以英雄的姿态发动最后一战。她要试遍万千诡计及各种躲闪方法，她要将女人说服及诱惑的本领发挥到极致。同时她要像男人一样奋战，以换取阶段性的胜利，但又要无畏地面对随之而来的悲剧，以及最后的崇高的死亡。各种预兆将她笼罩，她一定听到了隐藏在号角声后的命运之声。女猎人般的洞察力及快速的理解力，使她早就看透了安东尼的弱点，在她生命的最后两年中，她试图将安东尼身上沉迷玩乐的一面改造为更正直的一面，但是在她内心深处早已不再奢望将这个男人变得完美。这个勇敢的女人做到了男人都几乎做不到的事：直面悲剧的来临。

II

　　几个世纪以来，以弗所都是希腊文明的家园，它的地理位置与亚历山大相似，都是广袤大海旁边的富饶内地。来自小亚细亚山区的征服者沿着一条远古的小路来到了地中海，此地距离河口不远。对于来自西方的征服者来说，通往小亚细亚山区的路也是敞开的，以弗所因此成了重要的军事港口。如果一两个征服者占领了东方世界并在此地设防，就能吸引位于西方的对手，这是一个精妙的策略。

　　但是自从伟大的阿耳特弥斯统治以来，以弗所人从未见过数量如此众多、装备如此精良的军队涌入这片山海。此时已是公元前 32 年的春天，在此集结部队的安东尼已经成为东方世界的真正霸主，他的权力范围从幼发拉底和亚美尼亚一直延伸到了爱奥尼亚海以及伊利里亚。安东尼拥有十万步兵、一万两千骑兵以及五百艘战船，每艘战船上有八到十排桨，他所指挥的军队规模是亚历山大和恺撒都不曾拥有的。

在听到了来自罗马的某个消息之后，安东尼从亚美尼亚回到了以弗所，其间他不停思索着这则消息的可靠性。安东尼命令部队在此处安营扎寨，以等待克里奥帕特拉的到来，后者将会再一次献上自己和金钱。

克里奥帕特拉此次离家时就预料到了将要发生的一切，她知道她会离开埃及一年甚至更长的时间。但是她会到哪里呢？安东尼和他的军队会去往哪里呢？没人知道这支庞大的军队会被用来对付怎样的敌人。亚细亚的人民在颤抖，士兵们唱着向波斯人复仇的歌，决心一定要摧毁他们。而波斯人的同盟则发誓会陪伴他们直到世界的尽头。尽管如此，整个东方世界却都在谈论着即将到来的内战，这场与屋大维的内战。

安东尼与克里奥帕特拉都已经意识到了这一点。安东尼仍希望他们最终能够打败波斯人，而克里奥帕特拉的内心则充满担忧。因为安东尼时常将自己视作罗马三执政之一，但克里奥帕特拉却只把他当作埃及的国王——他们的目的出现了偏差。最终，将会由他们的罗马敌人选择发动内战的时间。在一段持续的挑衅之后，双方的误解和对抗已经达到了白热化的程度，谁都不知道敌方的舰队是否已经下海启航了。

这已经是克里奥帕特拉第四次穿越地中海了，她一定想起了先前的航行经历：第一次是作为阿佛洛狄特去往塔尔苏斯，第二次是作为女王去往安提俄克，第三次是作为战争女神去往"白发"。而现如今她集之前的三重身份于一身。从她生完最后一个孩子至今，她不仅恢复了少女时的曼妙身材，更拥有了权力和军事力量。但是此次她带来的是装满粮食、金属及衣物的两百艘船，还有价值两千万塔兰特（相当于两千万美元）的财宝，更别说还有半数的佣人和奴隶，这在当时是极尽奢华的。

　　清晨，克里奥帕特拉习惯性地站在船首，矛盾的情感在她的心中翻涌着。的确，她对新的波斯战争没有认真的思考。她自信地认为自己能让安东尼与屋大维决裂，并使屋大维发起战争。屋大维占有时间优势，但是安东尼却更加强大。现如今他们必须激怒屋大维，然后一举拿下他！在过去的几年同罗马的关系愈发紧张；而作为一个女人，她渴望能够迅速终结这种紧张关系，就如同终结男女之间的紧张关系一样，因为对于她来说，这一切都是难以忍受的。专制独裁、两个国家的人民对于轰动事件的渴望、地中海众王子躁动不安的诡计，以及两人执政面临终结的威胁，这一切都使得安东尼与屋大维无法继续和平共处下去。

　　又或者两人执政的现状能够再一次被更新吗？这就需要安东尼与他的罗马妻子达成和解。但是在那种两人执政情况下（这个女人是其中一位的妻子，又是另一位的妹妹），女王将会变得无力抵抗。她现在的策略就是强迫安东尼和屋大维娅离婚，这样她就能够独自拥有他了。但是这场离婚将意味着战争，战争则意味着解决罗马和亚历山大之间的巨大问题。而又因为统治亚历山大的是希腊女人，这就变成了雅典与罗马之间的较量，这场旷日持久的较量如今终于要决出胜负了。这样赌运气的结果会是什么呢？冷静下来仔细想一想，这种解决方法真的可取吗？然而现在没有时间来思考究竟什么方法可取什么方法不可取了。已经轮不到他们作出选择了！

尽管克里奥帕特拉知道安东尼的各种缺陷，知道他性格中浅薄的一面使他无法成为世界霸主，但拥有无与伦比智慧的克里奥帕特拉却陷入了命运反复的折磨中，现在她不得不促使安东尼进行最后之战。这是一场只有恺撒才能与敌抗衡的战争，而安东尼是远远不够的。因此当克里奥帕特拉听说安东尼的殖民地佩萨罗几乎被地震摧毁时，她的心中充满了不祥的预感，因此在她知道"安东尼在阿尔巴的雕像汗流不止时"，她的面色变得苍白无比。

但是她马上就把所有的阴郁情绪抛到了脑后，清晨当她再一次站上船首时，青春又降临到了这位女战士身上。她要集聚所有的智慧和内心的力量，以弥补丈夫的不足。

但是她深深思念着自己的儿子。恺撒里昂已经长大了，不能再伴她左右。他必须要统治自己的都城，家中有经验的仆人会服侍好他。这是一场冒险，一次对权力的争夺。然而克里奥帕特拉却必须与儿子分别，因为她只放心将权力交到恺撒里昂手上，无论多久都可以，同时，这也是一次让他证明自己的绝佳机会。如果他同她一起离开埃及，那她三个年幼的孩子将会被王宫的反叛者杀害！在她的家族史中，此类的罪行发生过太多次了。种种理由都促使她将恺撒里昂留在家中。

　　然而在她的内心深处，有一个微小的声音告诉她不要将孩子留下，否则如果走运的是屋大维，她的孩子们将会面临被囚禁的危险。在这种决定性的关头里，她总会时不时感到失落沮丧，她不免会担心失利和随之而来的落荒而逃。她希望这位年轻的摄政者能够拥有完全的权力以让自己在必要的时候有所依靠。然而这一点她从未向安东尼提到过，在自己的内心深处也不愿承认。

III

政治宣传如潮水般袭来，其下隐藏着深深的恶意与恐惧。屋大维试图搞臭敌人的名声，将之前安东尼种种作为添油加醋，编出了无数关于他和克里奥帕特拉的谎言。

安东尼的队伍凯旋亚历山大城成了屋大维谴责他的最佳理由，而安东尼没有杀死被俘虏的亚美尼亚国王也证明了他的软弱。况且安东尼还偷走了帕加马的图书馆并将其移至自己的新都，他甚至没有放过米隆那几尊著名的雕像：宙斯像、萨摩斯岛上的赫拉克勒斯像以及阿贾克斯像——这些都被视作罗马的战利品，而不是埃及的战利品。总喜欢对不在场之人逞能的屋大维这次将毒箭射向了女王。这些毒箭有一些来自他自己，有一些则来自元老院中的煽动者。因为只有把克里奥帕特拉说得一无是处，他才能为即将来临的内战作辩解，把它说成一场抵抗邪恶帝国的战争。

其实，这一点是显而易见的：克里奥帕特拉是拥有魔力

　　　　　　　　　　克里奥帕特拉传：一个女王的故事

之人，她是崇拜动物的埃及人的后代。她用她的爱情毒药麻痹了安东尼这位高贵的罗马人，神魂颠倒的安东尼甚至在一场盛大的晚宴上起身亲吻了她的脚踝，甚至在大街上当着内侍的面亲自护送她的小宠物。

坐在埃及法庭的审判席上，安东尼会被克里奥帕特拉送来的写在玛瑙板上的浓情蜜意所打断。甚至有一次当他看见她经过时，他立马停止了讲话追随她而去。一个罗马人竟然会为一个非洲女人堕落到这般地步！她的孩子都是私生子，因为安东尼的合法妻子名叫屋大维娅。而她胆敢取名为恺撒里昂的长子也绝不可能是恺撒的孩子，因为没有人见过恺撒承认这个孩子的文书。人们听到的是两人对继承而来的财产进行肆意挥霍。安东尼有一个金子打造的夜壶，而在最近的一次宴会中，女王将一颗价值连城的珍珠溶解在红酒中，然后一饮而尽。但是女王在这种狂欢中却总能保持清醒，原因就在于她那枚充满魔力的紫水晶戒指！

这些诽谤的效果通常不容小视，但是远远不足以伤害安东尼，因为它是由不受群众欢迎的执政官发动的，针对的是受欢迎的执政官。屋大维清楚地明白自己不受爱戴，因此他强迫所有的市民仅效忠于他一人：这一举措前所未有，所有罗马人都对此深恶痛绝，因为这意味着共和国的瓦解。当博洛尼亚拒绝效忠时，屋大维却视若不见，转而告诉元老院整个意大利都已宣誓效忠于他。恐怖情绪四处弥漫，以至于有两位执政官和四百名元老院议员选择悄悄离开，在内战爆发前投靠安东尼。因为人们说只有安东尼才能够重建共和国。

　　这些焦虑的罗马人到达以弗所时会多么失望啊！这里成了一个不同人种和奇异服装的集会，一批又一批人乘船逆流而上到达军营：埃及人、阿拉伯人、亚美尼亚人、米堤亚人、希腊人、犹太人以及叙利亚人，阿尔提弥斯庙中回荡着数百种语言。这里哪还有罗马的踪影呢？这些半东方化半野蛮的古老军团带着极具讽刺意义的冷漠迎接了他们的执政官，他们早就忘了这些执政官才是自由的守护人。

　　而这位坐在王位上接待罗马元老院议员的人到底是谁？真的是安东尼吗？明明是个戏子吧？只见他披着紫色的斗篷，内着罗马上衣，脚踩一双白鞋，头上竟戴了一顶马其顿毛毡帽！在他旁边的那位身穿绿色叙利亚丝绸，头戴双王冠，简直就是埃及女神伊西斯。再看看周围的人，都是些附属国国王，有来自色雷斯和帕弗拉格尼亚的，也有来自黎巴嫩和加拉提亚的，所有的一切都沾染了浓厚的东方色彩。然而这里依然有一些属于罗马的东西，当女王起身准备离开时，跟在她身旁的都是罗马军团的人。但是他们的盾牌上所刻着的不是象征着元老院与罗马人民的SPQR，而是交织在一起的两个字母——C和A（克里奥帕特拉和安东尼的名字首字母）。

　　很快军营中出现了一个新的罗马团体。很多军官加入其中。因为女王频繁在军事会议中露面，安东尼在做决定时都会充分考虑她的观点，为此安东尼的几个旧友想办法在他独自一人的时候找到他，哀求他将女王送回家，不然他将失去所有罗马人的同情。克里奥帕特拉很容易就发现了他们所密谋的事情，并驳回他们的建议。难道不是她统治了埃及整整十五年吗？所有的军队都靠她养活，谁又胆敢贬低她的影响力和名声呢？这些粗鄙的议员太自以为是了，竟胆敢跑来这里恶意中伤她？是时候改变一下局面了。

在她富有技巧的摆弄之下又来到了狂饮作乐的场景。萨摩斯岛为这一转变提供了绝佳的场地。有大把的时间可以消遣，反正战争还未开始；又恰逢春天，周围都是一片祥和气氛，大海和陆地上都是一片生机勃勃的景象。普鲁塔克说道："世界的其他地方都在咆哮着哭泣着来发泄内心的痛苦，而那座小岛却在歌舞升平，自然会有人问：'这些人对战争的准备都如的盛大，那在胜利的时候他们会变成什么样子？'"

各附属国的王子相互攀比着上供礼物，沉浸在各种娱乐活动中。几百人为了逃离将要到来的喧嚣来到岛上避难，他们饮酒寻欢，想要忘记即将到来的危机。他们中玩得最欢的当属亚历山大的狄俄尼索斯安东尼了，他的信条就是"自己活也让别人活，自己玩乐也让别人玩乐"。一次，他的厨师所做的晚宴令他这位美食家和酒徒大感满意，他便赏赐了这位厨师一栋房子。还有一次，他竟然将普利恩城赏赐给了一名戏子，以作为取悦自己的奖励。随后他在随行人员的陪伴下驶往雅典。他从未想过一直以来指引他的是谁。

在未来成为雅典女王是克里奥帕特拉少数几个没有完成

的心愿。她从未到过这个希腊思想的神圣之地。这个地方让她心生神秘的情绪，因为她所接受的文化从根源上属于雅典文化。在这里她追随着亚历山大和亚里士多德的脚步，这里的庙宇也比埃及的庙宇更让她感到亲切。然而她对安东尼前妻们的嫉妒之情却占了上风，因为安东尼与两位前妻都在雅典生活过。他甚至毫不尴尬地领她参观了他曾经殴打福尔维娅的房子，以及他和高贵的屋大维娅后来一起生活的房子。

现在克里奥帕特拉最大的愿望就是从雅典人的心中清除掉屋大维娅。没有什么比这个更简单了！她找这么一个亲切可爱的丈夫不就是为了这个么？安东尼很乐意参与其中，当雅典城内身份显赫的男男女女来欢迎克里奥帕特拉时，安东尼亲自迎接了他们，因为他也是"一位雅典公民"，他还向妻子发表了礼节性的演讲。然后他在狄俄尼索斯剧场举办了一场空前盛大的酒神节，这是一场震惊了整个希腊的狂欢。最后安东尼坐着战车登上了灯火通明的希腊卫城。早已做好效忠准备的雅典人将克里奥帕特拉视为亚历山大的继承者，并在帕台农神殿为她竖起了雕像。

克里奥帕特拉的心中充满着异样的情绪。在罗马的时候她的雕塑被竖在维纳斯神庙中，而在雅典则放在了雅典娜神庙中！将两种膜拜、两种文明集中于她一人的身上，足以证明权力胜过美貌而智慧胜过权力，这难道是上帝的旨意吗？又或者是用她来象征如今的雅典胜过罗马？但是最近，恺撒在十二年前为她塑造的铜像却被移出庙宇并且砸了个粉碎，不知哪个暴发户还融化了雕塑的一条腿，做成了洗手盆！很明显，雅典临近她祖先的发迹之地亚历山大，这里才算得上她的家；但是在罗马，她有的只是敌人。罗马已经变成了她的敌人，因为它现在属于恺撒的假儿子，而这个假儿子又对恺撒的亲生儿子怀恨在心。让安东尼永远离开罗马是她的下一步计划。这一切完全取决于她是否有能力说服安东尼同她的罗马妻子离婚。

IV

　　出人意料的是，安东尼的第一任妻子竟然帮助了克里奥帕特拉抵抗他的第二任妻子。福尔维娅与安东尼所生的儿子安提留斯已经来到了雅典。安东尼十分喜爱这位年仅十四岁的少年。诚然，他比恺撒里昂小，在克里奥帕特拉看来，他无论哪点也无法与恺撒里昂相提并论。当初屋大维娅一视同仁，将他抚养长大，所以他对这位和蔼的养母只有赞美之词。

　　但是他究竟说了什么？这里究竟发生了什么？老兵杰米纽斯从罗马赶来，他的意图十分明显，那就是警告安东尼不要与罗马决裂。女王认为他来者不善，给他安排了最低的职位。坐在桌子最高处的女王问他究竟想要什么，他迟疑着不开口。当他再一次被问到自己的任务究竟是什么的时候，他缓缓开口说道，女王如果回到埃及的话，会对安东尼更有好处，否则罗马人会将安东尼视为背叛者。普鲁塔克说安东尼在听到这句话时，将拳头重重地砸向了桌子，但是女王却面不改色地说道："干得好，杰米纽斯，还不等对你严刑拷打就全招了。"

第二天杰米纽斯就逃跑了。紧接着，安东尼的大臣，同时也是弄臣的普朗卡斯也逃跑了，再后来是安东尼的一些朋友，甚至连一些议员都匆匆跑回了意大利。安东尼听说之后哈哈大笑，什么都没说，而克里奥帕特拉则一心想要报仇。她面对杰米纽斯时的愤怒之情即将汹涌而出。什么！她堂堂埃及女王，为安东尼生了三个孩子，竟然要活在几个过了气的女人的阴影之下吗？与此同时她也听说了这个罗马女人的很多故事。安东尼告诉过她屋大维曾经给安东尼写了一长篇谴责她的信。至于安东尼是如何回的信，那就不得而知了。克里奥帕特拉对此并不感到意外，然而后世的人对此却充满了好奇。因为这是四人之间唯一保存下来的一封信，苏埃托尼乌斯在一些档案中发现了这封信的一部分，在信中安东尼这样回复了屋大维：

"为什么你对我如此生气？是因为我和女王的关系吗？因为她是我的妻子？这早不是什么新鲜事儿了。我们都做了九年的夫妻了。而你呢？你还和德鲁西拉睡在一起吗？我拿你的身价和性命打赌你在读这封信的时候正在和特图利亚上床呢吧，又或者是特伦提拉？尤弗利亚？萨尔维娅？提丝米亚？还是他们几个一起！毕竟探讨哪个女人能满足男人欲望这种事情没有任何意义。"

这是两个战士之间的对话。这字里行间不正体现了安东尼最完整的样子吗？他是勇士，他是酒鬼，他是一个再普通不过的人了。

现如今克里奥帕特拉了解的已经足够多了，她找到安东尼执意让他与屋大维娅离婚。对于这一要求她已经准备了充足的理由。

福尔维娅的儿子竟然对屋大维娅赞不绝口，他竟敢威胁那个罗马人，并且对某些议员发出警告。安东尼自己不也是狠狠将拳头砸向了桌子。他想要她在罗马人的流言蜚语中颜面扫地吗？因为那些逃跑的人一定会将这里发生的一切说出去。她又要作二次牺牲了。而安东尼与屋大维娅当初庆祝蜜月的地方就是现在他们所在的雅典啊！战争一触即发，而屋大维并没有筹够足够的钱来打这一仗，新的税法无疑使他被罗马人憎恨。现在正是解决他的时候，以弗所的军队已经严阵以待。向前冲吧！和屋大维娅离婚就意味着向他弟弟宣战！

但是安东尼依旧迟疑着一言不发，克里奥帕特拉瞬间百感交集，骄傲与憎恨缠绕在一起。然后她又施展了言语的法术，在夜晚挑起事端引发争论。几天后安东尼召集了他的部下和几名议员，所有人都认为不能再继续这样下去了，因此都赞成开战，而且是越早越好。几个抱有迟疑态度的人也都被女王送来的黄金所说服。安东尼将离婚要求写在信中，并要求屋大维娅立刻搬出他的房子——那其实是庞培的宫殿，安东尼并没有花过任何钱。

这对屋大维来说是伟大的一天。所有的罗马人都目睹了一位执政官的姐姐被赶出丈夫的房子，而她的执政官丈夫八年前也是当着众人的面将她带来这里，她已经为他生育了四个孩子啊！这对安东尼的好名声产生了致命打击，他的对手做梦都想不出什么更精明的打击方法了。这还不是全部。人们簇拥在从雅典逃回来的议员的身旁，很容易就原谅了他们的双重背叛。一名议员说安东尼给客人喝的是已经发酸了的葡萄酒，而自己喝的是费乐纳斯酒。另一个人则表示，克里奥帕特拉逮着机会就叫嚣着要审判整个元老院。

普朗卡斯和他的朋友为了巴结屋大维，更进一步地出卖了他们同安东尼的友谊。安东尼迎娶屋大维娅的时候曾经写下一份遗嘱，他们几个作为见证人曾在遗嘱上签名。现在他们将这份遗嘱存放的地点及内容通通告诉了他们的新主人。在罗马没有什么地方比火灶神维斯塔神庙更加神圣了。尽管其他各类罪行比比皆是，就我们所知，在那之前的罗马历史上从未记录过从神庙中窃取文书这样的罪行。屋大维小心掂量着侵犯神庙与公布遗嘱之间的利弊关系。最后他决定冒险一试，并且告诉了神庙中的圣女。圣女告诉屋大维她所看管的文件在安东尼死之前都是不可侵犯的，他只能够通过武力来获得它们。屋大维跑进神庙，抢走了这份遗嘱。

比起福尔维娅以恺撒的名义伪造的遗嘱，屋大维对这份偷来的遗嘱进行了更加巧妙地利用。他知道普朗卡斯曾经偷过安东尼的钱，这件事人尽皆知。因此他得出结论普朗卡斯是因为害怕被发现所以才逃跑的。屋大维让普朗卡斯在元老院报告一下安东尼的生活方式，他的报告中充满了各种夸张的说辞，以至于一位年老的议员冲他喊道："以赫拉克勒斯的名义，如果真像你说的那样安东尼还不忙死了！"然而这仅仅是个开始。

接着屋大维亲自来到了讲坛上，告诉大家安东尼已经被妖术控制失去了理智。他的军队现在正由一名埃及宦官所统领，不过真正的权力掌握在克里奥帕特拉的女仆和理发师两个人手上。得知一个埃及女人企图统治罗马，所有的罗马人都愤怒了，他们让屋大维打开遗嘱。屋大维顺势打开了这份遗嘱，并将其读给在场的人听。在遗嘱中安东尼提到，恺撒里昂以及克里奥帕特拉同安东尼所生的四个孩子都是他的合法继承人，并将如下的行省分给……等他死后要安排大队人马抬着他的遗体经过罗马广场，但是最后要用船将他的遗体运到亚历山大，这样他就能够同克里奥帕特拉女王长眠在一起了。

安东尼一生写下的东西不多，这封遗嘱可能是他能留下的最好的纪念物了。屋大维将其盗走实在是卑鄙。但是屋大维正确预估了这封遗嘱所带来的效果。罗马人还没有彻底原谅安东尼呢！长久以来他一直是一个只知道吃喝玩乐的赌徒。可是，当初他难道不是恺撒最忠诚的部下吗？难道不是他打败了谋杀恺撒的凶手吗？的确，在那之后，他就在另外一个国家庆祝罗马军队的胜利了。但是如今人们都已经明白

克里奥帕特拉传：一个女王的故事

了他骨子里根本不是一个罗马人。在死亡之时他竟然唾弃了罗马而选择安息在外国的土地上！只有着了魔的男人才会如此地不忠于国家。克里奥帕特拉一定是给他下了魔咒！已经授予给他的职位也被立即取消了，他被剥夺了所有的权力。然而安东尼的声望依旧很高，因此并没有被当作整个罗马的敌人。

屋大维没有必要进行这最后一步，他仅仅是向埃及女王宣战了。在司战女神柏洛娜神庙中他将长矛指向了敌人领土的方向。

V

各种不祥的迹象和预兆越来越多。安东尼在帕特拉斯的时候闪电击中了他的祖先大力神赫拉克勒斯的庙宇。酒神剧场正上方的卫城城墙上《巨人之战》中酒神巴克斯的雕刻被一阵旋风刮走了。这股风还卷走了两尊刻有安东尼名字的大型雕塑。在克里奥帕特拉的旗舰"安东尼亚斯"号上，一群奇怪的鸟破坏了燕子在船尾所筑的窝。听到种种凶兆的时候安东尼总是哈哈大笑，女王却保持着沉默。

他们俩回到了以弗所，此时屋大维提出了一个古怪的条件：他让安东尼在希腊登陆，并给了他一片土地，这块土地一匹马一天之内就能绕完。五天之后就可以开战了。安东尼把信扔到了一旁。他看破了屋大维的计划：马其顿战场本应该是两军开战的地方，而屋大维不愿意在那里开战。年轻的安东尼曾经在恺撒的率领之下在法萨卢斯获得过胜利。因为这个原因安东尼又通过同一个信使向屋大维提议他们应该将战场定在法萨卢斯。如果屋大维不同意的话，安东尼愿意同他进行一场决斗，尽管屋大维比安东尼年轻二十岁。得知这个提议时屋大维暗自发笑。

现在屋大维开始给他的船队配置人员，因为没有人知道这一战将在海上还是陆地上打响，或是在两处同时打响。然而屋大维却料定对手会逼迫自己在法萨卢斯迎战。为此他将自己的女儿朱丽叶许配给盖塔尔国王，因为战时盖塔尔国王的帮助将起到决定性的作用。他甚至打算迎娶盖塔尔国王的女儿。屋大维所做的这一切都是为了获得更多的帮助。他的军队和舰队都比安东尼的规模小，但是他拥有九万两千名士兵以及二百五十艘船。屋大维计划用二十个团牵制住伊庇鲁斯的敌人，因为他害怕在法萨卢斯交战。与此同时，疾病夺走了安东尼舰队三分之一的人力。为了弥补人手不足的问题，他强迫希腊所有壮年男子都加入战争中，无论他们从事什么工作。有传言说这些人中还有上百个来自山区的从未见过船桨的赶驴人。

然而最终结果如何并不取决于这些赶驴人，也不取决于盖塔尔国王，更不取决于安东尼的那份遗嘱以及它带来的后果。最终的结果取决于——如同历史上所有的悲剧那样——安东尼和克里奥帕特拉的内心。

在这之前的几个月里，克里奥帕特拉总是默默地观察着安东尼的一举一动：之前在萨摩斯岛和雅典是这样，现在在以弗所也是这样。她看着他无所事事的样子，看着他独自一人顶着太阳穿过街道，看着他透过房间的窗户盯着夜空的星星，看着他突然转身出门只为了多看一眼某个丰满的年轻少女，看着他在某个夜晚躺在她的身旁盯着酒杯出神。每当此时，望着这个容颜风度均已不再的年过五十的男人，克里奥帕特拉总是会心生畏惧。凸出的大肚腩几乎都要垂到膝盖，还有那松弛的双颊和双下巴，最让人受不了的就是那呆滞的双眼，空洞无物，更别说用它们搜寻什么了。她听到了他的下属所说的悄悄话，说他每次会议都来得太晚，说他对别人的发言充耳不闻，有时甚至会打瞌睡。克里奥帕特拉终于意识到安东尼的美好时光已然消逝不在，再也不是从前纵情于情爱与美酒时的样子了。

渐渐地克里奥帕特拉开始怀疑安东尼究竟是否有能力取得胜利，她开始留心各种征兆和神谕，但是都指向了不好的一面。在需要做出决定的时候他还能变得强大吗？当他站在恺撒曾经获胜的战场上时能否沾染到恺撒的灵气？她对这支鱼龙混杂的军队又能有何期盼呢？许多军官都有着和她一样的焦虑，因此都在屋大维那里为自己留了后路。这个面庞臃肿的男人还可能战胜那个头脑清醒、有两个战略家帮助的年仅三十的男人吗？

她清楚地知道每当自己不在的时候，军营中那些讨厌她的人都在向安东尼建议些什么。这多亏了坎尼蒂斯，他至今都在为她服务，并且利用自己的影响力帮克里奥帕特拉获取利益，他这么做可能仅仅是为了从她那里获得钱财。军营中还有几位议员，他们都极力主张在陆地作战而不是在海上作战。他们还要求将女王和她的快船送回埃及，然后驶向马其顿。安东尼的一些军队已经部署完毕，并且与盖塔而国王进行结盟，然后在不远的法萨卢斯逼迫对手开战。而安东尼作为陆地上最伟大的将军必将获得最后的胜利！

为什么安东尼同克里奥帕特拉联手无法获胜呢？因为她想要在海上作战。如果在陆上作战她就成了累赘。

这是事实，但却不是全部的事实。有一次阿赫诺巴布斯将军告诉了安东尼全部的事实：整个意大利都憎恨克里奥帕特拉，如果将她带在身旁，那么他永远都不可能作为胜者踏进罗马。如果离开她，以安东尼前二十年所积累的声望，足以让罗马人忘记遗嘱之事所造成的各种不好的影响。罗马人把安东尼看作最后的共和主义者，他也是民众唯一了解的人。承诺会在战争胜利后恢复罗马自由制度的人是安东尼而不是屋大维。

这个罗马人对安东尼发出了最后一次恳求，求他抓住机会成为一个真正的罗马人，而眼神呆滞身材发福的安东尼却仅仅发出了几声叹息，什么都没有说。

几个小时之后克里奥帕特拉就知道了发生的一切，包括安东尼的叹息。安东尼的几位罗马朋友所给他的建议与她的建议大相径庭。克里奥帕特拉之前给安东尼带来了权力、荣誉与欢乐，还为他生了三个孩子，这个拥有无比勇气的伟大女人此次必须阻止她的配偶赢得胜利吗？就像她不希望他获得波斯战争的胜利那样。但是这一次她一定不能被打败！在她看来逐渐衰弱的安东尼可能会在陆上作战时被打败，因此她必须避免在陆上作战。更是因为海上作战需要她的帮助，需要她舰队的帮助，因为她的舰队占据了安东尼一半的海上力量。况且马其顿已不在她的影响范围之内，而在地中海沿岸她却能起到决定性作用。安东尼现在犹豫不决，她对他不再抱有任何信心，因此她必须在最终的决策中保护自己和安东尼的安全。如果安东尼被屋大维打败，她会与他同在。如果安东尼战胜了屋大维，他将会返回罗马，但他不再是埃及女王身边的国王。

面对这两难境地克里奥帕特拉巧妙地构思出了一个权宜之计。她想要利用一场模拟战再次逃避最后的抉择。之前太多的凶兆才会激发她的这个想法，但是她认为自己是有可能获得救赎的，否则她早就在宿命中沉默了。安东尼那软弱的性格注定无法承受与罗马决裂所带来的后果，因此他很感激能够有再次躲避做决定的机会，他早在与安条克签订协议时就应该做出决定的。安东尼自身的性格让他遵从了命运的安排，这并不是什么魔法药水的作用。

虽然克里奥帕特拉这位伟大的女性曾经把一名平庸的男人提升到了与自己相同的高度，现如今她却逐渐跌入了他嗜酒天性的迷雾中。克里奥帕特拉头一次丧失了胆量，属于她的历史也开始失去了清晰的轮廓。

VI

　　曾经为屋大维打过多次胜仗的阿格里帕将军从多名信使那里了解到敌军已乱作一团，人心涣散。因此他迅速将军队调度到意大利南部海岸，另一部分兵力则继续向马其顿挺进，这样全部兵力将在敌人的东南方向汇合。阿格里帕将军瞬间开始了快速行动，仿佛安东尼的犹豫通过某些魔法转化成了他的额外力量。

　　但是安东尼依然是个将军。他一听说屋大维进军的消息，就立刻让精锐部队开始行动。同屋大维一样，安东尼也进行了海上和陆上的双重部署，他将一部分希腊军队通过水运调到了帕特拉斯，又将另一部分军队送上舰队，两拨兵力都向西方挺进。他希望能够同敌人在海上交战，但又需要全体陆军与其响应，为他进行增援或掩护他撤退，他希望在希腊的西海岸开战。现如今如果想要从士麦那航行至科孚，人们会选择乘船穿过科林斯运河。但是由于恺撒打通海峡的计划还没有实行，安东尼的舰队不得不向西南方向行驶，绕过伯罗奔尼撒半岛，然后转而向北驶向那些分布在希腊和意大利之间的小岛，安东尼和屋大维将此定为两个罗马世界的分界线。因为屋大维的航行路线更短，因此他在科孚偏南靠近卢卡斯岛的地方与敌军相遇。

在希腊北部一个布满海湾的海岸上，海浪拍打着海角上的岩石，冲刷出了一个长达三十英里、宽约十五英里的海湾，海湾的入口很窄，只有半英里宽。这就是安布拉基亚海湾，也就是今天所说的阿塔，它是一个天然的港湾，对于想要躲避风浪的人来说具有不可估量的价值。但是在战争中对于被追击的一方来说却很危险，因为它很容易被封锁，就连达达尼尔海峡的入口都比它宽十倍。它的周围都是沼泽地，增援部队很难在此行进，它的后方则是品都斯山，在那时（八月初）山顶的雪盖也已经完全融化。此处，在亚克兴角这个罗马帝国的中心，来自罗马的两支军队相遇，而这次相遇将改变历史的进程。

屋大维位于海湾北部的群山中。他的右边就是爱奥尼亚海，一直通向他的地盘——伊兰都西姆、塔兰图姆和墨西拿。他警惕地如同一只无时无刻不盯着大门的看门狗一样，因为在海湾中有安东尼的整个舰队，然后就是他的陆军部队，一直延伸到了内陆。因为敌人已经切断了整个海上通路，大量来自内陆的供给物品只能通过骡子或人力没日没夜地运输过来。狭窄的入口被安东尼的战船完全封锁，仅仅被用来进行防守，变得无懈可击。如果安东尼来到阿波罗像所在的海岸，他就会发现他的对手像他一样按兵不动，在默默地等待着。不过如果他继续向远看，他会发现在目光极尽之处停着许多船，他的舰队如果发动，这些船将会迎面出击。屋大维来了之后，安东尼让水手都假扮成了步兵并让他们登上甲板，从而夸大自己真实的陆军实力。两位将军一定都会想起决定了罗马命运的那两场战争，而这将是同时代的第三场内战。恺撒和庞培也曾经如此对立，六年之后则是恺撒的复仇。这两场战役安东尼都是获胜者：在法萨卢斯，他在恺撒的领导下取胜，而在菲力比则是依靠自己的力量取胜。反观屋大维，他在第一场战役的时候还是个小男孩儿，而第二场战役的时候他逃跑了。

　　这场战争大家的心理活动都跟前两场的如出一辙。曾经恺撒将他和庞培之间的战争描述成没有交战的战争。长达几周的时间里两者都按兵不动，如果双方都有足够的耐心那么这一仗可能永远不会发生。屋大维和布鲁图在菲力比时也是类似的情况：数周的时间两军都是静静地观察着彼此，没有一方主动挑起战争。当罗马人和自己的同胞进行对峙时总是会有一丝的犹豫，这种犹豫不是因为道德产生的勉强，而是心中对参与者的不确定。双方都不愿意通过签订协议来进行协商，虽然这么做更加明智。安东尼在这两场战争中都表现突出，现在他可能要发动第三次进攻。但是现如今的他，无论在心理上还是头脑上都大不如从前。十七年前，他还是恺撒的将军，不用背负任何的政治责任，只需要按照恺撒的命令向前冲。而在第二场战役里，他一心想要为恺撒报仇，因此也不会接受谈判。现如今，从表面上看是罗马人自相残杀，而在安东尼的心里，这是罗马人与东方人之间的抗衡，而东方人则极力避免发动战争。

在海上航行的这几周，安东尼逐渐明白了妻子的用心，并决心要采用她的建议；海战才是最终的解决方案。其目的并不在于摧毁敌军的舰队，而在于保全自己的舰队。安东尼的悲观情绪中没有一丝的理智。如果他的陆军出现在此处并且全力备战将会发生什么呢？他将四个军团安排到了席勒尼的船上，四个军团安排到了埃及，还有四个安排到了叙利亚。所有人都不明白安东尼为什么不将这三万兵力聚集到一起，因为所有人都以为会在陆地上进行战争。安东尼内心则希望将这些军队留作以后备用。无论发生什么，他希望在这场战争之后自己能够一路无阻地驶向南方。他从未想过要逃亡埃及。克里奥帕特拉从未说过逃跑之事，她甚至都没想过这个问题。这只不过是一个老男人的权宜之计罢了。

他们的第一步计划——海战——不可能永远保密，因为他们总要对此进行一番准备。安东尼的部下都觉着他疯了。他拥有那么多的骑兵和步兵，却想要在海上赌运气？他难道忘了船上的人员配备多么的参差不齐吗？他难道忘了阿格里帕的舰队曾经击败过年轻的庞培吗？各路人马开始在总部汇合，没过几天的时间又有人开始怀疑安东尼能否成功了。安东尼得知两个结盟的国王逃跑了，后来罗马人道弥留斯也逃跑了。对他们来说想要逃跑十分容易，只要划几百下船桨能到达了敌人的地盘。安东尼听说这些消息后大笑了几声，还将那位罗马人的财产和仆人送了过去。后来安东尼听说那个人突然死掉了，也许是死于懊恼，他很满意。据说后来阿赫诺巴布斯在炎热的环礁湖上发起了高烧，他想要乘船到外面去，好让海风帮助降体温。而半个小时后他就投靠了屋大维。

安东尼听说后十分愤怒。阿赫诺巴布斯是一名贵族，他一直把他当作可以依靠的朋友！这样的一个男人竟然背叛他投靠了敌军！当有人暗示安东尼另一名议员也有逃跑的嫌疑时，他立马派人杀了这名议员，紧接着就为自己这种血腥的行为感到恐慌。也许就在这天晚上，他将所有的这些背叛所带给他的愤怒通通撒到了他的妻子身上，这是一个天性脆弱的人通常会做的事。

在军营的一角，没有了那伟大的城市作为依靠，每天都能见到敌人，要随时做好准备投入战斗，克里奥帕特拉恢复了她往日的能量。战争一触即发，此刻她突然意识到自从恺撒在亚历山大的那一战以来，她就再也没有参与过真正的战斗了。而那竟是十七年之前的事情了，就像法萨卢斯战争一样的久远。她再一次躺在了帐篷里，只不过这一次有上百种颜色的丝绸将它装饰得像一个屋子。封闭的海湾气候闷热，帐篷周围都是沼泽，散发出热腾腾的湿气。相比之下埃及疆界的干燥则让人头脑清醒。难怪她最近充满了哀愁，这在以前是不曾有过的。

克里奥帕特拉走到哪里都带着她的两位侍女——就是屋大维在罗马元老院所说的埃及的秘密统治者。她常把她们俩当朋友，但是没人知道这会持续多久。她和她们一起玩乐，就像人们在和忠诚的宠物一起玩乐一样，因为她的年龄和性格都不允许她同下人做真正的朋友。她躺在那里，和往常一样的姿态，脚搭在垫子上，面前摆放着一大堆项链、腰带、耳环以及发夹，在悬挂的蜡烛的照射下闪闪发光。还有一些价值各异的奇石，足以让一个女人静静地欣赏好久。她躺在那里完全就是一个东方人的样子。她轻声地哼着歌，一边将长长的手指伸入到宝石堆中，根据自己的心情来组合颜色。两位侍女一个跪在她面前一个站在她身后，手中拿着金色的珠宝盒，随时捡起主人弄掉的首饰或递给主人她想要的。这种无声的娱乐大概能持续十五分钟，她温柔地歌唱着，声音却有点低沉，仿佛受到了某些事情的压迫。

突然间就听到了沉重的脚步声以及武器的撞击声。安东尼走了进来，两位侍女悄悄退了下去。他突然爆发，咆哮着说他最好的朋友们——国王、议员、罗马人，还有外国人——都背弃了他。刚刚他还可能把一名忠臣处死了。当他下达命令时几名官员都紧闭嘴唇，唯恐自己说出一个不字。而所有的这一切都是因为她提出的海战这个疯狂的想法。对，都是因为她！都是她每天在他耳边喋喋不休地说着要避开马其顿，而无视法萨卢斯的胜利回忆以及各种理性的计算！这就是娶一个外国女人所要遭受的诅咒啊！而现在为时已晚，一切都将毁于一旦！

安东尼在帐篷中急得走来走去，时不时地在她面前停下来破口大骂。她起初起身跪在垫子上，手中还拿着一条蓝宝石项链。但是见他还在继续她便索性把玩起了项链，将它们晃来晃去，在两只手上倒来倒去，玩得不亦乐乎。如果说刚开始她是被吓到了，那么随着安东尼的火气越来越大，她的表情也变得越来越冷淡。这使得安东尼火冒三丈，终于他在她面前停下，怒不可遏地跺着脚。克里奥帕特拉将珠宝收到自己跟前，以免被安东尼踩坏。但是他的一只脚却跟了过来，踩住了最后一段链子，项链被踩得咯咯作响。克里奥帕特拉猛地站了起来。

她站在他面前，一言不发，眼光却如剑般直直地刺在他涨红的脸上。她紧接着又迅速走开，也开始在这狭窄的帐篷里踱步，但是她却放轻了脚步。与此同时安东尼一屁股坐在了她睡椅前的那张动物皮毛上。

突然间克里奥帕特拉开始大笑起来。真遗憾安东尼现在又少了一艘战船！他刚才踩在脚底下用力踩的那条链子起码值一艘战船的钱！为了他心中神圣的罗马，他只好明天去和屋大维握手言和了。她只要求明天带上属于她的六十艘战船顺利离开海湾。

安东尼边笑边臭骂起来，这使得克里奥帕特拉勃然大怒。她从帐篷的墙上抓起了那把一直挂在躺椅上方的短剑，手握着它走到安东尼面前，她用左手指了指大门，命令他马上离开帐篷。

　　当克里奥帕特拉拿起武器时，安东尼以意想不到的速度站起身，也拔出了自己的剑。虽然克里奥帕特拉的短剑是指向了地面，但是安东尼却感受到了她左手所散发出来的逼迫气势。他恢复了平静，他知道克里奥帕特拉即将爆发，对此他已经体验过多回了。他大笑了几声，摆出一副可憎的面孔，然后缓缓离开了帐篷。几秒钟之后，他站在门外，像一个老练的滑稽演员一样不断发出笑声，只为了折磨她的耳朵。

　　晚些时候安东尼又跑到了克里奥帕特拉的帐篷里，两人都没有提之前发生的事情。克里奥帕特拉拿着被踩坏的项链在他面前笑个不停。

VII

第二天夜里所有的战争准备已经做好。双方距离如此之近，能清楚地观察到对方的一举一动，这与开战前一天公开做准备的古老习俗也一致。为了向敌方间谍显示出必胜的决心，安东尼在日落时举办了晚宴。他下令每道菜在端给他之前都要先给女王品尝，尽管两人昨天笑着和解了，但是安东尼的内心深处对克里奥帕特拉仍有着极大的不信任。克里奥帕特拉在来之前就在头发中放了带毒的花，现如今坐在她身旁的安东尼都已经喝红了脸，周围都是酩酊大醉的军官。突然她拿下了头发上了花，扔进了她面前的酒器中，然后邀请安东尼同她一起喝下这鲜花酒，并把他称作酒神狄俄尼索斯。安东尼毫不犹豫地端起酒杯送到嘴边，但是她一把抓住了安东尼的胳膊，大叫到："看到了吧，安东尼，看到了吧！我难道没有为你尝过食物？你还想要防着我？如果我真的想要杀你，这是多么轻而易举的事情啊！"她叫来之前已经安排好的罪犯，让他当着所有宾客的面喝下了鲜花酒，罪犯当场倒地挣扎起来，不一会儿就死了。

普鲁塔克也记录下了这一幕，它足以证明克里奥帕特拉的优势所在。她向在场的军官揭露了安东尼对自己的不信任，又通过这些人之嘴让整个军营都知道了这件事。她不仅在安东尼的朋友面前冤枉了他，也使得安东尼不敢有毒死她的心思。她就坐在那里，利用头上的花和眼前的酒实施了这一计划。

第二天早晨，安东尼登上旗舰的时候，看到船后面跟着一只学名为长印鱼的小鱼，人们通常称这种鱼为"停船鱼"。出于船员间古老的迷信，安东尼离开了这艘船，登上了另一艘。他愤怒地告诉周围的人不要提及此事，但是克里奥帕特拉还是听说了，她不禁变得面色苍白。安东尼在看到这个凶兆之时就将所有出身贵族的罗马人带到了现在的这条船上，因为他对他们十分的不信任。也是在同一天屋大维遇见了一个赶驴的人，当被问起名字时，那人机智地回答道："我叫幸运，我的驴子叫征服者。"与此同时一名老兵正在向安东尼哭诉着："难道我们身上的伤疤和所立下的誓言给你的信心还不如这些木头多吗？让那些埃及人上船，却把我们留在岸上，你让我们如何战胜敌人，如何为你牺牲！"

安东尼和屋大维几乎能听到彼此的声音，因为屋大维军队的真正首领阿格里帕率领三个舰队前进到了距离敌方舰队不足一千六百码的地方。所有的人都在等待着海风，安东尼将有着五到十排桨的巨型船只也同样编成了三个舰队，在海湾的入口处按兵不动。在这些船只和山峰的掩盖下，六十条埃及军舰静静地等候在海湾内，没有人能够看见它们的踪影。这些埃及军舰都听从了克里奥帕特拉的指挥，这是她尽力要求来的。目前为止，双方都不敢冒险靠近对方一步，要不是下午的海风撕裂了安东尼舰队严实的屏障，双方可能再次陷入停滞状态。众神看似比人类战士更加的勇敢，毕竟他们只是旁观者而已。

然而某种疑虑却在安东尼士兵们的心中油然而生。因为整整十个团的士兵被安排到了一百五十艘船上，也就是说每艘船上有一千五百名士兵，已经不堪重负了。他们还怎么把沉重的帆也带上船呢？为什么要这么做？太奇怪了！另外还有传言说那个埃及女人在前两天的夜里偷偷让她的女仆把她所有的珠宝都带上了船。这是事实，并且已经传到了敌人的军队，因为在前一天夜里，安东尼的两个军官带着两千人投奔了屋大维。屋大维在战争会议中下令，如果克里奥帕特拉决定逃跑，就不对她的舰队进行阻拦。两名犹豫的将军之间的战役终于在上帝之风的帮助下打响。两军的陆军部队从山上俯瞰着这一切，并为自己的战队呐喊助威。普鲁塔克说道：
"与其说是海战，其实它更像是陆战，或者更确切地说，它像是一场对小镇的猛攻。放眼望去，三四艘屋大维的船围攻一艘安东尼的船，并用矛进行攻击，而安东尼的士兵只能找各种各样的东西进行投掷来还击。"迪奥·卡西乌斯这样写道：

"屋大维那些又小又窄的船通过奋力划桨急速向前，灵巧地躲过敌人的攻击。它们跑来跑去试图将敌军的船弄漏，如果失败了就马上开走，避免同敌人混战。这些船就像骑兵一样，进退自如。而安东尼的船就像过度武装的步兵，既想坚守阵地，又想寻求掩护。"

对于克里奥帕特拉来说，这是她十七年来的首场战争。当初她吸引恺撒的一切，青春、爱情、野心以及为了王权和自己而进行的奋斗，现在都已悄然不见。现如今的形势也有了翻天覆地的变化。她的六十艘船被困在了这窄窄的海湾中，一艘艘船在战乱中被点燃，她却袖手旁观，任由那些外国人来决定自己的命运。她的不作为被众人谴责，这使得她焦躁不安。自从恺撒被刺以来她还从未有过如此难熬的一天。

她想到了恺撒遇刺的那一天，不禁同现在作起了比较。那时她不得不修改所有的计划，只为积攒出最大的力量来应对最终的打击。现如今她焦虑地在甲板上走来走去，双眼紧盯着远处的海面，并不断派人打探最新战况。远处传来屋大维军队的叫喊声，这意味着又有一艘安东尼的船被烧毁了。克里奥帕特拉断定这场战役会失败。她下午为什么不下令展开攻击呢？她为什么不派出自己的桨手和士兵去支持安东尼呢？只见安东尼大喊着下达各种命令，又亲自参战，已然焦头烂额。

克里奥帕特拉和安东尼从未就这场战役签订协议，也没有制订作战计划。事实上，这场战役也没有被两人完全认同。而且在最后的几周里，克里奥帕特拉意识到了胜利将带来的危险，作为一名勇士的妻子，作为女王，作为恺撒爱过的女人，她必须把胜利当作一种可能，即便这与她的智慧相违背。她也从没有想要避免这一胜利，就像没有人会拒绝上帝的礼物。就是在这个前提下，安东尼才接受了她的提议。然而支撑着安东尼战斗的也并不是这个计划，恰恰相反，是他作为一名战士想要克敌制胜的愿望。至于是否有人愿意放他，走让他回埃及，就是另一回事儿了。

世上罕见的女性指挥官——克里奥帕特拉，被困在海湾中，远离战场，但却能听到双方交战的声音。她难道没有想过如果屋大维战胜了安东尼会发生什么？她的命运难道不是完全掌握在了敌方船长的手上？而他竟然胆子大到敢于靠近安东尼的主要军舰，甚至想一把火烧了它。埃及的未来以及她孩子的性命在这一刻难道不是完全掌握在了那名疲惫的哨兵手上？而他却胆小如鼠，很可能为了保全自己的性命而逃跑。如果阿格里帕强攻下了他们的旗舰而安东尼又死于一名罗马英雄的手下，她该何去何从呢？她会被套上曾经锁过阿尔西诺伊的锁链，然后被押送到朱庇特神殿吗？她的前面将是征服者的凯旋车，车上的屋大维将向她投来冷酷的目光，她的耳边将响起罗马暴徒们的咆哮声。她身边将会是恺撒里昂，而恺撒的其他后人一定会找他报仇！

一想到这些画面，前几周一直能够沉着思考的克里奥帕特拉再也无法保持冷静了。她再也无法忍受这种不知所措的感觉了。她极度地渴望空气,渴望自由。她终于下令让整个舰队驶向大海。

　　　　　　　　　　　克里奥帕特拉传:一个女王的故事

VIII

不到一个小时的时间，"安东尼亚斯"号便在整个埃及舰队的陪伴下向南驶入了爱奥尼亚海，风将匆忙升起的帆吹得鼓鼓的。当克里奥帕特拉的船突然出现在海湾狭窄的出口时，没有人对她进行阻拦，这是屋大维所之前下的命令。这只闪闪发光的、丝毫未受损坏的船队慢慢驶过那些仍在打打杀杀的、冒着烟的船只，驶向了公海。安东尼看到了克里奥帕特拉，也注意到了之前就商量好的信号，关于这一点所有的历史记载都是一致的，他没有一丝迟疑，马上登上了一艘小船，自己划船划到了克里奥帕特拉的旗舰上。和他一起上船的只有他的儿子安提留斯和他两个最好的朋友。

然而没过多久，几艘敌军的船就追上了他们。安东尼立刻接过指挥权，并击退了敌船，只剩下一个男人驾驶着一艘小船靠近了他们，并用长矛攻击安东尼。安东尼在低层的甲板上冲他喊道："你是谁？竟敢来追我！"

"我是尤里斯，"下面的声音喊道，"拉查理斯的儿子。我身上沾染着屋大维的好运，我要为父亲报仇！"原来如此，安东尼之前命人杀害了他的父亲。有人对尤里斯发动了攻击，却被他躲过。在几艘船的帮助下，他设法拿下了埃及的另一艘旗舰，上面装满了各种金银财宝。

在最后这次短暂的交战之后安东尼倒下了。过去几天绷紧的神经终于得以放松。那些他敢于面对和不敢面对的一切如泰山压顶一般袭来。普鲁塔克告诉我们，在接下来的三天，安东尼都默默坐在船头，不吃不喝，双手掩面，一待就是几个小时。最后克里奥帕特拉的侍女终于"让他们俩开始说话了，然后一起吃饭。又过了没多久，不难猜想，又开始同床共枕"。

几天后，他们到达了伯罗奔尼撒半岛南岸的迪那隆。安东尼又恢复了自我。他知道了他们走后发生的事情。起初没有人注意到他逃跑了，堪尼丢斯发现的时候也不敢说出来。直到后来人们发现安东尼一整天没有露面而剩下的议员都跑到了敌军那里，接着阿格里帕正式宣告了安东尼逃跑的事实，这些被抛弃的士兵才开始相信这个消息。尽管如此，安东尼的陆军部队也并没有立马缴械投降。

可以确定的是安东尼的舰队被完全摧毁，但是他的陆军部队依旧团结一心殊死抵抗。因此安东尼下令让堪尼丢斯率军从马其顿行进至小亚细亚。经过反复的计算，安东尼认为自己还可以依靠剩下的十九个兵团以及十万名步兵。他并不认为自己已经失败了。对于那些跟随着他一起逃亡历经千难万险的朋友，他依旧出手阔绰，他赠予他们一艘满载财宝的埃及战船。同时他写信给了在柯林斯和雅典的支持者，然后继续驶向埃及。

最不敢相信获得胜利的人是屋大维。仅仅用了一场战役他就被命运召唤着当上了整个罗马世界的统领。他在过去的十三年里一直在各种运动和党派之间摸爬滚打，在几年前还被年轻的庞培打败，甚至在昨天都还是罗马人都讨厌的执政官，人们之所以选择容忍他只不过是因为他是恺撒的养子。而他现在是一名年仅三十二岁的独裁者，他的好运得益于养父所留下的巨大财富以及最强对手所犯下的蠢事。他，一名放债人的孙子，现如今突然成了西方世界的唯一领袖！屋大维现在并不具备符合这一身份的任何资格，他所想到的要做的第一件事就是接管新士兵，因为到最后安东尼一半的兵力都投靠了他。这是一件十分尴尬的事情，因为屋大维连自己原有的兵团都养不起。在这种情况下唯一使他高兴的事情就是他终于有机会报仇了。他根本不敢承认自己内心深处的原始欲望，而且还总喜欢扮演高贵的禁欲主义者，因此他还是像往常一样派人把安东尼的手下全部处死。这场胜利之后他就有时间和意愿来了结那些私人恩怨了。例如福尔维娅的首任丈夫库里奥对于年少时期的屋大维没有一丝的容忍，现如今屋大维俘虏了为安东尼打仗的库里奥的儿子，于是就把他处死了。

在很长的一段时间里，屋大维都沉浸在罗马人为他准备的各种宴席里。几个月前他偷安东尼的遗嘱时所顶撞的圣女现在也站在城邦的大门外等候着他。安东尼船上的铁嘴也被放到了恺撒神庙中。人们在罗马广场上建起了凯旋门，整个意大利都在争着竖立起各种雕像。已经没有人会承认自己曾经是安东尼那一派的了。元老院宣布将安东尼的生日定为凶兆日。所有的罗马人都开始要求出征埃及。

这又触及了屋大维敏感的神经。亚克兴之战后的三个月，胜者将继续挺进小亚细亚，为的是武装自己抵抗埃及。因为在尼罗河口生活着屋大维唯一值得害怕的人：恺撒真正的儿子。必须要将他消灭！

IX

　　装饰着花环和彩色布条的埃及战舰马上就要抵达灯塔。所有的亚历山大人都以为他们是凯旋。

　　随着时间的推移，他们逃跑的消息不胫而走变得人尽皆知又怎样呢？或者是明天某个喝醉了的士兵走漏了消息又怎么样呢？毕竟，什么才算得上事实？舰队在一年之后重返家乡，没有一艘船受到了损伤，也几乎没有任何损失，这难道不是克里奥帕特拉的胜利吗？她的战术使得自己的舰队没有成为两名罗马将军内战的牺牲品。如果城里有任何人胆敢说闲话，他一定会后悔的。

　　克里奥帕特拉面临的巨大险境让她再次年轻，她故乡的土地让她再次强大起来。这般活力曾经流淌在她二十一岁的身体里，她那炙热的呼吸令年老的恺撒心神向往，而今她再一次投身到了亚历山大生活的混乱中。如果她不再拥有权力，那么她就会依靠自己的狡猾机智。如果她失去了罗马的支援，那么她就会使用托勒密王朝的黄金。而且她有一个已经长大了的儿子，没有丈夫又如何。

恺撒里昂马上就要十七岁了，他作为国王已经能够独立统治整个埃及。亚历山大人已经忘了恺撒里昂这个绰号了，大家都叫他恺撒·托勒密。她的母亲养育他时所付出的辛劳已经得到了丰厚的回报。屋大维仍会以恺撒自居，但是埃及的恺撒才更有权利叫这个名字。现在这个世界上一共有两个恺撒。

当克里奥帕特拉乘着彩带装饰的船靠近法洛斯岛灯塔时，她的儿子划着船前来迎接她。他现在又高又瘦，目光深沉地看着自己的妈妈。对于克里奥帕特拉来说，几个月的阴霾一下子就消散了。她难道是在做梦吗？之前也发生过吧：她乘船驶入故乡的港口，迎接她的是恺撒，他迫切地想要将他脑中新奇大胆的计划同她分享并付诸战斗。

几周过去了，几个月过去了。人们都意识到了这一点。在所有的托勒密家族中，有哪对兄弟姐妹像这对统治者一样坚定又统一呢？儿子的内心满是对复仇的渴望与激情，还有年轻人的执着与认真。如果说前二十年的经历与女人本能的畏惧之情让克里奥帕特拉变得过于小心翼翼，那么站在她身旁的年轻骑士则给了她力量。

在这闷热的埃及宫殿中，她何时有过可以信赖的人？无论是爱人还是丈夫还是仆人。在她所有的大臣中谁又能做到对她忠贞不渝呢？如果又有缪斯庵的诗人或学者前来给她建议，那就好像来自另外一个世界的问候一样，她会冲他笑笑然后让他离开。软弱的安东尼不也曾欺骗她，在喝醉的时候反复无常耍手段。还有那些罗马人，她没用多久就彻底看透了他们。恺撒是她唯一信任的人，但是恺撒从未将自己的全部计划都告诉她。在那时，如果两个人能够制订出一个征服世界的计划，那必须是一个人负责构思一个人负责实施；一个人下令一个人遵从。

现在是克里奥帕特拉人生的第四十年也是最后一年。在恺撒死后，她头一次知道了男性朋友的建议和支持意味着什么。而现在给予她建议和支持的是她的儿子，没有了性别的吸引或嫉妒，这种新的关系就变得单纯许多。事实上，就算身处自己所招致的混乱中，克里奥帕特拉还是能够享受到新生活的美丽之处。

从她回家的第一天起，克里奥帕特拉就尝试用各种方式，调动各种人力，利用各种形势来为解决危机做好一切准备。敌人在冬天不能在海上行驶，这给了她时间。在首都，可疑的人全都被关进监狱或处死。恐怖的情绪整日弥漫。如果屋大维在春天发动进攻，那么她必须赢得几个同盟来帮忙保护埃及。但是在亚克兴战役之后，谁不害怕屋大维这位新的世界统治者呢？米迪亚国王的女儿现在住在宫殿中，她与小亚历山大已经订婚。要怎样才能赢得米迪亚国王的支持？那就必须确保他获得亚美尼亚的王位。具体要做什么呢？被俘的亚美尼亚国王曾经因为他诗意的反抗而捡回一条命，现在必须要把他处死了，而且要把他的头颅砍下送给米迪亚国王，这样他就不用担心屋大维胜利后这位诗人会重回王位了。希律王呢？有希望吗？有一次，当克里奥帕特拉途经他的国家时，他充分表现出了他的骑士精神。但是与此同时她又清楚地知道他当时正在密谋杀害她。她应该派谁去找希律王呢？她最后选择了阿列克萨斯。她对这一选择充满了信心，因为之前她也派他处理过和安东尼有关的事情。过了一段时间，他没有传回任何消息。派去地中海各个王子那里的使者也都杳无音信，因为谁都更愿意与亚克兴之战的胜者为伍。当军队人手不足的时候，克里奥帕特拉必须确保自己有充足的黄金。她曾经从国库中拿出太多的东西给了罗马人，现在必须要将国库重新填满！她下令处死了一些有钱的市民，这样就能够拿走他们的钱财。她又下令将古庙洗劫一空，这样就能将供奉品熔掉制金。但是如果罗马人杀来的话，她要如何处置国库呢？她自己又将何去何从呢？最重要的是，她该把孩子安置在哪里呢？她想把他们送到西北或东南方向。她派使者去往西班牙和高卢，调查在这两个国家中是否有屋大维的敌人，她可以出钱帮助他们买兵器进行武装。与此同时，她将部分舰队从贝鲁西亚调往苏伊士地峡，现在这些船被安上了滑轮从陆地上运送到了红海。曾经身处尼罗河浮宫上的恺撒就解释了这一策略的可行性。第一艘船被成功运送到了红海，但是一名想要投靠屋大维的罗马将军堤丢斯煽动阿拉伯人抵抗克里奥帕特拉，最终他们洗劫了整条船并将它一把火烧了。

　　克里奥帕特拉不会屈服。她该如何拯救自己的孩子呢？她派人考察了尼罗河到红海的两条商队路线。她从小就听过关于印度的诸多美好的事情，现在埃及还同印度有着商业往来。印度应该足够远了吧。在这里敌军别想再动恺撒里昂一根汗毛！世界大着呢？为什么要绝望？屋大维的敌人那么多，他随时随地都可能被杀死，就像恺撒一样。克里奥帕特拉继续奋战，散发着和年轻时一样的光芒。

X

安东尼的心被打击得支离破碎。在舰队返回埃及后，他和两名好友以及几名部下驶向了亚历山大以西的一个名为帕累托纽姆的小港口。但是他没有勇气进入都城面对那些老百姓。他敢肯定克里奥帕特拉会和他离婚。在几天的放纵之后，她感受到了他阵阵的沮丧之情，而且他现在的沮丧程度比起以往都要严重得多。他麻木地坐在沙滩上，他依旧是最强军队的首领，依旧是半个罗马帝国的王者，然而他现在却呆呆地望着地面，想不到自己将何去何从。希腊雄辩家阿里斯托克拉兹向他长篇大论地诉说着历史上各种福祸相依的例子。安东尼的好友卢齐利乌斯在腓利比一战中自称为战败的布鲁图。从那之后，他就受到了宽恕和提拔，在过去的十二年里一直对安东尼忠心不二，因此也成了他的密友。

然而有一天，有消息传来说安东尼在希腊的部队也都全部投奔了屋大维，安东尼恨不得杀了自己。随即卢齐利乌斯

克里奥帕特拉传：一个女王的故事

跑来和他谈起了腓利比战役：他是如何独自一人赢下这张战役的，而他胆小的敌人屋大维又是如何逃跑的。没有人能够比布鲁图当时的朋友卢齐利乌斯更好地引发这个回忆了，通过这场胜利的回忆，他让沮丧的安东尼意识到了行动的必要性。

安东尼现在决心要返回亚历山大，并且和他的两位朋友一起进入都城，而此时他身上喜剧的一面却又占了上风。他应该如何出现在亚历山大民众的面前呢？更重要的是，他该如何出现在他妻子面前呢？她看似已经忽略了他的存在，更别说跪在他面前祈求他原谅了。勾引者与被勾引者的角色难道已经颠倒了？在安东尼看来，克里奥帕特拉这个过错方通过耍手段反而成了无罪的一方和胜利者。除了行动他还要作出理性的思考，按照自己的方式对亚历山大作出思考，让全世界都看到克里奥帕特拉的伎俩。

在宫殿前小岛的西方，长长的防浪堤延伸到海中，尽头是一个狭窄的半岛，那里坐落着托勒密王朝古老的娱乐宫殿。很快就有人将它收拾好，饱受折磨的安东尼和他的两个朋友搬了进去。为了纪念希腊愤世嫉俗的泰门，安东尼将这个房子称为"泰门馆"。安东尼站在法萨卢斯岛灯塔明暗交替的灯光下，法萨卢斯岛灯塔对于亚历山大人民来说曾经是一道奇观，但是此时却成了他们恶意讽刺的笑柄。安东尼看到有人乘着船在绕着半岛环航，每当有陌生人向他投来目光，他都会皱起眉头，为了让自己看起来更加悲壮。

在这几周的时间里安东尼感到了前所未有的困惑，他想要通过喜剧的方式来治愈他的绝望，而不是做出行动。安东尼尽管身着雍容华贵的服装，却一直是一个喜剧的业余爱好者，在兴趣高涨的时候就愿意演上一段，若是没有了这种情绪，那么喜剧表演就彻底失败了。于是他坐下来开始阅读柏拉图的书，自从他在雅典上学后就再没有翻过这些书了。他试图从古代传说中找寻自己的影子。在泰门的故事中，泰门乞求雅典人趁自己把无花果树砍下之前，将他们吊在树上。还有亚西比德的故事。亚西比德向他的伙伴阿泊曼特斯这样解释了他的行为：这个年轻人总有一天会给雅典带来灾难！出于敌意和憎恨，安东尼想要压抑自己对罗马的爱。可能是出于这个原因，又可能仅仅是因为无聊或是不想再过这种安静克制的生活，这位假泰门在几个周后决定终止这种与外界隔离的状态并且搬回到了官殿中。

　　机智的克里奥帕特拉略施小计，举办了一场"充满美酒和欢笑的盛宴"，就让背地里偷笑的人们消声。这样无论是受到了惊吓的安东尼还是挑剔的亚历山大人民都回到了往常的生活轨道中。恺撒十七岁就已经成年，如果克里奥帕特拉死去所有的权力都会集中到他一个人的手上。与此同时，她还有安提留斯，当时他年仅十六岁，克里奥帕特拉宣布了他的年龄，因为他是福尔维娅与安东尼所生的儿子。在亚克兴战役之后克里奥帕特拉就把他带在身边，她并没有赋予他任何的权力，只不过是想要取悦和欺骗他的父亲而已。她想要通过这种方式来革新国家方针并激起民众的舆论。与此同时还要恢复她丈夫的精神状态，通过这一点点的刺激来改善安东尼死气沉沉的样子，让他变得活跃起来。

伴随着这些宣告的是盛大的宴会，亚历山大人民因此有机会对安东尼的到来表示欢迎，毕竟他是两个少年的父亲，还是女王的丈夫。克里奥帕特拉极力提升安东尼的声望，在他生日的时候为他举办了盛大的狂欢活动，却忽视了自己的生日。她甚至允许他用自己的方式寻欢作乐。为了恢复之前酗酒时期的各种庆典，同时又要彰显第五法令的庄严，安东尼想到复兴"无与伦比俱乐部"，并将其改为"挑战死亡俱乐部"。因此饮宴作乐都带着当前形势下特有的庄严。

或许女王会微微一笑，但是她任由安东尼的性子来。他好不容易恢复了活力，为什么要剥夺这一切呢？她是爱他的，如果没有她想起恺撒的时候，那么她应该是一直爱着他的。他们俩所生的双胞胎已经十一岁了，马上就要长大成人了。当初克里奥帕特拉将自己交付于安东尼，一心想要嫁给他，不带任何目的，没有安全感也没有承诺，这对双胞胎就是最好的证明。没有几个女人能像她那样做出妥协，几年之后，甚至连自己国家的命运都被牵扯了进来。的确，是她引诱安东尼离开罗马，但是她想要遵从自己的内心，这么做也是为了自己的帝国着想。没错，她是爱他的，几乎所有的古代作家都对她充满了敌意，但是从没有人暗示过她在婚后有过情人。

安东尼在某些时刻对克里奥帕特拉的恨意也不是他不爱她的证明。安东尼完全是身体的囚徒，又不断地被克里奥帕特拉所迷惑。他已年过五十，身材臃肿，完全习惯了克里奥帕特拉这位富有经验的伴侣。安东尼是个现实主义者，又面临着现如今的这种处境，他一旦放弃了对柏拉图主义的探索就会更加地依赖这位不知疲倦的伴侣，毕竟他从柏拉图主义中也学不到什么。

不久之后发生的事情就需要两人证明对彼此的爱了。

希律王带着一堆坏消息来到了亚历山大，很显然，他想要同埃及结盟。安东尼和克里奥帕特拉从他那里得知了屋大维军队的实力和军火情况。并且在克里奥帕特拉试图将她的舰队运送至苏伊士地峡的时候，屋大维也通过四轮马车将他的舰队运送过了柯林斯地峡。

但是后来只剩下安东尼和希律王两人的时候，希律王给安东尼提了一点他的个人建议：把埃及变成罗马的一个行省，这样就能重新赢回所有罗马人的心。他也可以逼迫屋大维同意一个新的执政方式。他要做的就是杀死女王而已。

希律王早在约旦山谷就想杀了克里奥帕特拉，但却由于害怕而没有下手。在当时就连克里奥帕特拉的密探都无法得知两个人的悄悄话。但是安东尼当下就拒绝了他的建议。他对妻子的忠诚不用质疑，希律王不得不快速离开，因为他觉得自己在敌人的家中做客。他径直去往了罗德，屋大维已经在那里登陆，希律王向屋大维表达了敬意，向他供奉了黄金，告诉屋大维他在安东尼那里听到的事情。最终作为回报，屋大维允许他保留自己的国家。

　　但是安东尼在遭到了背叛者的挑衅之后，突然开始了积极的准备工作，再一次连同女王和她儿子一起共同抵抗敌人。十一个军团仍旧被困在了叙利亚和小亚细亚，只有一半的军团有指挥。谁能养活他们，他们就为谁效忠。或许他可以比屋大维付更多的钱？他动身想要去赢得那些军队，尽管这违背了那些下属军官的意愿。安东尼似乎首先应该做的是说服自己的将军加鲁斯。但是安东尼刚到达他的旧军团打算说话的时候，加鲁斯就让人吹起了喇叭，以盖住安东尼的声音。年老的安东尼再次受挫，就像他曾经败给莱皮杜斯一样。

　　后来安东尼想起了曾经被编成一个军团留在叙利亚的几千名角斗士。他当初是为了欢庆胜利而对他们进行了训练。安东尼通过信使召唤了这些角斗士，他们立马从叙利亚出发去往埃及。但是另一位将军却截获了他们，这位将军就是曾经将女王的船送到阿拉伯的堤丢斯。安东尼回到都城，他必须做好防御准备了。

　　然后发生了可怕的一幕。克里奥帕特拉为了保全儿子的性命，命令他离开埃及。她的眼神命令着他，她的声音诱导着他，她极尽了自己作为女王、作为母亲的权威。但是她所命令的这位年轻人在过去的两年中已经习惯作为国王命令他人了，她在不在身边都是一样。女王告诉他如果他留下，一切都将不复存在，即便是离开了迟早也能回来帮助她或替她报仇，这才终于说服了这位年轻人。女王为他准备了几艘船，船上装满了武器和黄金，以及他到达印度所需要的一切。他的老师将随他同行。首先他们要穿过沙漠到达尼罗河上的考普托斯，然后去往贝勒奈斯港，从那里他可以驶向印度。在印度有很多人同埃及有贸易往来，因此有很多熟人，他可以在那里训练士兵，再率领他们对罗马人发起攻击。

克里奥帕特拉不可能一直抱有如此不切实际的想法，这只不过是让恺撒里昂离开保命的一个借口罢了。恺撒里昂明白真正的原因，他自己也有着秘密的应对方案。如果亚历山大的一切都将消亡，那么还有什么能够拯救呢？但是如果他能够继续活下去，终有一天他会率领一支军队打败屋大维，因此他是恺撒的儿子啊！这一选择所要冒的险可比决一死战要多得多。他看透了这一切。

恺撒里昂的离开必须要保密。那一晚乔装打扮的恺撒里昂混入一群马夫当中，消失在了城市尽头的沙漠中，克里奥帕特拉知道自己此生再也无法与儿子相聚了。希望众神能够保护恺撒里昂——她伟大梦想的见证者！她感觉自己的生命将走向尽头。她只能骄傲又美丽地死去，就如同她曾骄傲又美丽地活着。

XI

　　屋大维从东面进入埃及，几乎没有遇到抵抗。他很快就占领了贝鲁西亚。坐在宫殿中的克里奥帕特拉回想起了她年轻的时候，还是在这个宫殿，那时亚历山大城正准备抵御来自尼罗河三角洲的军队。这次入侵的军队里依旧有一名罗马人，只不过他不是恺撒了。战斗吧！不要再回忆了！做好当前的事情！努力争取时间！听说屋大维的使者已经在路上了，那就让他来吧！

　　罗马贵族图尔苏斯作为使者前来会见女王，使者向女王转达了屋大维的问候，并表达了屋大维一直以来对女王的爱慕之情。屋大维很愿意放女王和她的孩子一条生路，并将整个埃及和王权都还给女王，只要她杀了安东尼，一切都将天下太平！

　　这种想法简直太愚蠢了！克里奥帕特拉暗自想到。太野蛮了！如果她真的杀了安东尼，屋大维就会率领军队攻进城来为罗马人安东尼报仇，然后一举消灭他们！像他这种可怜的粗鄙之人简直是对恺撒的侮辱！

但是她对信使什么都没有说，甚至没有说"不"字。她将信使留在了宫中，这样在漫长的夜晚，她就能从他口中套出更多秘密。然而令他们意想不到的是安东尼却吃起醋来，不知道是吃信使的醋，还是吃屋大维的醋。难道是他想起了克里奥帕特拉头上有毒的花儿？他突然闯进屋子，将信使毒打了一顿，然后就将他赶了出去，并让他带给了屋大维一封信：图尔苏斯傲慢无礼。反正屋大维手上有西帕克斯作为人质，如果他觉得这是一种冒犯，那就尽管处死人质！

女王现在没有办法去偷听或唆使使者了，她决定改变策略。她命令那位受到了惊吓的罗马使者回去告诉屋大维：如果他想要安东尼的人头，那就来亚历山大城，然后亲自杀了他！听着女王声嘶力竭的呐喊，安东尼知道屋大维的阴谋是无法得逞了，他也完全可以笑着告诉他的妻子，希律王曾经也对他提过相同的要求，那就是杀了她。

是时候准备好一切了。克里奥帕特拉将自己拥有的金银财宝和各种象牙丝绸及外国珍品都放入了她的埃及墓穴中。她在很久之前就为自己修好了墓，样式风格都是参考了祖先的墓穴。这座陵墓离宫殿很近，位于海角东面的洛奇亚斯，它属于伊西斯神庙（也叫作阿佛洛狄特神庙）的一部分。因为当年修建它的时候正是女王生活最幸福的几年，她觉得自己是伊西斯和阿佛洛狄特的合体。她本应全身心投入对敌人的抵御工作中，但是现在她不得不将一部分精力用于处理父辈和自己所积累的财富上。如果敌军真的攻进来，她打算带着这些财富自焚，绝对不能让屋大维找到。

虽然是七月份，但是这座仅有一个开口的无窗墓室却十分阴凉。实际上这里一共有两个墓室，但是连通着的门会陷入洞穴中，困在墓室中的人将永远无法出去。那么最后该让谁来点火呢？他们到时候会阻止她的奴隶这么做吧。她忠诚的女仆愿意和她死在一起，但是又不具备完成这项工作的能力。左右为难的克里奥帕特拉找到了她的医生奥林巴斯。通过普鲁塔克，我们知道了他的建议，他告诉了女王最保险的死法：使用毒蛇的毒液。

但是问题在于要选什么样的毒蛇呢？克里奥帕特拉要求毒液需要符合三个要求：不能带来太大的痛苦、必须快速生效、不能影响她的容貌。一名罪犯被带入宫殿，他戴着枷锁跪在女王面前，奴隶拿着毒蛇咬了他一口，他痛苦地扭动着身体不一会儿就死了。这样显然不行。他们明天必须再找一种毒蛇，相同的一幕又上演了，这次他们换了一种毒蛇。这一次女王靠近了这个要死去的人，她急切地想要知道他的感受。他看起来是毫无痛苦地死去了，但是却足足耗费了一个多小时。终于他们找到了合适的毒蛇，因为在被咬过之后那个人看起来就像是睡着了一样。他没有任何的挣扎，脸上还露出了愉快的表情。当女王靠近他的耳边呼喊他的名字的时候，那个将死的人还做出了轻微的反抗动作，似乎不愿意从睡梦中醒来。这就是女王想要的结果，她开始做好准备。

　　如果回顾这一时期的历史，就会发现有许多自杀的例子。罗马人在危险降临的时候都会选择自杀，而且他们相信只有罗马人才有勇气自杀。谋杀恺撒的那群人中就有四五个是倒在了自己的剑下。克里奥帕特拉曾经听说加图在被恺撒打败之后，自己在床上躺着读了一整夜柏拉图的《斐多篇》，然后就将匕首刺入了自己的胸膛。所有人都知道阿丽亚在临死前所说的那句圣言。当她得知自己的丈夫要被处死后，她握着丈夫的手自尽，并笑着对他说："一点都不疼，帕伊图斯！"但是更打动克里奥帕特拉的是她儿时关于叔叔的回忆，为了不让自己蒙羞，他也选择了自杀。

　　克里奥帕特拉决定告诉大家，不是只有罗马人才敢于直面死亡；与此同时，她也下定决心，只要还有一线希望，她就会抵抗到底。安东尼也做好了死亡的准备，但是他打算战死于沙场。屋大维已经出现在城门外了，安东尼也找回了年轻时的感觉，今天他将再次化身为骑兵的领袖。他站在竞技场上，拿出了他的战士精神。这时才显现出了他真实的性格，当他走进女王的寝宫时，他兴奋得像一个喝醉了的人。普鲁塔克这样说道：安东尼看到了全副武装的女王，他亲吻了她，然后向她介绍了那位作战最为神勇的将领。安东尼笑着授予了他黄金胸铠，然而同一天晚上这位将领就叛逃了。

　　形势瞬息万变，敌人开始猛烈撞击城墙，发出雷鸣般的巨响。亚历山大的人们陷入骚乱，一些人奋勇抵抗，一些人则逃命求饶。他们不时地被背叛，又不时地收到各种坏消息，他们觉得明天一早亚历山大城将会沦陷。安东尼再一次要求和屋大维进行一场决斗，屋大维则给出了充满讽刺的回复：要想死的话那就去找别的方法吧。晚上安东尼和他的将领们一起进餐，他边喝酒边说道明天他不求胜利只求一死。明天早上他们就会有新的领导者了。

那天晚上很多人都听到了歌声和乐器的声音，好像是酒神在跳舞，组成了一条长队，从亚历山大城延伸到敌人的军营。

安东尼想要在海上和陆上同时作战，但是第二天他发现这两条战线的士兵都背叛了他。站在小山上望去，他发现他从港口派出的想要迎战敌人的战船却在用船桨向敌人致敬。敌人也回应了他们，他们已经结成同盟了：罗马人和罗马人又站到了一起。当安东尼想要率领骑兵在东边迎击屋大维的时候，他看到他统领的整支部队都奔向了敌军。安东尼像一只受伤的公牛一样吼叫着，绕过了数千名逃跑的市民，最终骑马回到了宫殿。回到宫殿的时候，身后就跟着两三名士兵。"他们背叛了我！"他咆哮道。"克里奥帕特拉一定是背叛了我！她肯定和敌人勾结在一起了！"

但是就在此时信使来到了他的面前：人们说女王已经死了。

XII

其实克里奥帕特拉还没有死，但是她身处墓室就得不到更多的消息了。在军队投降的时刻她就和两名女仆迅速来到了陵墓中。三个女人用绳子把沉重的门放了下来，现在他们周围除了财宝就别无他物了，不过女王还有一把匕首。这里谁都进不来，当她死亡的消息传到安东尼耳朵里时，她在墓室已经待了一个小时了。

安东尼一个人待在官殿中，他的仆人都叛逃到了屋大维那边，他的身上没有匕首，只有一把剑。罗马人从自杀中得出的经验就是在没有人帮助的情况下，想要用剑来自杀是十分困难的。好在安东尼身边还有一名持盾的侍从，在退回阿拉克塞斯的路上，安东尼就嘱咐过他，如果安东尼下令，这名侍从就必须杀了他。现在他命令另外一位名叫厄洛斯的持盾侍从杀了自己，死在他的手上更加合适。但是厄洛斯却不敢那样做，反而转身用这把剑自杀。这更增加了安东尼的决心，他倒向了那把剑，但是却没有死。他大喊着希望有人能来杀了他。

与此同时几名奴隶跑了过来。他们发现了安东尼并告诉他女王的去处以及她还活着。安东尼用微弱的声音命令这几名奴隶抬着他去见女王。他们将安东尼抬了过去，敲了敲门，说出了暗号。从不会绝望的克里奥帕特拉即使在这种情形下也想到了权宜之计。她让仆人在墓室的小孔下方竖起了梯子，她的声音几乎被墓室中的回声所淹没，他们又在担架上系上了绳子，最终三个人把将死的安东尼拉进了墓室。

古代作家对此事的记录几乎不可能是凭空想象的。最后一个同克里奥帕特拉说过话的人就是她的医生奥林巴斯，他把发生的一切都说了出来，没有什么比这个更真实了。将死的安东尼还有什么愿望呢？当女王悲痛不已的时候，他竟然还想要喝酒！在他稍微恢复了一点体力的时候，他告诉女王接下来要做的事情：在屋大维身边的所有人里她只能够相信普罗裘琉斯。普鲁塔克对安东尼最后的描述是这样的："对于安东尼来说，女王更应该为了过去的幸福回忆而喜悦，而不要为了他现在的不幸而悲恸。因为他的一生都是辉煌的，他的死也不是一件不光彩的事。作为罗马人，他曾经征服过其他人，现在只不过是被另外一名罗马人所征服罢了。"

当普罗裘琉斯出现在梯子顶端的时候，安东尼已经死了。屋大维向女王表达了哀悼和问候，并且告诉她不需要害怕，因为没有人会伤害她。

她回答道，除非屋大维答应她，把埃及的王位交给恺撒她才愿意开门。这个场面史无前例，就像是一场闹剧，因为人们是以一种脖子都快断掉的姿势在进行着谈判。但是罗马人没有让这种场面继续下去，他们通过绳子进入了墓室，将门升了起来，墓室一下子就变成了任何人都可以进入的神庙。

这一切来得太快，超乎了克里奥帕特拉的想象，这下没有人把毒蛇带过来了。但是她还有匕首。她想要拿匕首，却被罗马人抓住了胳膊。在纠缠中她弄掉了武器。第二个人和第三个人陆续进入了墓室，还带来了新的指令。她必须投降了。女王手无寸铁，没有任何保护地站在他们当中，她身边是死去的丈夫和两个跪在地上哭泣的女仆。军官下令对她进行搜身，看她是否还藏有其他武器。这是一个多么可怕的时刻，三双贱民的手在她身上胡乱摸着，尽情占着她的便宜。她站在那里，双手被迫举过头顶。这是克里奥帕特拉一生中受到的唯一屈辱。

传说当恺撒接过庞培人头的时候，曾默默流下眼泪。现在面对对手的死亡，屋大维叫来他的朋友和下属，打开了他一直随身携带的一包文件，给他们读了几封安东尼所写的语气傲慢的信，还有自己态度温和的回信，以此向世界证明了谁才是最好的统治者。然后他抹了"几滴泪"，接着便迅速命令普罗裘琉斯去活捉女王。普鲁塔克这样说道："屋大维极度迫切地想要保护好那些财宝不被破坏，因为保护好了那些财宝能够极大地增加他胜利的荣光。"

屋大维在下午攻进了亚历山大城，数千名市民匍匐在他的面前以示顺从。许多人在十八年前也曾看着恺撒和克里奥帕特拉进入这座城市。又有很多人在两年前曾经目睹安东尼像狄俄尼索斯一般站在埃及女王伊西斯身旁。而此时两人却身处女王的墓室中：安东尼已经死了，克里奥帕特拉沦为囚犯受尽侮辱。但是铁石心肠的屋大维却比暴躁的两人都要聪明。他命令市民们站起来，告诉他们没人会伤害他们，因为这是伟大的亚历山大所建造的城市。在屋大维身边站着一名伟大的哲学家，他就是斯多葛学派哲学家亚里奥斯，他曾经为屋大维写过那篇希腊语演讲词。行军队伍依旧沿袭了恺撒的传统，朝着亚历山大的陵墓前进。屋大维打开了陵墓，但是他没有对亚历山大表示敬意，反而伸手摸了他的身体，还把亚历山大的鼻子碰下来了一块。为此屋大维恐慌不已，因而放弃了去托勒密家族陵墓的计划。

几天之后，或者确切地说三天之后，克里奥帕特拉开始动摇了。如果有可能帮孩子保住埃及她愿意忍受一切，她愿意忍受所有，只为换取这一件事！但是如果她能够肯定她的猜测，屋大维在欺骗她，他只是想把她带去罗马，让众多人看到他的胜利果实，那么她就知道该做些什么了。使者一个接着一个地过来。只要她愿意出来，人们依旧会把她当作女王来对待。但是她依旧待在墓室里，因为她不相信屋大维。又一名使者跑来：屋大维警告她不要自杀，否则他会杀了她的双胞胎孩子。痛苦、饥饿、恐慌以及闷热的环境让她发起了高烧。为了拯救自己的孩子，没有人知道她在这般虚弱的状况下会允诺屋大维什么，对于她憎恨的这个男人，她还有多少信任。但是在她死之前，她的美貌再一次拯救了她。

一位名叫多拉贝拉的年轻军官一直仰慕着克里奥帕特拉，尽管他从未见过她，但是他已经下定决心站在女王这一边了，因为别的人都不会帮助她。他已经成了屋大维的随从，所以他知道屋大维的真正计划：三天之内坐船返航，把女王和她的三个孩子带回罗马。多拉贝拉冒着生命危险来到了女王的陵墓，趁没有人的时候将他知道的一切告诉了女王，他将是女王最后一位爱慕者。

现在克里奥帕特拉知道了一切，她想到了阿尔西诺伊，阿尔西诺伊双眼低垂，走在征服者的马前，脚上的脚镣发出叮当作响的声音，她就是以这种方式走到了朱庇特神庙。而对于克里奥帕特拉来说，在屋大维的胜利游行上，将有一万名罗马人看到她，那都是些粗俗可恨的贫民，但是最可恨的当属坐在凯旋车上享受复仇快感的屋大维了。她的思路再次变得清晰，她下定了决心，一切都要看她是否能够成功骗过屋大维了。

她给屋大维写了一封信，她在信中乞求屋大维能以国王的标准厚葬安东尼。屋大维答应了她的要求。本应在安东尼墓前无声悲伤的克里奥帕特拉却在众目睽睽下演起戏来。
"啊！我的安东尼！"她哭着喊道，声音十分悲伤，目的是
让在场的人将这一场面告诉屋大维。"哦！虽然我的双手仍
如往日一般自由，但现在是囚徒的双手了！死亡将我们分开！
你一个罗马人却在埃及的土地上长眠！而我要去你的国家寻
求死亡了！天上的众神已经将我抛弃，如果尘世间的众神有
灵，请为我乞求，乞求他们不要让我走在胜利的队伍中，让
你蒙羞！"

第二天屋大维就来到陵墓中，克里奥帕特拉很清楚他的
意图。

克里奥帕特拉既没有力气也没有意愿起身，她躺在床上，
头发杂乱不堪，悲伤和眼泪让她姣好的面容大为减色。屋大
维走了进来，以世界主人的姿态鞠了一躬，然后他就用冷漠
尖锐又充满敌意的目光看向克里奥帕特拉。恺撒，恺撒的敌
人！她眼里看到的只有儿子的敌人。屋大维在克里奥帕特拉
身上再也看不到往日的风采了。

现在她必须机智地将这场戏演到最后。她必须让屋大维
相信自己还有活下去的愿望，这样才能争取到时间，为自己
寻觅一位可靠的人选并拿来毒蛇。这些有求于她的人在过去
的几十年中都是怎么做的呢？他们都匍匐在她的脚下。克里
奥帕特拉从病床中起身，这次换作她跪在罗马人面前，这是
她此生第一次这样做。屋大维亲切地告诉她自己是个善良的
人，要她相信他。克里奥帕特拉早已经知道了他的计划，因

此就将财宝清单给了他。比起克里奥帕特拉，屋大维更在乎这些财宝，他饶有兴趣地拿过清单，突然她的管家大叫着说这不是完整的清单，屋大维听了哈哈大笑。为了证明自己还有力气，克里奥帕特拉扑到了管家身上抓住他的头发，直到她筋疲力尽地瘫倒在了床上。

"大胆！"她大叫道，"一个奴仆也敢指责我私藏珠宝！那些珠宝是给你姐姐屋大维娅还有妻子利维娅的，这样她们就愿意接纳我了！"

屋大维向克里奥帕特拉保证自己会尊敬她，然后鞠了一躬就离开了。现在他知道自己完胜无疑了，因为她不计一切代价想要活下去。

但是她只获得了一点自由，如果两个女仆无法帮助她，那么她只能依靠她的医生了。第二天一个农民，或者说守卫认为他是农民，给生病的女王带来了一篮子无花果。当守卫检查篮子时他们只看到了上面的无花果，却没有看到隐藏在下面的蛇。

一看到这篮水果克里奥帕特拉就下定了决心。她首先进行了沐浴，然后她的两个女仆对她进行了盛装打扮，给她佩戴上了参加国宴时才会佩戴的珠宝，还为她戴上了埃及的双重王冠。克里奥帕特拉吃了丰盛的一餐，还喝了甜酒。然后她写信给屋大维，要求他将自己和安东尼安葬在一起。

她最后想到了恺撒里昂。她知道他现在很安全，在港口里没人能够靠近，马上就能出发去往埃及了。他的身上混合着恺撒和自己的灵气，不会有厄运降临到他的身上。她的脑中满是儿子的模样，她伸手拿起了毒蛇。

当屋大维读到信时他想要赶快冲到陵墓去，但是考虑到自己的尊严，他便派了一名军官前往。军官到达之后，发现守卫竟对此事一无所知。当他进入墓室后他看到了头戴托勒密皇冠、身着一身华服的女王静静躺在那里，已经死去。她的两名女仆，一个已经死亡，另一个还剩下最后几口气。他大叫道："你们都干了什么！"那位女仆说："我们干了件好事，这都是女王计划好的。"

屋大维允许亚历山大人为女王举办一场王室葬礼，并把她葬在安东尼身旁。但是他本人并没有出席葬礼。

他当时只有一个念头：要赶快把托勒密家族的宝藏搬出墓室，将所有的金银珠宝都带上他的船。他那放债人爷爷要是能够活到今天就好了！现在他能够养活所有的军团了。

埃及变成了罗马的行省，这是迦太基灭亡以来最伟大的一次征服，整整过去了一百七十二年。屋大维将女王的三个孩子带回了罗马，由他妹妹照看。安东尼同三任妻子总共生了七个孩子，他们都在屋大维娅的细心照料下长大。

但是恺撒里昂去了哪里呢？屋大维尚且能够容忍女王的自杀，但是那个唯一能够与他对抗的年轻人绝对不能放过。他究竟在哪里？从他进入亚历山大城的那天起他的密使们就搜索了每个角落想要找到恺撒里昂的下落，屋大维为此发布了十分诱人的悬赏，终于他们找到了他。他还在贝勒奈斯，一名彬彬有礼的军官向他保证屋大维会善待他，屋大维只不过想要在自己回到罗马前将他封为埃及的国王罢了。恺撒里昂的那位哲学家导师，不知是因为轻信了他们，还是因为早就被收买，说服了恺撒里昂相信屋大维。恺撒里昂这样做了，他在舰队上受到了皇家般的礼遇。

屋大维总喜欢把责任推到别人身上，因此他询问哲学家亚里奥斯他是否有权利杀死恺撒里昂。亚里奥斯知道自己的新主人想要什么，因此模仿着荷马回答道："太多的恺撒可对您不利！"

屋大维随后做了个手势，而恺撒里昂还没来得及踏上国土半步就被雇来的杀手绞死了。他就这样死了，恺撒和克里奥帕特拉对于这片土地的伟大梦想毁灭了，亚历山大最后的象征倒塌了，当初年老的恺撒为了统领全世界而和年轻的女王一起孕育的生命就这样落幕了。

一切都恢复了正常的秩序，明天屋大维将启程离开埃及。他还有一道命令没有下达：安东尼和克里奥帕特拉的所有雕像都要毁掉。

这时一名富有的贵族求见屋大维。他名叫阿吉比斯。他请求屋大维留下女王的雕像。面对屋大维的怒视，他召唤来了自己的仆人。仆人搬来了十个袋子，装有一千枚塔兰特。屋大维明白了他的意思，他同意了这个要求。屋大维对命令作出了修改：将安东尼的所有雕像毁掉。

第二天，屋大维启程返回罗马。他回头望向埃及的海岸，看到了托勒密家族最后一名成员的铜像，闪闪发光地竖在洛奇亚斯海角。他盯着她看，她却对他视而不见。

克里奥帕特拉的目光穿过了海洋，朝着罗马的方向望去。